教育部人文社会科学研究规划基金项目
中央民族大学学术团队建设项目
中央民族大学一流大学和一流学科建设项目

中亚费尔干纳盆地的民族过程及相关问题研究

张　娜◎著

ZHONGYA FEIER GANNA PENDI
DE MINZU GUOCHENG JI XIANGGUAN
WENTI YANJIU

中央民族大学出版社
China Minzu University Press

图书在版编目（CIP）数据

中亚费尔干纳盆地的民族过程及相关问题研究/张娜著．
—北京：中央民族大学出版社，2016.6
ISBN 978-7-5660-1189-3

Ⅰ.①中…　Ⅱ.①张…　Ⅲ.①民族问题—
研究—中亚　Ⅳ.①D736.062

中国版本图书馆 CIP 数据核字（2016）第 123877 号

中亚费尔干纳盆地的民族过程及相关问题研究

作　　者　张　娜
责任编辑　戴佩丽
封面设计　汤建军
出 版 者　中央民族大学出版社
　　　　　北京市海淀区中关村南大街 27 号　邮编：100081
　　　　　电话：68472815（发行部）传真：68932751（发行部）
　　　　　　　　68932218（总编室）　　　68932447（办公室）
发 行 者　全国各地新华书店
印 刷 厂　北京宏伟双华印刷有限公司
开　　本　787×1092（毫米）　1/16　印张：17.75
字　　数　260 千字
版　　次　2016 年 6 月第 1 版　2016 年 6 月第 1 次印刷
书　　号　ISBN 978-7-5660-1189-3
定　　价　68.00 元

前　言

到过费尔干纳盆地的人都会发现，与周围地区相比，这是一片肥沃的土地，高山融化的雪水滋润着这里的万物，使这里的一切充满了生机。这里既有喧闹的现代化城市，也有幽静的古朴村镇；既有伊斯兰教徒尊崇的圣地，也有普通人休闲疗养之地。这里还有勤劳善良，热情好客的人们。

自古以来，费尔干纳盆地几乎没有发生过举世轰动、令人瞩目的“重大”历史事件。出生在费尔干纳盆地的札希尔·乌德丁·穆罕默德·巴布尔当属此地最闻名的历史人物，费尔干纳盆地是他继承的领地，但他很小就离开了故乡，去追寻自己的梦想，最终建立了伟大的莫卧儿帝国。

然而，苏联解体以后，费尔干纳盆地因该地区发生的几次重大民族冲突，以及伊斯兰极端组织在此地的猖狂活动而逐渐成为人们关注的焦点，并被冠以“中亚安全的火药桶”。

这种状况的形成并非偶然。费尔干纳盆地是世界上人口密度最大的地区之一，而土地和水资源却极其有限，经济基础设施不够发达，劳动力失业现象严重，这些都是社会矛盾爆发的潜在根源。

民族问题也是费尔干纳地区局势紧张的主要根源之一。20 世纪 20—30 年代进行的民族国家划界，使费尔干纳盆地分属于三个国家。盆地的大部分平原地区归属于乌兹别克斯坦共和国，盆地的东部地区以及盆地北部、东部、南部山区和山前地带归属于吉尔吉斯共和国，盆地的西部地区归属于塔吉克斯坦共和国。1991 年苏联解体之后，这种行政区划使得彼此相邻而居的同一个民族分属于不同的国家，被不同国家的边界、边防军人、海关、签证甚至地雷区强行分隔开来。乌兹别克人、塔吉克人、吉尔吉斯人在“自己”的土地上获得了“主体民族”或“统治民族”地位，享有政治和法律特权，而生活在“别人”土地上的其他族群则往往处于受歧视的“少数民族”地位。因此，苏联解体后，费尔干纳地区发生了多次大规模的民族冲突。其中 1990 年和 2010 年在费尔干纳盆地吉尔吉斯斯坦所属地区爆发的两次乌兹别克族人和吉尔吉斯族人之间的冲突最为严重。

苏联解体以后，随着伊斯兰教在中亚地区的复兴，被一贯奉为中亚“伊斯兰原教旨主义”发源地的费尔干纳盆地出现了规模很大的伊斯兰极端运动组织（乌兹别克斯坦伊斯兰运动、伊扎布特等）。他们将费尔干纳盆地作为自己发展的大本营，积极在此地从事恐怖袭击活动，并不断加强与阿富汗、巴基斯坦和中东地区伊斯兰组织的联系，使这个面积不大的盆地成为世界关注的焦点。

本书是教育部人文社会科学研究规划基金项目“中亚的民族过程与该地区恐怖主义相关性——基于费尔干纳盆地的调查与研究”的最终研究成果。本书主要通过对费尔干纳盆地民族过程的研究，了解该地区民族的形成过程，为民族的理论研究提供一个别具特色的具体案例。同时，从该地区的民族形成及发展过程探寻该地区目前民族冲突多发，宗教极端主义盛行的历史根源和现实原因。

本书的研究内容总体上分三个部分：第一部分对民族过程理论进行探讨；第二部分主要研究费尔干纳盆地民族成分的演变过程，其中主要对费尔干纳盆地20世纪初之前的民族成分演变过程，20世纪20—30年代费尔干纳盆地的民族国家划界，以及中亚民族过程中的一个神秘群体“萨尔特人”进行较为系统的研究；第三部分对费尔干纳盆地目前存在的几个与该地区的民族过程，尤其是20世纪20—30年代的民族国家划界相关的问题，其中包括该地区的飞地问题，该地区的民族冲突问题和伊斯兰极端主义问题进行重点研究，对其产生的根源进行深入剖析。

目　　录

第一章　费尔干纳盆地概况

第一节　总体特点

一、地理位置闭塞

费尔干纳盆地位于中亚东南部，是世界上最古老的历史文化区域之一。这片广袤的绿洲东西绵延约 320—330 千米，南北纵贯约 210—220 千米，面积约为 2.2 万平方千米，加上周围 8 万多平方千米的山区，总面积超过 10 万平方千米。费尔干纳盆地被群山环抱，北部和东北部有天山山脉，南临帕米尔—阿赖山，只在盆地的西部有一个不大的通向中亚其他地区的出口，许多文献称之为“苦盏通道”。起源于中国的古丝绸之路在翻越帕米尔高原之后，就从该盆地穿过向西而去，至今这条通道仍发挥着重要作用。目前，盆地与外界的陆路交通联系主要依靠四条公路（费尔干纳—塔什干、费尔干纳—苦盏、奥什—比什凯克、奥什—霍罗格）和一条铁路（费尔干纳—苦盏）。

二、隶属关系复杂

20 世纪 20—30 年代，苏联在中亚地区进行了民族国家划界，费尔干纳地区被划分给乌兹别克、吉尔吉斯和塔吉克三个加盟共和国。苏联解体后，费尔干纳盆地被新获得主权国家地位的乌兹别克斯坦、吉尔吉斯斯坦、塔吉克斯坦的国界线分隔开来，形成了复杂的隶属关系。隶属于乌兹别克斯坦的领土面积为1.89万平方千米，占该国总面积的4.2%，主要为平原地区，包括乌兹别克斯坦东南部的纳曼干州、费尔干纳州、安集延州；隶属于吉尔吉斯斯坦的领土面积为7.99万平方千米，占该国总面积的40%，主要为山区，包括吉尔吉斯斯坦南部的奥什州、贾拉拉巴德州和巴特肯州；隶属于塔吉克斯坦的领土面积为2.61万平方千米，占该国总面积的18%，主要包括塔吉克斯坦北部的粟特州。① 三国在盆地的边界呈现出你中有我，我中有你，犬牙交错的复杂局面。

三、人口密度大

占中亚地区总面积1%的费尔干纳盆地居住着大约1 200万人口，占中亚总人口的1/5以上，是世界上人口密度最大的地区之一。人口平均密度约为100人/平方千米，而平原地区的人口密度大于350人/平方千米（乌兹别克斯坦的安集延州人口密度甚至大于500人/平方千米）。② 农业人口过于稠密，在土壤肥沃的区域人均耕地仅为0.6公顷。③ 根据该地区出生率较高、人口增长较快的特点，有专家预测，费尔干纳盆地的人口很快将达到1 400万—1 500万。④

四、民族数量多

费尔干纳盆地是多民族居民杂居的地区。除乌兹别克族、吉尔吉斯

① Ферганская долина: вызовы времени. http://www.dolinamira.org, 2005.

② Данные Государственного комитета по статистике Республики Узбекистан (www.stat.uz), Национального статистического комитета Республики Кыргызстан (www.stat.kg) и Государственного комитета статистики Республики Таджикистан. (www.stat.tj).

③ Национальная Стратегия устойчивого развития Республики Узбекистан. Ташкент, 1999. С. 48.

④ Олимова С., Олимов М. Влияние антитеррористической кампании в Афганистане на соседние страны Центральной Азии. http://www.eawarn.ru/pub/AnnualReport/AnnualReportWebHome2001/2001anrep05.htm.

族、塔吉克族三个主要民族外，这里还居住着俄罗斯族、土耳其族、维吾尔族、鞑靼族、阿塞拜疆族、乌克兰族、亚美尼亚族、朝鲜族等几十个民族的居民。在该盆地乌兹别克斯坦所属地区，84.5%的居民为乌兹别克族人，5%为塔吉克族人，约3%为吉尔吉斯族人；在吉尔吉斯斯坦所属地区，65%的居民为吉尔吉斯族人，27%为乌兹别克族人；在塔吉克斯坦所属地区，57%的居民为塔吉克族人，31%为乌兹别克族人，1%为吉尔吉斯族人。[①] 乌兹别克族人成为奥什、贾拉拉巴德、巴特肯和粟特这几个州中人数位居第二的民族。

五、社会经济地位重要

费尔干纳盆地的各州对各自所属的国家都具有重要的意义，在三国的社会经济生活中发挥着非常重要的作用。安集延州、纳曼干州和费尔干纳州三个州面积只占乌兹别克斯坦总面积的4%左右，却生活着占乌兹别克斯坦全国人口总数27.2%的居民。巴特肯州、贾拉拉巴德州和奥什州三个州面积只占吉尔吉斯斯坦总面积的40%，但这三个州的居民总数占吉尔吉斯斯坦全国总人口的51.9%。粟特州的面积只占塔吉克斯坦总面积的18%，但居民总数却占塔吉克斯坦全国总人口的29.9%。[②] 这七个州在所在国家的经济领域均占有举足轻重的地位。例如，乌兹别克斯坦国民生产总值的27%来自于安集延、纳曼干和费尔干纳三个州。该国约22%的棉花纤维、38%的矿物肥料、50%的石油和石油制品、36%的轻工纺织品及100%的轿车都出自费尔干纳盆地三个州。吉尔吉斯斯坦的棉花纤维全部出自费尔干纳盆地的巴特肯、贾拉拉巴德和奥什三个州，三个州的产值占到了该国国民生产总值的25%。而粟特州是塔吉克斯坦第二大工农业区。

---

① Ферганская долина：вызовы времени. http：//www. dolinamira. org，2005.

② Данные Государственного комитета по статистике Республики Узбекистан，Национального статистического комитета Республики Кыргызстан и Государственного комитета статистики Республики Таджикистан.

六、城市化发展迅速

费尔干纳盆地的城市化发展迅速。比如，据 2013 年 1 月 1 日的统计，费尔干纳盆地约 52%的乌兹别克斯坦居民，35%的吉尔吉斯斯坦居民，26.5%的塔吉克斯坦居民居住在城市。城市人口的增长与大量农村人口的涌入相关，与严重的社会经济威胁有关。在可预见的未来，费尔干纳盆地各国极有可能因为水资源、土地和能源的不足发生争端。例如，近二十五年内，乌兹别克斯坦的人均灌溉土地面积从 0.22 公顷减少到 0.12 公顷。① 耕地面积的减少与生产率的提高，使得一定数量的农村劳动力摆脱了土地的束缚进而转向城市。比如，从 2000 年起，乌兹别克斯坦和塔吉克斯坦的农村年均剩余劳动力大约达到 14 万—15 万人，这一群体中的相当一部分人到城市定居。按照当前的城市化速度，到 2050 年费尔干纳盆地的城市人口将达到总人口的 65%。②

第二节　盆地乌、吉、塔三国各州概况

经过中亚民族划界及苏联时期的几次行政变更，最后形成了目前费尔干纳盆地分属三个国家、七个行政区域的格局。盆地的平原地区隶属于乌兹别克斯坦共和国的费尔干纳州、安集延州和纳曼干州。平原的东部及从北、东、南三个方向围绕盆地的山脉和山前地带隶属于吉尔吉斯斯坦共和国的奥什州、贾拉拉巴德州和巴特肯州。盆地的西部隶属于塔吉克斯坦共和国的粟特州（从前的列宁纳巴德州）。

① Повышение эффективности использования сельскохозяйственных земель в Республике Узбекистан, ЦЭИ. Аналитический доклад, 2008/4. Ташкент, 2008.

② Хашимов А. Аналитический доклад "Этническая ситуация в Ферганской долине: проблемы и вызовы", 2012.

一、安集延州

地理位置与行政区划。安集延州位于乌兹别克斯坦的东南部，费尔干纳盆地的东部，东北部和南部与吉尔吉斯斯坦接壤，西部、西北部分别与费尔干纳州和纳曼干州相邻，领土面积为 4 300 平方千米，不到全国总面积的 1%，是乌兹别克斯坦面积最小的州。

该州成立于 1941 年，下辖 14 个行政区：阿尔滕库尔区、安集延区、阿萨金区、巴雷克奇区、博兹区、布拉克巴希区、贾拉库都克区、伊兹巴斯坎区、库尔干捷帕区、马尔哈马特区、帕赫塔阿巴德区、乌卢格诺尔区、霍贾阿巴德区、沙赫里汉区。

安集延州的行政中心为安集延市，人口 30 多万，是费尔干纳盆地最古老的文化和商业中心。在中国明代，安集延曾是新疆通往撒马尔罕的重要中转站，19 世纪末 20 世纪初，成为东西方交流的主要枢纽。安集延州其他较大的城市还有阿萨卡市、汗阿巴德市。

人口。截至 2011 年 1 月 1 日，安集延州的人口数量为 259. 6 万人，47%居住在农村地区，53%居住在城市。人口年平均增长率为 1. 1%。人口密度为每平方千米 570 人，位居乌兹别克斯坦第一位。虽然该州的面积不足全国领土面积的 1%，但人口却占全国总人口的 10%。该州的劳动力人口为 153. 6 万人，其中 111. 2 万人在国民经济部门就业。[①]

安集延州共有 100 多个民族。人口最多的是乌兹别克族人，约占该州总人口的 85%。此外还有俄罗斯族人、吉尔吉斯族人、鞑靼族人、塔吉克族人、维吾尔族人和朝鲜族人等。

自然条件与资源。安集延州西部是海拔 400—800 米不等的高地平原，东部是费尔干纳山和阿赖山的山前地带，这些山脉正好阻止了冷空气南下，因而这里的气候比中亚其他地区稳定。冬季气候温和，时间短暂，风

---

① http：//www. uzinfoinvest. uz/rus/investiionnie_ vozmojnosti/regioni/ferganskaya_ oblast/.

力明显弱于盆地西部，夏季酷热，气温可达 40℃以上。年平均降雨量为 200—500 毫米。这里日照充分，无霜期长，每年约 210 天。该州的主要河流是卡拉达里亚河，它自东向西流经该州，河水大都用于农田灌溉。

地区经济。安集延州的工农业都比较发达，是乌兹别克斯坦共和国最大的农业和工业产品产区。工业部门中重要的有机械制造、电机、建材、轻工、食品等行业。该州还是乌兹别克斯坦石油和天然气的主要产区，有 9 个石油、天然气产地，如安集延、和卓阿巴德、布斯塔、南阿拉梅什克等。有和卓阿巴德—安集延—列宁斯克天然气管道。该州小企业和私人公司发展迅速，截至 2011 年 1 月 1 日，在安集延州共注册了 35 400 个小企业和私人公司。①

安集延州的大部分土地是可耕地，这里的高温气候为种植棉花，发展亚热带农作物，从事养蚕业，栽培瓜果蔬菜等农作物提供了得天独厚的自然气候条件。该州是产棉大州，棉花产量居全国第一。这里的园艺业、葡萄种植业、蔬菜栽培业、良种培育业和养蚕业都很发达，饲养肉用家畜和产奶家畜。这里的人工灌溉农业得到了较大的发展。由于安集延州没有多余的土地可供开垦，因此农业的增长只能依靠提高生产效率。该州设有谷物和豆类作物种子科学研究所，以及国家葡萄、园艺、甜瓜、水稻科学研究院分院。

近年来，安集延州形成了外贸活动所需的经济结构。在出口结构中，棉纺织品份额减少，而机械设备、食品、工业产品、能源的份额增加，这说明目前该州正在从原材料出口向工业制成品出口转变。向该州出口的主要国家为韩国、俄罗斯、中国、捷克。

交通运输。安集延州是伟大的“丝绸之路”经过的地方。目前安集延州交通基础设施比较发达，不仅可以满足本地区或乌兹别克斯坦范围内的货物运输，还可以延伸到邻国和其他国家。该州首府拥有可以通往乌兹别克斯坦其他城市和俄罗斯部分城市（莫斯科、奥姆斯克、秋明、新西伯利

① http：//www. uzinfoinvest. uz/rus/investiionnie_ vozmojnosti/regioni/ferganskaya_ oblast/.

亚）的航空运输航线。

二、费尔干纳州

地理位置与行政区划。费尔干纳州位于乌兹别克斯坦的东南部，费尔干纳盆地的南部地区。西北与塔吉克斯坦相邻，南部与吉尔吉斯斯坦接壤，北部和东部分别与乌兹别克斯坦的纳曼干州和安集延州相接，面积为 7 100 平方千米，占全国总面积的 1.5%。

费尔干纳州下辖 15 个区：阿尔特阿雷克区、阿胡恩巴巴耶夫区、巴格达区、别沙雷克区、布瓦伊德区、丹加林区、库文区、里什坦区、索赫区、塔什拉克区、乌兹别克斯坦区、乌奇库普里克区、费尔干纳区、富尔卡特区和亚兹维诺区。行政中心为费尔干纳市，其他较大的城市还有浩罕、马尔吉兰、库瓦和库瓦塞。

人口。费尔干纳州是乌兹别克斯坦人口最稠密的州之一，人口密度为每平方千米 457 人。虽然面积仅占全国总面积的 1.6%，但人口却占全国总人口的 11.4%。截至 2011 年 1 月 1 日，全州人口总数为 312.85 万人，其中 58%为农村人口，42%为城市人口，劳动力人口为 176 万人，其中共有 134.04 万人就业，占劳动力总人口的 76.2%。[①] 苏联解体后，大量俄语人口迁出乌兹别克斯坦，其中就包括费尔干纳盆地。由于失业率高，春秋季节大量农民工到俄罗斯务工。

费尔干纳州居住着 60 多个民族，乌兹别克族人口总数为 256.5 万人，在大部分地区的农村居民中，乌兹别克族人占 80%，而在城市人口中，乌兹别克族人所占比例为 55%—60%。其他主要民族有：塔吉克族，人口为 17.19 万人；俄罗斯族，人口为 16.52 万人；吉尔吉斯族，人口为 6.13 万人。此外还有鞑靼族、乌克兰族、阿塞拜疆族、亚美尼亚族、犹太族、朝鲜族等。[②]

① http：//www.uzinfoinvest.uz/rus/investiionnie_ vozmojnosti/regioni/ferganskaya_ oblast/.

② http：//kirgili.ru/glavnaya/o-fergane.html.

绝大多数居民信奉伊斯兰教，此外还信奉东正教、基督教、犹太教等。

自然条件与资源。费尔干纳州目前的边界形成于 1938 年 1 月 15 日，总边界线长 600 千米。该州 79%的区域为平原，其余的 21%为山地丘陵地带。该州水资源丰富。锡尔河流经该州西北边界。此外还有发源于阿赖山脉的伊法拉河、索赫河、沙希马尔丹河和伊斯法依拉姆萨依河。州内地势自北向南逐渐升高，平原地区海拔为 320 米，山前地带为 500—1000 米。气候为大陆性气候，冬季暖和，夏季炎热。7 月份最高气温达 46℃。年降雨量在州内不同地区有较大的差异，西部为 100 毫米，东部为 170 毫米，山前地带为 270 毫米，雨量集中在春天，无霜期为 204 天。

费尔干纳州拥有石油、天然气、地蜡、硫黄、石膏、石灰石、大理石等矿产资源。石油矿藏主要位于别沙雷克区南部和该州北部地区。天然气主要储存在北索赫和奇门地区。用于提炼硫黄、沥青的地蜡位于该州乌兹别克区的绍勒苏夫镇。石膏产于库瓦塞、绍勒苏夫和奇凿等地的丘陵地区。大理石产地位于沙希马尔丹、索赫、库瓦塞等地区。

地区经济。农业在费尔干纳州的经济中占有重要地位。良好的气候条件为具有独特风味的果蔬产品的丰产提供了保证。该州的农业主要是植棉业、葡萄种植业、园艺业。州内有 3 个大型灌溉系统。畜牧业以发展牛羊肉奶生产为主。养蚕业较发达。

费尔干纳州最发达的工业生产领域为石油、纺织、化工、丝绸、能源、润滑油及建筑材料。还生产石油加工、天然气和纺织工业设备，丝绸、棉织品、服装和鞋类等日用品。该州还拥有许多大型的热电厂。石油天然气工业是最主要的工业领域，1958 年建立的费尔干纳炼油厂是中亚润滑油主要生产企业之一。

在出口产品结构中占有较大份额的行业分别是：能源、化工产品、食品、棉花纤维等。共向 80 多个国家出口产品，主要包括：俄罗斯、乌克兰、中国、拉脱维亚、伊朗等。大型企业产品占据了出口总量的 80%，小型企业和私有企业产品占18.9%，民营企业产品只占0.2%。[①] 主要的进口产品为机械设备、化工产品、有色金属、食品等。产品来自50多个国家，主要包括：哈萨克斯坦、俄罗斯、中国、韩国、乌克兰等。

交通运输。费尔干纳州的交通体系比较发达，铁路总里程为262千米。费尔干纳机场有定期开往沙迦、伊斯坦布尔、阿勒颇、新德里、卡拉奇、德黑兰等城市的国际航班。

三、纳曼干州

地理位置与行政区划。纳曼干州位于乌兹别克斯坦东部，费尔干纳盆地北部，南部与费尔干纳州相邻，东南部与安集延州为邻，西部与乌兹别克斯坦的塔什干州相连，北部和西部与吉尔吉斯斯坦及塔吉克斯坦接壤。全州面积为7 440平方千米。

纳曼干州成立于1967年，下辖11个行政区：卡桑塞区、明格布拉克区、纳曼干区、诺林斯克区、帕普区、图拉库尔干区、乌伊钦区、乌奇库尔干区、恰尔塔克区、丘斯特区、扬吉库尔干区。该州行政中心为纳曼干市。

人口。截至2011年1月1日，纳曼干州人口总数为229.9万，人口密度为每平方千米236人。农村人口约占64.6%，城市人口占35.4%。劳动力人口总数为132.2万人，占人口总数的57.5%。该州的人口自然增长率在全国位居首位，因此，劳动力人口数量也在不断增加。该州主要居民为乌兹别克族人，占该州总人口的80%以上。此外还有塔吉克族人、俄罗斯族人、鞑靼族人、吉尔吉斯族人和其他少数民族居民。

自然条件与资源。纳曼干州地形复杂多变。大部分地区为平原，向北地势逐渐升高，北部和西北部为山地。东西部的气候条件差异较大。东部被山脉环绕，气候温和，年降雨量达600毫米，为旱地的耕作创造了良好

① http：//www.uzinfoinvest.uz/rus/investiionnie_ vozmojnosti/regioni/ferganskaya_ oblast/.

的条件。西部地区降雨量明显减少，河流不多，丘陵山地植物稀少，不适于耕作。该州南部锡尔河洼地的部分地区为沼泽地。目前沼泽经过排水疏干，正在改良为肥沃土地。境内最大河流为锡尔河，矿藏有石英、锑、金、铜、铁、锡、石油等。

地区经济。纳曼干州的灌溉农业特别发达。该州建设了许多灌溉设施：北费尔干纳运河、丘斯特运河、恰尔塔克运河及位于卡桑河上的乌尔塔杜卡伊水库。水利的发展使可灌溉耕地的面积扩大，土壤状况得到了改善。平原和东部山地的可灌溉耕地要多于西部地区。基本农作物是棉花，还种植粮食、蔬菜、葡萄、瓜果等作物。养蚕业也有相当的规模。畜牧业以养牛为主，山前地带养羊。

纳曼干州工业主要以纺织、食品、加工、机械制造等领域和建筑材料业为主。拥有大型的机械制造企业，汽车修理厂，化工厂，棉纱、丝绸、皮革制品的生产制造不断恢复，传统工艺品生产发达，也拥有许多外资企业。

交通运输。塔什干—浩罕公路横穿该州西南地区，通过卡姆奇克山口将费尔干纳盆地和塔什干州连接起来。浩罕—纳曼干—乌奇库尔干—安集延铁路线横穿纳曼干州。纳曼干机场有通往塔什干及俄罗斯许多城市的航班。

四、奥什州

地理位置与行政区划。奥什州位于吉尔吉斯斯坦共和国南部，南与塔吉克斯坦交界，北邻乌兹别克斯坦，东南与中国新疆的喀什接壤。面积2.92万平方千米。下辖7个区。州首府位于奥什市。

奥什州于1939年11月21日建州，1959年1月27日与贾拉拉巴德州合并，组成统一的奥什州。1980年10月5日，为了组建塔拉斯州，奥什州的卡拉科尔市和托克托古尔区及新组建的恰特卡尔区被划入塔拉斯州。1984年5月15日，恰特卡尔区又从塔拉斯州划归奥什州。1988年10月5日，塔拉斯州和纳伦州撤销，卡拉科尔市和托克托古尔区及托古斯—托洛斯区从上述两州划入奥什州。1990 年 12 月 14 日，从奥什州划分出贾拉拉巴德州。1999 年 10 月 13 日，在奥什州西部建立新的巴特肯州。原属奥什州的巴特肯区、卡达姆扎区、雷列克区及克孜勒—克亚市和西留克秋市纳入巴特肯州的版图。

人口。根据 2009 年人口普查资料，奥什州总人口为 110.4 万，其中吉尔吉斯族人为 75.8 万，约占吉尔吉斯斯坦总人口的 69%。其他人口较多的民族有乌兹别克族人，30.9 万人，占人口总数的 28%，维吾尔族人，1.1 万人，占人口总数的 1%。此外还有土耳其族、塔吉克族、阿塞拜疆族、东干族、哈萨克族等。[①]

自然条件与资源。奥什州属大陆性气候，夏季炎热，春秋湿润，冬季较冷。春季和初夏降水最多，达全年的 70%，仲夏以后进入干旱期。山前地带的气候带有半荒漠的特点，夏季燥热，冬季不甚冷。大部分地区全年降水量为 600 毫米。

奥什州位于帕米尔-阿赖山和西杰尼尔套山脉之间，地处阿姆河和锡尔河流域。区域内大多为半荒漠、山地草原和草甸植被。

奥什州水资源丰富，以高山冰雪融水为水源的河流很多，其中有些是季节性河流，卡拉达里亚河是该州最大的河流。境内有大量高山湖泊和冰川。河谷地区地下水特别丰富。

奥什州自然资源丰富，矿产以燃料和有色金属为主。燃料有煤、石油和天然气，有色金属主要是锑和汞，其次为铅、锌，非金属矿有正长岩石、地蜡和石膏等。

地区经济。就居民人均基本指标而言，奥什州的经济发展水平稍低于吉尔吉斯斯坦全国的平均指标，在吉尔吉斯斯坦各地区中属中等水平。由于国家推行社会经济改革，社会各领域发生了结构性变革，形成了私有制、集体所有制和国家所有制等多种所有制并存的经济格局。

奥什州的主要农业部门是种植业，播种的作物以谷物为主。就产值而

---

① http：//ru. wikipedia. org/wiki/Ошская_ область.

言，经济作物棉花和烟草占有更重要的位置。谷类作物中播种面积最多的为小麦，其他谷物有玉米、大麦和水稻。棉田分布在山前地带。奥什州农产品的生产在全国占有重要地位。奥什州拥有各种季节的天然草场，同时在草场建设和更新改造方面做了大量工作。畜牧业的主要部门是养羊业，养牛业也较发达，一些地区有少量牦牛。养禽业有一定发展，也有一些地区养蜂或养蚕。

奥什州工业部门结构中，轻纺、食品和饲料工业为主要工业部门，其产值占全州工业产值的90%以上。

交通运输。主要公路干线有：比什凯克—奥什线和贾拉拉巴德—乌兹根—奥什线。这两条干线确保奥什州同吉尔吉斯斯坦北部地区和首都比什凯克的联系。此外还有奥什—萨雷塔什—霍罗格（塔吉克斯坦）线和奥什—萨雷塔什—艾尔肯其塔姆—喀什（中国）线。无论是对于奥什州，还是对于吉尔吉斯斯坦全国而言，这儿条公路干线都具有至关重要的战略意义。此外，还有铁路和航空运输线路。

五、贾拉拉巴德州

地理位置与行政区划。贾拉拉巴德州位于吉尔吉斯斯坦的西南部，北邻塔拉斯州和楚河州、东邻纳伦州、南邻奥什州，西南及南部与乌兹别克斯坦接壤。1939年11月21日建州，1959年1月27日并入奥什州，1990年12月14日又重新划为独立的州。全州总面积为3.37万平方千米，占全国面积的16.9%。下辖8个区。州首府位于贾拉拉巴德市。

人口。根据2009年人口普查资料，贾拉拉巴德州总人口为100.99万人，其中吉尔吉斯族人为72.5万，约占总人口的72%。其他人口较多民族有乌兹别克族人，25万人，占人口总数的25%。此外还有俄罗斯族、塔吉克族等。①

---

① http：//ru.wikipedia.org/wiki/Ошская_ область.

自然条件与资源。贾拉拉巴德州大部分地区位于西南杰尼尔套山脉，一小部分地区位于内杰尼尔套山脉。全州的地貌有：高山、中高山地、低山、丘陵、高地、山丘、山前地带及山间盆地。在贾拉拉巴德州的西北部、北部及东部边缘地带高山绵延。全州的中部地区山脉林立。该州还有一些面积较大的独立山间盆地。

该州属大陆性气候，全年干燥少雨，冬季寒冷，夏季炎热，年平均降雨量仅 240 毫米左右。该州的矿藏主要有煤炭、石油和建材原料。贾拉拉巴德州境内的水网密集、河流水量丰富。较大的河流有：纳伦河、恰特卡尔河、卡拉达里亚河。这些河流的水势状态并不稳定，有春汛，但主要是夏汛，由高山的冰雪融水引起。贾拉拉巴德州的水利资源丰富，在纳伦河上建有水库和梯级水电站。所有的河流均可用于农田灌溉。

地区经济。全州经济部门有工业、农业、建筑业、交通运输业、通信业、贸易及餐饮业。工业有电力、机电、建材、轻工、食品等部门，农业中植棉业和园艺业发达，是共和国的主要产棉区和葡萄瓜果产地。经济作物还有烟草。畜牧业在农业中所占比重较小。

交通运输。贾拉拉巴德州的汽车运输、铁路运输、航空运输及管道运输比较发达。其中汽车运输占有特殊地位。比什凯克—奥什公路是全州的交通主干线。此外州内还有贾拉拉巴德—卡札尔曼、乌奇科尔贡—凯尔本—阿拉布卡—卡内什克亚等公路线。

该州境内的铁路线有：卡拉苏乌—贾拉拉巴德—可可扬加克线和纳曼干（乌兹别克斯坦）—奇科尔贡—什曲米尔线。虽然铁路的长度有限，但在保持与他国经济联系方面起着重要作用。在贾拉拉巴德州还有空中航线与外界联系。

六、巴特肯州

地理位置与行政区划。巴特肯州位于吉尔吉斯斯坦的西南部，边界的 3/4 为国界。南面、西面及西北面与塔吉克斯坦接壤，北面与乌兹别克斯坦相邻，东面与本国的奥什州连接。巴特肯州的地理位置十分特殊，州境内有一些属于邻国的飞地，因此，州内的交通干线穿过许多边界及飞地。这些都给全州的社会经济发展带来了负面影响。巴特肯州面积1.7万平方千米，占吉尔吉斯共和国总面积的8.5%。

巴特肯州1999年12月12日建州。该州的巴特肯区、卡达姆扎区、赖列克区及克孜勒—克亚市和秀留克秋市曾属于奥什州。2000年，州中心巴特肯镇和伊斯法纳镇被列为市级单位。自此巴特肯州下辖3个区、4个市。该州首府位于巴特肯市。

人口。根据2009年人口普查资料，巴特肯州总人口为42.9万人，其中吉尔吉斯族人为32.8万，约占总人口的76.5%。其他人口较多的民族有乌兹别克族人，6.3万人，占人口总数的14.7%。[①] 此外还有塔吉克族、俄罗斯族、鞑靼族等。

自然条件与资源。巴特肯州位于费尔干纳盆地的南部山前地带，包括突厥斯坦山和阿赖山的延伸山脉、支脉和山前地带。这些山脉的海拔超过4 000—5 000米，突厥斯坦山的最高点（位于科若巴基尔干河上游）5 580米，阿赖山的最高点（位于吉尔别河的上游，索赫河流域）5 880米。吉尔吉斯斯坦的最低点位于巴特肯州：海拔401米。按照巴特肯州的地表特征，全州可以划分为下列地理带：山麓平原地带、丘陵和山前地带、山间盆地地带、中高山地带和高山地带。平缓的山麓平原为全州标高最低的区域，是代表费尔干纳盆地本身特点的地区。

巴特肯州整体上属于带有地中海特点的大陆性干旱气候，空气不够湿润，夏季较温暖，冬季稍显寒冷。巴特肯州的河流属于锡尔河流域。从阿赖山上汇集的较大河流有：伊斯法伊拉姆河、沙伊梅尔登河、索赫河。从突厥斯坦山上汇集的河流有：伊斯法拉河、伊斯法纳河、阿克苏河等。这些所谓的锡尔河左岸支流实际上并未流到锡尔河，而是在出山口处就止于自身的冲积带或干涸的三角洲。这些河流的水源主要来自冰雪融水。

---

① http://ru.wikipedia.org/wiki/Ошская_ область.

阿赖山和突厥斯坦山的山坡上有许多高山湖，其中较大的湖有：杰盖尔篾奇湖、盖扎尔特湖、秋思阿术湖。巴特肯州境内的冰川数量超过530座，总面积超过720平方千米，分布在阿赖山和突厥斯坦山的北坡。阿赖山的冰川面积为568.1平方千米，突厥斯坦山的冰川面积为151平方千米。

山麓平原、山间盆地及山前丘陵地带、低山地带和中高山地带的河谷盆地主要被开垦为可浇耕地和旱田耕地，一部分用于放牧。这里分布着居民点、工业中心及灌溉系统。中高山地带、高山地带的草地、草原被用作牧场。

地区经济。巴特肯州的经济在吉尔吉斯斯坦的生产体系中占有特殊的地位，拥有很大的工业潜力（艾达尔肯的汞、卡达姆札的锑、克孜勒-克亚和秀留克秋的煤）和协调的农业生产体系（杏子、烟草、羊毛、肉类及奶制品加工）。虽然巴特肯州的某些生产部门或领域的某些指标高于或低于全国平均水平，但整体社会经济水平低于全国平均水平。巴特肯州境内多为沟壑交错的复杂高山地貌，缺少良好的土壤及气候条件，所处的周边地缘政治环境不够稳定。市场经济改革严重割裂了包括巴特肯州在内的原苏联加盟共和国地区之间的传统经济联系，严峻的经济形势致使巴特肯州的生产总值下降。这些都导致该州居民生活水平下降，目前该州成为全国比较落后及贫困的地区之一。

交通运输。巴特肯州的交通运输网由公路、铁路、航空及管道运输线组成。复杂的山地地貌阻碍着交通运输的发展。主要的公路运输线有：奥什—克孜勒克亚—皮尔根—艾达尔肯—巴特肯—伊斯法纳—秀留克秋线、克孜勒—克亚—达罗特—科尔贡线、克孜勒克亚—库瓦塞（乌兹别克斯坦）线、巴特肯—伊斯法纳（塔吉克斯坦）线和克孜勒克亚—马尔卡马特（乌兹别克斯坦）—奥什线。这些公路（特别是第一条）多次穿过邻国的飞地、海关、边防检查站，给该州正常的交通运输和自由的客货运输带来了消极的影响。

巴特肯州的铁路线由两条里程不长的铁路支线构成。第一条是窄轨铁路线，铺设于1907年，由德拉戈米罗沃车站（现为塔吉克斯坦粟特州的普罗列塔尔斯克车站）通往秀留克秋煤矿，全长37千米。另一条铁路修建于1928年，将克孜勒克亚市与乌兹别克的费尔干纳—库瓦塞（乌兹别克斯坦）—克孜勒克亚铁路线连接起来，全长42千米。这两条铁路线当时主要是为了将煤炭从采矿区运出而建设的，穿过纵横交错的山区深沟峡谷。特别是德拉戈米罗沃—秀留克秋窄轨铁路线，在山中穿行，路况险峻。这两铁路线在巴特肯州境内的总里程为30千米，对进出该州的大宗货物运输，特别是对采矿企业及大型经营主体具有重要意义。此外，在巴特肯州有空中航线与外界联系。

七、粟特州

地理位置与行政区划。粟特州，原名列宁纳巴德州，位于塔吉克斯坦北部，费尔干纳盆地西南部，与乌兹别克斯坦和吉尔吉斯斯坦交界。面积为2.61万平方千米。粟特州下辖8个城市，22个城镇，14个农业区，93个村社。位于吉尔吉斯斯坦巴特肯州的沃鲁赫飞地和位于乌兹别克斯坦纳曼干州的萨尔瓦克飞地行政上隶属于粟特州。

列宁纳巴德州成立于1939年10月27日，是塔吉克斯坦最早建立的州之一。1945年1月19日，该州南部的几个区分离出去，成立了乌拉秋别州，行政中心位于乌拉秋别市，两年之后，即1947年1月23日，新成立的乌拉秋别州被撤销，所有的区又重新划归到列宁纳巴德州。列宁纳巴德州于1962年3月28日被撤销，1970年10月23日恢复。2000年11月10日改名为粟特州。

首府位于苦盏市，位于锡尔河畔，是塔吉克斯坦第二大城市，人口约16.7万人。1936年改名为列宁纳巴德，独立后恢复原名。该城始建于公元7世纪，是古丝绸之路上的重镇，中亚最古老的城市之一。城内有中世纪的城堡和清真寺。苦盏既是粟特州的行政中心，又是该州的经济文化中心，大部分工业企业、大专院校都设在该市。该州其他较大城市有：卡尼巴达姆、加富罗夫、舒拉布、凯拉库姆、伊斯法拉、乌拉秋别、彭吉坎特等。

人口。粟特州人口为 240.99 万人（2014 年 4 月 1 日），其中 26.1%为城市人口，73.9%为农村人口。人口密度为每平方千米 92.4 人。[①] 主要民族为塔吉克族、乌兹别克族、俄罗斯族、吉尔吉斯族、鞑靼族等。

自然条件与资源。粟特州领土主要为山地，北部是库拉玛山脉和穆古尔山，南部为突厥斯坦山脉和泽拉夫尚山。属于大陆性气候，干燥少雨，气温随海拔高度变化而变化。盆地平均气温 1 月为 1°C，7 月为 28°C，海拔 1 000 米以上的山地 1 月份和 7 月份的平均气温分别为 4°C 和 26°C。年降水量为 150—400 毫米。

该州的主要河流有锡尔河和泽拉夫尚河。较大的湖有伊斯坎德尔湖、奥克苏孔湖等。灌溉农业在该地区国民经济上起着重要的作用。这里有大费尔干纳运河、北费尔干纳运河、凯拉库姆水库、凯拉库姆水电站。矿藏资源有煤、石油、有色金属和稀有金属。

地区经济。粟特州的主要工业部门包括机器制造业、金属加工业、轻工业（包括丝绸、棉纺、制毯）、食品工业、建材工业等。主要农业部门为植棉业、园艺业、葡萄栽培业。畜牧业为养牛业（平原）和养羊业（山地），还有养蚕业。

交通运输。全州铁路线长 173. 2 千米，公路线长 360 多千米。空中航线连接杜尚别、莫斯科、塔什干和撒马尔罕。

① http：//ru. wikipedia. org/wiki/Согдийская_ область.

第二章　费尔干纳盆地居民民族成分研究状况综述

费尔干纳盆地是中亚最古老的历史民族区域之一。相对封闭的地理位置使费尔干纳盆地的民族历史，以及居民的物质文化和精神文化虽大体上与中亚两河地区相同，但同时也具有某种特殊性。

古时候，著名的连接东西方的“丝绸之路”就经过费尔干纳盆地。来自于撒马尔罕、布哈拉和塔什干的驼运商队沿着这条“丝绸之路”前往中国新疆地区。北部和东北部山口将费尔干纳与塔拉斯、伊塞克湖地区、七河地区连接起来，而南部山口则将费尔干纳与马特恰、卡拉特金山、巴达赫尚、库利亚布、吉萨尔等地区连接起来。

优越的地理位置不仅使费尔干纳盆地的经济、文化得到了快速发展，而且还吸引了不同民族成分的居民大量涌入该地区。此外，由于地理位置上的相对封闭，费尔干纳成为一个相对安定的地区，不受中亚其他地区发生的政治事件影响。其他地区发生的骚乱、战争、饥荒、政治和宗教迫害不仅驱使相邻地区的百姓涌入，而且还吸引远离费尔干纳地区的平民纷至沓来，在这里寻找生计。因此，19 世纪末 20 世纪初，费尔干纳盆地变成了中亚地区人口最稠密、居民民族成分最多样的地区之一。

对费尔干纳盆地及其民族成分的研究主要集中在俄语文献中，从事研究的也大多是俄罗斯及中亚地区的学者，其他国家的研究和从事该研究的学者较少。俄国学者古巴耶娃 C. C. 将费尔干纳地区居民的研究大致分为以下四个阶段：一、中亚并入俄国之前时期（18 世纪末至 19 世纪 60 年代）；二、中亚并入俄国之后时期（19 世纪 60 年代至 1917 年）；三、苏联时期；四、苏联解体后时期。

第一节　中亚并入俄国之前时期

最早有关费尔干纳盆地及其居民的记载出现于公元前2世纪。起初主要是俄国使者、旅行家、官员、商人、战俘的报告及偶发性的描述。虽不是专门的学术研究，但却是重要而珍贵的历史资料。主要著作有《十年漫游记》（菲利普·叶夫列莫夫，莫斯科，1950年）、《浩罕国游记》（米尔·伊泽特·乌拉，塔什干，1956年）、《浩罕国札记》（霍伦日·波塔宁，圣彼得堡，1857年）等。

《十年漫游记》是关于费尔干纳的最早著作之一。这部著作由菲利普·叶夫列莫夫（Филипп Ефремов）于18世纪70年代写成，他在自己的杂记中对费尔干纳盆地进行了较为详细的描述："来自尤兹氏族的乌兹别克人纳尔布塔—别克统治着浩罕领地，吉尔吉斯人在从奥什城至喀什噶尔之间的山区过着游牧生活。"①

米尔·伊泽特·乌拉（Мир Иззет Улла）为印度官员，受英属印度殖民地著名活动家威廉·穆尔克罗弗特的委托出使浩罕汗国。他在《浩罕国游记》中写下了许多关于费尔干纳盆地的情况：吉尔吉斯人在浩罕汗国奥什城西部地区过着游牧生活；阿拉万地区居住着由巴达赫尚迁来的移民；突厥人和吉普恰克人在明格—泰佩（安集延附近）周围地区放牧；卡尔梅克人和吉尔吉斯人居住在距库瓦不远的地区；马尔吉兰地区生产大量的丝绸和纺织用的毛线等。

菲利普·纳扎罗夫（Филипп Назаров）是一名翻译，1813年曾去过浩罕。他在《关于亚洲中部地区一些民族和土地的报告》中，介绍了不少有关浩罕汗国地理、政治、历史和民族的情况，包括浩罕汗国与吉尔吉斯、布哈拉、喀什噶尔地区的贸易情况，桑蚕养殖方法，在马尔吉兰购买

① Ефремов Ф. С. Девятилетнее странствование. М. , 1950.

棉纱并用背篓背回家的山地塔吉克人，编织地毯的卡拉卡尔帕克人等。

霍伦日·波塔宁（Хорунжий Потанин）于 1829 年护送访问圣彼得堡的浩罕使者回塔什干。用他自己的话说，他的任务是尽可能地把所到之处拍摄和记录下来。他在自己的《浩罕国札记》中记录了许多关于浩罕汗国居民及其所从事的职业的资料。作为俄国第一批到达浩罕的旅行家之一，他指出，浩罕人拥有的牲畜并不多，因为大部分草地都用于耕种了。

这个时期关于整个中亚和费尔干纳民族的资料大多带有个人体验性质，许多作者不懂当地的语言和历史，但这些文献客观反映了当时该地区居民的居住情况，是现代研究者不可或缺的历史资料。

第二节　中亚并入俄国之后时期（19 世纪 60 年代至 1917 年）

一、俄国行政当局、学者的研究成果

随着俄罗斯人不断直接迁居到突厥斯坦地区，各阶层俄罗斯人对该地区有了更详细的观察和描述。沙皇政府出于占领中亚的需要，积极倡导对中亚进行研究。这个时期研究的一个重要特点，就是为沙皇统治中亚服务，为沙皇有效地在中亚实施殖民统治提供各种政治、经济和社会习俗、宗教信仰方面的资料。

俄罗斯学者 В. В. 韦利亚米诺夫—焦尔诺夫（В. В. Вельяминов – Зернов）在 19 世纪 50—60 年代发表的一系列研究成果开创了对中亚（包括费尔干纳盆地）进行专门研究的阶段。他在这个时期的主要著作有：《从穆罕默德·阿里到胡达亚尔汉期间浩罕国的历史资料》（圣彼得堡，1856 年）、《浩罕汗国资料》（圣彼得堡，1856 年）、《浩罕汗国最新资料》

（圣彼得堡，1865年）等。这些著作以更加严谨的态度关注、研究与俄国相邻的中亚国家。然而，韦利亚米诺夫—焦尔诺夫并没有到过浩罕汗国。他的著作是以间接了解到的情况为基础写成的，所以无法对整个汗国进行详尽、全面的描述。尽管如此，这些著作还是相当珍贵的，因为这是第一批描写19世纪40年代末50年代初浩罕汗国历史的著作。韦利亚米诺夫—焦尔诺夫在《浩罕汗国资料》中写道，对整个中亚范围内一个比较富庶的国家——浩罕汗国进行研究对俄罗斯而言是十分重要的，因为汗国是俄国工厂产品的可靠销售地。该书作者明确地指出了俄国占领中亚的一个主要原因：19世纪上半叶，对发展中的俄国资本主义而言，销售市场和原料产地问题具有重要意义。

随着俄国人向突厥斯坦边区推进，零散的资料被详细研究成果和描述取代。沙俄政府首先倡议对刚刚征服的突厥斯坦边区进行研究，因为沙俄政府清楚，这是巩固俄国对新拓疆域的统治和顺利推行殖民政策的需要。此外，经济上的需求也推动了对边区自然资源进行研究。А. Ф. 米登多尔夫院士（А. Ф. Миддендорф）的一段话可以证明当时突厥斯坦的沙俄行政当局有多么认真地对待这个问题："我们坚信，科学应铺设一条治理之路，通向这块新的我们完全陌生的，但又是我们国家组成部分的疆土。冯·考夫曼（фон Кауфман）总督到边区上任伊始便系统地对新拓疆土进行研究。众所周知，这种研究不只是在征服之后进行，有的在征服之前就已经开始了。"①

根据沙俄行政当局的提议，突厥斯坦边区成立了统计委员会，并负责在《突厥斯坦边区统计资料年鉴》、《费尔干纳省年鉴》、《费尔干纳省统计资料》等专门刊物上发表该委员会的研究成果。

费尔干纳省军事总督在《费尔干纳省年鉴》上发表文章，号召居民发

① Миддендорф А. Ф. Очерки Ферганской долины. СПб.，1882. С. Ill—IV. С. Н. 转引自 С. С. Губаева К истории изучения этнического состава населения Ферганской долины. // С. Н. Абашин，В. И. Бушков Ферганская долина：этничность，этнические процессы，этнические конфликты. М.，2004. С. 9.

表历史、民族学、自然科学、经济等方面的文章，他指出：费尔干纳省居民的生活方式、经济生活、工业生产、水利工程、自然资源丰富多彩，对这些领域进行研究能引起读者极大兴趣，这种兴趣对行政当局而言也是非常有益和可借鉴的。当局出版了《突厥斯坦报》，该报从出版的第一天起就担负着全力促进对边区进行全面研究的任务，并坚定不移、始终如一地致力于完成这个任务。发表了各种地理、自然科学、医学、农业、工业、贸易、历史和民族学方面的数据资料。

沙俄政府还组织了各种科学考察，包括组织植物学家 A. П. 费琴科（A. П. Федченко）、地理学家和动物学家 H. A. 谢韦尔佐夫（H. A. Северцов）、地质学家 И. B. 穆什科托夫（И. B. Мушкетов）等对费尔干纳地区进行了科学考察。这些知识广博的学者不限自己的知识领域，收集了大量难得的资料。如，A. П. 费琴科在还未被征服的浩罕汗国进行了两个多月的旅行，不仅收集了丰富的动植物资料，完成了一些地理发现，还写下了关于费尔干纳盆地各民族及其生产活动、生活习俗、与其他民族交往等非常有意义的札记。

在费尔干纳盆地的研究者中，既有观点极端反动的人物和认真负责的官员，也有不少无私服务于科研工作、对当地居民抱有同情心的进步知识分子代表。在上述出版物及俄国地理协会、其他俄国（包括突厥斯坦）协会出版的"著作"、"札记"、"通报"中，发表了许多俄国学者关于费尔干纳盆地居民的著作。

A. И. 马克舍耶夫（A. И. Макшеев）在一篇题为《突厥斯坦边区地理、民族和统计资料》的文章中，尝试在突厥斯坦总督省成立之后，立即确定突厥斯坦边区定居居民和游牧居民的人口数量及居住情况，文章引用的资料是于 1867 年收集的。当时的费尔干纳盆地只有苦盏县，其他部分是于 1876 年被征服下来的。虽然作者自己也承认，文章中的数字只是近似值，但这是第一篇统计文章。而马克舍耶夫在扎阿明地区记录下来的尤兹部落乌兹别克人的详细族谱具有非常重要的意义。这份族谱是最早用俄语发布的族谱之一，所以时到今日仍没有失去其所具有的重要意义：所有现代研究者，包括费尔干纳盆地居民的研究者仍然根据这份族谱核对尤兹部落的族谱表。

А. Д. 格列别金（А. Д. Гребенкин）的文章主要研究泽拉夫尚盆地，有时也引用包括费尔干纳盆地在内的其他中亚地区的资料。但他的文章总体上是研究塔吉克人、达什迪金恰克乌兹别克人及其他民族，研究居民的民族、居住地、职业、内心世界、风俗习惯、对宗教的态度、家庭生活等。所以，这些文章对每一个从事中亚居民研究的研究者来说都非常重要。А. Д. 格列别金是最早列出达什迪金恰克乌兹别克人氏族名称和氏族类别的研究者之一，明确了乌兹别克人氏族数量、居住地、职业和各种民族特征，其研究对象不仅针对生活在泽拉夫尚盆地的乌兹别克氏族，也研究包括费尔干纳盆地在内的突厥斯坦乌兹别克氏族。

А. П. 霍罗什欣（А. П. Хорошхин）是在突厥斯坦服役的中校军官，他在服役期间收集了大量资料，在他撰写的《有关突厥斯坦研究文集》（圣彼得堡，1876 年）中有一篇题为《中亚民族》的文章具有特殊意义。这篇文章描述了俄国征服中亚之前和征服之后生活在突厥斯坦边区的各民族居民（塔吉克人、乌兹别克人、犹太人、茨冈人、印度人、伊朗人等）。在文章中第一次用俄语列出了 92 个达什迪金恰克乌兹别克人氏族名单，并注明这些氏族的居住地。在“浩罕概述”、“浩罕日记节选”、“从浩罕到苦盏”等文章中，А. П. 霍罗什欣对浩罕汗国首都、居民、职业等进行了总体描述。

А. Л. 昆（А. Л. Кун）作为俄国驻浩罕汗国行动部队大本营编制中的科技情报和东方文献手稿收集员，跟踪并见证了当时还是独立的浩罕汗国发生的一系列事件。在《浩罕汗国概述》（圣彼得堡，1876 年）一书中，描述了汗国居民、城市、管理机构、政治历史等方面的总体情况。书中有一个重要的表格，列出了浩罕、马尔吉兰、安集延、纳曼干、乌兹根、巴雷克奇等城市房屋、清真寺、学校、穆斯林学校、店铺的数量。作者关于汗国半游牧牧民不久将因为贫穷而彻底成为定居居民的说法引起了关注。

Н. Ф. 西特尼亚科夫斯基（Н. Ф. Ситняковский）于 1900 年发表了一

篇题为《生活在费尔干纳省东部地区的吉尔吉斯氏族》的文章，该文章是1898年安集延人爆发反殖民主义起义后，在必须关注边区居民研究的背景下撰写的。文章列举了吉尔吉斯氏族部落分支，注明了每个部落、氏族、分支的夏季和冬季游牧点位置。

П. Е. 库兹涅佐夫（П. Е. Кузнецов）于1916年发表了一篇“谈纳曼干县的塔吉克人”的文章。其中在谈到该县村庄的起源时，作者认为，纳曼干县不仅由古老的村镇组成，相当大一部分村庄（超过一半）是由来自塔什干县及塔吉克斯坦山区（卡拉特金山、库利亚布地区）的移民建立的。文章中关于居民的职业、日常生活规范的章节非常有趣，而关于“塔吉克人突厥化”一章则具有非常重要的意义。作者列举了塔吉克人被突厥居民同化的例证。特别具有典型意义的是，塔吉克人不仅丢掉了塔吉克民间故事、民歌，有的甚至完全忘掉了自己的母语。20世纪初，塔吉克与其他民族通婚的现象比较常见，不但与讲突厥语的萨尔特人通婚，而且与半游牧的乌兹别克人、吉普恰克人、吉尔吉斯人通婚。“关于浩罕县塔吉克人”的信息不多，但 П. Е. 库兹涅佐夫关注了这里塔吉克人的突厥化过程，作者指出，浩罕县塔吉克人的突厥化过程要比纳曼干县和塔什干县缓慢一些。①

曾任苦盏县县长，之后又担任撒马尔罕省军事总督的 Н. С. 雷科申于1906年发表了一篇题为“撒马尔罕省苦盏县恰普库鲁克乡——居民的经济和日常生活条件研究经验”的文章，对恰普库鲁克乡进行了全面描述，明确了适宜耕种土地的数量，分析了农作制和灌溉方法，畜牧业、贸易、国民教育状况，列出了统计数据，并提出了社会方面的问题。如，该乡大部分定居居民缺少或完全没有役畜，这迫使居民出租土地，换取一部分收成，或在农忙季节租用役畜。贫穷迫使吉尔吉斯人定居下来。作者还关注了塔吉克人和吉尔吉斯人的接近问题。

---

① С. С. Губаева К истории изучения этнического состава населения Ферганской долины. // С. Н. Абашин，В. И. Бушков Ферганская долина：этничность，этнические процессы，этнические конфликты. М.，2004. С. 12.

A. Ф. 米登多尔夫院士（А. Ф. Миддендорф）的《费尔干纳概述》（圣彼得堡，1882 年）一书，是这个时期对费尔干纳地区进行研究的成果中有一定依据的著作之一，该书包含着米登多尔夫本人的一些重要观察。米登多尔夫作为当时的一位著名学者，根据突厥斯坦总督冯·考夫曼的建议前往费尔干纳地区。这次旅行共花了六个月时间，但差不多一半时间耗费在旅途上。所以，他并没有把所有问题都研究得深入透彻，有的观点甚至还是错误的，这招致了当时学者 B. П. 纳利夫金的严厉批评。米登多尔夫本人也明白，要对这个如此特殊的地区进行真正的研究和了解，必须花费大量的时间，而他的目的是为管理费尔干纳的官员提供一个指导性的框架文件。该书非常全面地向读者介绍了费尔干纳盆地的情况：盆地的地理、山岳形态、气候类型、动植物群类、居民、农业、畜牧业、贸易等，还列举了大量该地区的历史资料。

B. И. 库舍列夫斯基（В. И. Кушелевский）是一名在费尔干纳服役了 8 年的医生，为了使从俄国欧洲地区来到费尔干纳的医生工作方便，他深入了解当地生活、自然和社会条件，撰写了一部三卷本的著作《费尔干纳医学地理和卫生说明资料》（新马尔吉兰，1891 年）。

B. П. 纳利夫金（В. П. Наливкин）是当时一位颇有影响的研究费干纳盆地的学者。他在当地生活多年，熟练掌握当地居民的语言，了解他们的生活方式、风俗习惯和传统，写出了一系列非常重要的著作，这些著作至今仍是研究当地历史、民族学、民族教育状况的珍贵资料。

B. П. 纳利夫金的《浩罕汗国简明历史》（喀山，1886 年）是最早用俄语出版的关于费尔干纳盆地翔实的政治历史著作之一。这本书是根据当地的文献资料、口头传说、目击者讲述写成。B. П. 纳利夫金还与他的妻子合写了一本著作《费尔干纳盆地本地居民妇女生活习惯概述》（喀山，1886 年），向读者介绍了费尔干纳盆地定居穆斯林居民的生活状况、生活方式、风俗习惯，此书非常珍贵。

《当地人的过去和现在》（塔什干，1913 年）一书是纳利夫金受到 1905 年与突厥斯坦总督 H. H. 捷尼舍夫谈话的影响写成的，捷尼舍夫试图了解俄国人征服费尔干纳后当地居民是否发生了某种变化。作者在该书中仔细地分析了俄国征服给当地居民带来的正面和负面影响，以及社会生活、精神道德、经济、知识领域等的变化情况。

И. И. 盖耶尔（И. И. Гейер）的《整个俄罗斯突厥斯坦》（塔什干，1909 年）和 В. И. 马萨利斯基（В. И. Масальский）的《突厥斯坦边区》（圣彼得堡，1913 年）两本书具有总结概括的性质。两位作者本人承认，写作的目的是在某种程度上填补突厥斯坦普通地理文献方面的空白，对这个地区做个简要概述，对俄国统治期间所做的治理进行总结，确定该地区下一步工作方针，并没有任何特别目的，只是想对了解熟悉中亚的人有所帮助。两本专著列举了此前积累的关于中亚的资料，包括费尔干纳及其居民的有关情况。

在十月革命前关于费尔干纳盆地居民的文献中，还有在参政员 К. К. 帕连（К. К. Пален）领导下对突厥斯坦边区进行调查的资料。这次调查的任务是查明边区的国民经济状况。其撰写的专著中包含了关于领土、矿产、工业、农作物和产量以及畜牧业等方面的资料。关于居民民族成分的资料也特别珍贵，而珍贵之处在于有关居民的数据准确详尽、深入细致。此外，关于费尔干纳盆地和其他相邻地区的塔吉克人突厥化的研究也具有特殊意义。

В. В. 巴尔托里德（В. В. Бартольд）是最有声望的东方学家，他的著作对研究中亚乃至整个东方的历史、中亚民族历史具有非常重要的意义。研究者可以在他的著作中获取各种关于东方的资料，包括费尔干纳盆地历史、民族及其精神文化和物质文化等方面的信息。

二、俄国之外学者的研究

19 世纪至 20 世纪初，俄国之外关于费尔干纳盆地的文献资料数量不多，并且大多数是一些关于费尔干纳盆地最普通的资料。译成俄文的著作当中，最著名的是阿尔米尼娅 · 万别里（Арминия Вамбери）的《1863 年中亚之旅》（圣彼得堡，1865 年），书中有一章专门描述浩罕汗国，但内容并不多，并且主要叙述纳斯鲁拉埃米尔和穆扎法雷金埃米尔统治时期布哈拉与浩罕汗国之间发生的战争，有涉及浩罕汗国的居民及所从事的职业方面的内容。

另一本译成俄语的书名为《帕米尔之旅》（圣彼得堡，1877 年），作者为戈尔东（Гордон）。书中关于费尔干纳盆地只有下面一句话：在克孜拉尔特高原常年居住着 1 000 户吉尔吉斯和吉普恰克家庭，这些家庭七年前从科坎迁来。①

斯文·盖金（Свен Гедин）在自己的两卷本著作《在亚洲的心脏——帕米尔、西藏、新疆》（圣彼得堡，1899 年）中，对他于 1893—1897 年间在亚洲的旅行做了评述。作者叙述了浩罕城的居民人口数量及民族属性，城中房屋、工厂、穆斯林学校、犹太人学校等的数量。

第三节　苏联时期

十月革命后，中亚研究进入了一个新的阶段。这个时期的中亚研究就是为满足苏维埃国家各种政治、经济需求。这个阶段的特点是以一种全新的方法研究中亚居民的民族构成，把民族成分作为一个长时期的历史过程和民族起源过程的结果来进行研究。主要成果有：

《中亚行政区划材料》（塔什干，1926 年）一书是 1924 年为了在中亚地区进行经济区划和民族划界，而对布哈拉和花拉子模进行首次全面研究的成果。其中“居民”一章由 И. 马吉多维奇（И. Магидович）根据文献资料和民族田野调查资料写成的，是最早关于布哈拉和包括费尔干纳在内的整个中亚地区民族成分的内容翔实的著作之一。作者列举了大量乌兹别

① С. С. Губаева К истории изучения этнического состава населения Ферганской долины. // С. Н. Абашин, В. И. Бушков Ферганская долина: этничность, этнические процессы, этнические конфликты. М. , 2004. С. 16.

克人、哈萨克人、土库曼人、阿拉伯人等的氏族—部落分类，塔吉克人的区域群体名称及每个区域群体的人口数量和居住地等的资料。作者列举的关于各乌兹别克语族群的聚合状况、乌兹别克人与塔吉克人的接近、通婚和双语现象的作用等例证具有特殊的意义。

И. И. 札鲁宾（И. И. Зарубин）根据1917年农业统计调查资料及其他资料，撰写了一本篇幅不长，但内容丰富的著作——《撒马尔罕省居民及其人口数量、民族成分和地域划分》（莫斯科，1926年）。当时的苦盏县大部分领土位于费尔干纳省，但行政上隶属于撒马尔罕省。

苏维埃政权建立后，由于中亚农村经济及十月革命后农村形成的社会关系等方面科学研究资料十分缺乏，这一情况吸引了许多学者对中亚的农村进行深入细致的研究。一部多卷本著作《现代中亚乡村》（莫斯科，1927年）因此而问世，其中的两卷专门研究费尔干纳盆地。书中包含了各种翔实的资料，不仅描述了20世纪20年代农业、工业、贸易状况，而且还论述了费尔干纳盆地乡村及乡村间的相互联系，列举了各民族族群的人口百分比等其他重要资料。

20世纪20年代还出现了一系列重要的有关费尔干纳盆地的民族学著作。М. С. 安德烈耶夫（М. С. Андреев）在其撰写的《塔吉克民族学——资料举要》一文中，对苦盏区的塔吉克人进行了研究，并对“塔吉克人”这个术语在这个地区的演变过程进行了分析研究。М. С. 安德列耶夫证实，苦盏区（乃至整个费尔干纳盆地）的塔吉克语居民以往只称呼自己为“萨尔特人”，即使其母语并不是塔吉克语。他们认为只有山区居民（玛特恰人、达尔瓦扎人）是真正的塔吉克人。М. С. 安德烈耶夫20世纪20年代到达苦盏县期间，当地塔吉克语居民基本上均称自己为塔吉克人。М. С. 安德烈耶夫的另一部专著《1929年夏卡桑区的旅行》（塔什干，1929年）主要研究卡桑县（费尔干纳盆地北部纳曼干市附近）的塔吉克人。文章中列举了当地塔吉克人氏族划分遗迹、古代宗教信仰、亲属关系等资料。

Н. Г. 马利茨基（Н. Г. Маллицкий）在《塔吉克斯坦地理参考书》（塔什干，1930年）中，列举了包括苦盏区在内的塔吉克斯坦地理和民族资料，从人类学的角度，对塔吉克人、乌兹别克人（萨尔特人、突厥人、半游牧乌兹别克人），以及他们的生活方式、性格、精神文化、语言等进行了描述。

A. C. 西迪科夫（A. C. Сыдыков）在“吉尔吉斯氏族划分”一文中，列举了丰富的吉尔吉斯氏族部落类别资料，注明了各类氏族部落的居住地（包括费尔干纳）。

关于费尔干纳盆地的民族学著作大部分出现在二战结束以后。这些在主题、篇幅、意义上各不相同的著作对研究该地区居民及其精神文化、物质文化、不同族群间的相互关系等具有重要意义。

Ш. И. 伊诺加莫夫（Ш. И. Иногамов）的副博士论文《乌兹别克斯坦苏维埃社会主义共和国境内费尔干纳盆地的居民民族成分和民族版图》（塔什干，1959 年），是早期专门论述费尔干纳居民民族成分的论文之一。论文主要论述了乌兹别克人、塔吉克人、吉尔吉斯人、卡拉卡尔帕克人、阿拉伯人、维吾尔人、吉普恰克人和库拉马人在乌兹别克的费尔干纳地区的分布情况。

Я. Р. 温尼科夫（Я. Р. Винников）在“现代民族和族群在费尔干纳分布情况”一文中，描述了各民族和族群在整个费尔干纳盆地的人口数量构成和分布情况。在另一篇文章“吉尔吉斯人在吉尔吉斯南部地区的氏族—部落组成和分布情况”中，温尼科夫列出了左、右两翼吉尔吉斯人详细族谱表，绘制了十月革命前吉尔吉斯氏族部落族群分布地图。

Н. А. 基斯利亚科夫（Н. А. Кисляков）在“索赫盆地的塔吉克人”和“几份伊斯法拉塔吉克人民族学资料”两篇文章中，描述了索赫河和伊斯法拉河盆地塔吉克人的起源、职业、生活方式和某些礼仪，关注了索赫河盆地平原和山地塔吉克人之间，以及伊斯法拉地区塔吉克人之间的相互关系。

Е. А. 达维多维奇（Е. А. Давидович）和 Б. А. 利特温斯基（Б. А. Литвинский）合著的《伊斯法拉地区考古概述》（斯大林纳巴德，1956 年）一书，论述伊斯法拉地区塔吉克人的民族起源问题。两位作者得出的结论是，任何一个民族形成均是一个复杂的、多层次的现象。塔吉克民族在其许多世纪发展过程中虽然仍旧是一个民族，但通过丰富自己的文化，吸收相邻兄弟民族的文化元素而发生了质的变化。伊斯法拉塔吉克人是费尔干纳平原塔吉克人和泽拉夫尚、卡拉特金山的山地塔吉克人的融合体。此外，部分乌兹别克人和少量吉尔吉斯人也融入其中。

Н. О. 图尔苏诺夫（Н. О. Турсунов）的系列著作，专门研究 19 世纪末 20 世纪初塔吉克斯坦北部城市和农村居民。《19 世纪至 20 世纪初塔吉克斯坦北部地区城市和农村居民的形成及发展途径》（杜尚别，1976 年）一书具有特殊的意义。作者对塔吉克斯坦北部地区城市、村镇居民的形成、职业、经济联系以及塔吉克人与乌兹别克人、吉尔吉斯人等相互文化交流进行了研究。

М. Г. 瓦哈博夫（М. Г. Вахабов）的专著《乌兹别克社会主义民族的形成》（塔什干，1965 年）是最早详细论述乌兹别克民族形成问题的著作，他将乌兹别克民族在 19 世纪末 20 世纪初分为三个部分，即萨尔特人、突厥人和塔什蒂吉普恰克—乌兹别克人。作者确定了每个部分的乌兹别克人语言、文化及生活方式的发展和现状，三个部分之间区别的消失情况。书中引用了大量费尔干纳盆地乌兹别克人的资料。

Б. Х. 卡尔梅舍娃（Б. Х. Кармышева）的文章“组成乌兹别克民族的‘突厥’族群（民族历史资料）”，专门研究乌兹别克民族上述三个阶层的突厥人，对各个突厥分支（葛逻禄人、巴尔拉斯人、卡利塔泰人及突厥人等）人口数量、分布情况（包括费尔干纳）、职业、服饰、饮食、住宅、礼仪和习俗进行了描述。

К. Ш. 沙尼亚佐夫（К. Ш. Шаниязов）的专著《乌兹别克民族历史（对吉普恰克分支资料的民族历史研究）》（塔什干，1974 年）和《十月革命前乌兹别克民族环境中的吉普恰克人》（莫斯科，1980 年），专题研究乌兹别克民族的一个分支——吉普恰克人。作者指出，根据 1926 年的人口普查资料，费尔干纳盆地的吉普恰克人口数量为 32. 7 万人，他们相对独立，很难与其他乌兹别克族群融合。

Л. С. 托尔斯托娃（Л. С. Толстова）的专著《费尔干纳盆地的卡拉卡尔帕克人（民族历史概述）》（努库斯，1959 年）及另一部著作《19 世纪至 20 世纪初花拉子模绿洲之外的卡拉卡尔帕克人》（塔什干，1963 年）的部分章节，描述费尔干纳盆地的卡拉卡尔帕克人。作者全面研究了卡拉卡尔帕克人迁居到费尔干纳的历史、职业、生活方式、礼仪、社会关系，绘制了卡拉卡尔帕克人在费尔干纳的分布图。

还有几部专著论述生活在费尔干纳及其周围山区的南部吉尔吉斯人。如，К. 乌先巴耶夫（К. Усенбаев）的著作《浩罕汗国统治时期（19 世纪至吉尔吉斯归并于俄国前）吉尔吉斯人的社会经济关系》（伏龙芝，1961 年），试图弄清 19 世纪吉尔吉斯人封建宗法关系的实质及其特点。有的学者认为，吉尔吉斯人与乌兹别克人之间的相互关系可以视为征服者与被征服者之间的关系，有的学者则很难认同这种看法。数个世纪以来，乌兹别克人与吉尔吉斯人比邻而居，交换劳动产品，这些都促进了相互友好关系的发展。

В. М. 普洛斯基（В. М. Плоский）的两部专著《南部吉尔吉斯的封建宗法关系概述（19 世纪 50—70 年代）》（伏龙芝，1969 年）和《吉尔吉斯人与浩罕汗国》（伏龙芝，1977 年），对费尔干纳吉尔吉斯人进行了系统研究。第一本著作研究吉尔吉斯南部地区游牧和定居居民，在该地区并入浩罕汗国时期的社会—经济关系、土地所有制性质、土地使用形式。第二本著作论述了 18 世纪 70 年代后期至 19 世纪吉尔吉斯与浩罕汗国的政治和经济联系。书中“乌兹别克人、塔吉克人和吉尔吉斯人的相互影响”一章描述了吉尔吉人畜牲业、农业、家庭手工业和贸易情况。但他的一些说法令人吃惊。例如，“乌兹别克人对吉尔斯人经济生活的影响是一部分吉尔吉斯人转入农业生产，并在一定程度上定居下来”；“在乌兹别克和塔吉克居民的影响下，吉尔吉斯社会朝着定居农业，即更高级经济形式方向发展”；“在浩罕汗国时期吉尔吉斯牧民与乌兹别克农民的密切交往在某种程度上促进了其转向农业”① 等。

С. М. 阿布拉姆索恩（С. М. Абрамзон）关于吉尔吉斯人的研究著作《吉尔吉斯人及其民族起源和历史文化关系》（莫斯科，1971 年）具有特别的意义。作者全面地研究了吉尔吉斯民族的历史、经济结构、物质和精神文化、社会制度和家庭关系，关注了吉尔吉斯人聚合问题及其与其他民族的接近过程。

还有许多专著、文章研究费尔干纳某个族群的经济、物质文化、实用艺术等。这几个方面的问题非常重要，因为不对经济方式、农业或畜牧业、物质文化（如住宅、生产工具、饮食、服饰等）的民族传统进行研究，就无法理解某个民族的历史和某一地区的民族过程。这类著作有：К. И. 安季平娜（К. И. Антипина）的《南部吉尔吉人的物质文化和实用艺术特点》（伏龙芝，1962 年）；В. Л. 沃罗宁娜（В. Л. Воронина）的《中亚各族人民的住宅与气候》（莫斯科，1982 年）；В. С. 汉堡（В. С. Гамбург）《19 世纪至 20 世纪 20 年代费尔干纳盆地和塔什干绿洲农民生产工具的特点》（莫斯科，1975 年）；У. 贾哈诺夫（У. Джахонов）《论 19 世纪末至 20 世纪初索赫盆地塔吉克人的农业生产》（杜尚别，1989 年）；И. В. 扎哈洛娃（И. В. Захарова）《苏联维吾尔人的物质文化》（莫斯科，1959 年）；Е. М. 别谢列娃（Е. М. Пещерева）《中亚陶器生产》（莫斯科，1959 年）；А. К. 皮萨尔奇科（А. К. Писарчик）《费尔干纳城市历史地形资料》（斯大林纳巴德，1956 年）、《费尔干纳盆地工匠的建筑材料及方法》（莫斯科，1954 年）、《19 世纪至 20 世纪中亚定居居民传统的住宅采暖方式》（莫斯科，1982 年）；Р. Я. 拉苏多娃（Р. Я. Рассудова）《论费尔干纳和塔什干妇女服装的历史（19 世纪至 20 世纪初）》（莫斯科，1978 年）；О. А. 苏哈列娃（О. А. Сухарева）《绣花尖顶小圆帽》（塔什

① Плоский В. М. Киргизы и Кокандское ханство. Фрунзе, 1969. С. 213, 221, 222. 转引自 С. С. Губаева К истории изучения этнического состава населения Ферганской долины. // С. Н. Абашин, В. И. Бушков Ферганская долина: этничность, этнические процессы, этнические конфликты. М. 2004. С. 21.

干，1954 年）等。研究中亚民族物质文化的每一本著作均在某种程度上研究某个族群与其他族群相互促进和相互影响问题。

原苏联科学院塔吉克分院的历史所、语言文学所与原苏联科学院的民族所于 1950 年开始共同研究费尔干纳盆地一个集体农庄的文化和生活方式。H. H. 叶尔绍夫（Н. Н. Ершов）、Н. А. 基斯利亚科夫（Н. А. Кисляков）、Е. М. 佩谢列娃（Е. М. Пещерева）、С. П. 鲁霞金娜（С. П. Русяйкина）四位学者合著的专著《塔吉克农庄农民的文化和生活方式》（莫斯科，1954 年）便是这项研究工作的成果。作者在专著中展示了苏联时期塔吉克农民阶级生活方式的社会改革情况，引用了十月革命前的资料进行对比，但引用的资料数量不大。上述专著的四位作者之一 Н. Н. 叶尔绍夫的《十月革命前塔吉克苏维埃社会主义共和国列宁纳巴德区塔吉克人的农业生产（历史民族概述）》（斯大林纳巴德，1965 年）填补了这方面的空白，提供了大量的农业资料。

另一部关于集体农庄农民的著作为 О. А. 苏哈列娃（О. А. Сухарева）和 М. А. 比克扎诺娃（М. А. Бик жанова）合著的《艾基兰村的过去与现在（纳曼干省恰尔塔克区斯大林集体农庄的民族学研究经验）》（塔什干，1955 年）。作者关注了村庄居民的形成、从事的职业、社会关系和民族过程等方面的情况。

值得一提的著作是 1962 年和 1963 年苏联科学院民族学研究所中亚部的科研人员与中亚各加盟共和国科学院的民族学家共同编写的专著《中亚和哈萨克斯坦各民族》（一、二册）（莫斯科，1962 年、1963 年）。该著作是对中亚五国多民族居民民族学研究的概括性著作，阐述了生活在这一地域上的各民族的历史与现实生活，过去和现在的经济，家庭日常生活方式，物质文化和精神文化。著作中使用了许多苏联科学院民族学研究所的科研人员以及中亚各加盟共和国民族学家的考古资料和实地调查得来的第一手资料。著作中阐述了中亚各民族的族源问题；草原部落和绿洲农业居民在各个不同历史时期的经济、政治、文化联系和相互影响；中亚半定居居民的历史作用问题；氏族部落组织的残留及过去对各民族社会生活影响的具体形式；以及一系列与文化传承的意义相关的民族学研究等。其中含有关于费尔干纳的民族学资料。

长期以来相邻而居的各族人民的互相接近也体现在所使用的语言方面。Е. Д. 波利瓦诺夫（Е. Д. Поливанов）在《乌兹别克语语法资料》（塔什干，1935 年）一书中，论述了因长期的共同生活、经济往来及其他因素，马尔吉兰—浩罕、安集延—沙赫里汗等地居民的乌兹别克语受到塔吉克语不同程度的影响，这种影响在语音、词汇、词法和句法均有所表现。

В. С. 拉斯托尔古耶夫（В. С. Расторгуев）在《塔吉克斯坦方言学概述》（莫斯科，1964 年）一书论述了塔吉克语在词汇、语音、修辞、构词、句法方面从乌兹别克语借用的现象。该书共四册，其中三册都是研究费尔干纳盆地的方言，包括利什坦、索赫、秋耶特、卡桑赛、希什特红那、沙丹、阿什特等地。

Г. Ф. 布拉格娃（Г. Ф. Благова）和 Х. Д. 达尼亚罗夫（Х. Д. Данияров）研究乌兹别克民族成分之一的突厥方言，包括费尔干纳方言。

Г. С. 萨德瓦卡索夫（Г. С. Садвакасов）研究费尔干纳盆地维吾尔语及维吾尔语与乌兹别克语之间的相互影响问题。

还有一系列的著作研究浩罕汗国社会经济过程，这些著作也具有一定的意义，因为浩罕汗国的社会经济过程及民族过程于 19 世纪初期和中期发生的变化，在某种程度上一直持续到 19 世纪末期。此类研究有 А. Л. 特洛伊茨卡娅（А. Л. Троицкая）根据浩罕汗国历史档案撰写的著作《19 世纪浩罕汗国档案目录》（莫斯科，1968 年）。

П. П. 伊万诺夫（П. П. Иванов）是著名的东方学家，他的著作《哈萨克与浩罕汗国》（莫斯科，1939 年）和《9 世纪至 19 世纪中期中亚历史概述》（莫斯科，1958 年）的有关章节对浩罕国进行了描述。在第一部著作中叙述了浩罕领土向哈萨克草原和吉尔吉斯山区扩张的最初步骤，论述了哈萨克与浩罕之间早期关系的一些侧面。在第二部著作中，描述了浩罕汗国政治历史。对汗国居民及不同族群间的相互经济影响、融合和同化问题也给予了一定关注。

Р. Н. 哈比耶夫（Р. Н. Набиев）的《浩罕汗国历史（胡达雅尔汗的封建经济）》（塔什干，1973 年）描述了汗国在被俄国征服之前，即 19 世纪 40—50 年代的政治历史和社会经济关系，广泛介绍费尔干纳定居和游牧居民农业和畜牧业经济情况。

Т. К. 别伊先比耶夫（Т. К. Бейсембиев）的专著《作为历史资料的塔里赫·沙哈鲁》（阿拉木图，1987 年）根据 40 份未公布的浩罕汗国手稿写成。作者提供了浩罕汗国社会经济、政治和民族历史资料。

在描述与费尔干纳盆地相邻的东布哈拉、乌拉秋别、喀什噶尔等山地部落的一些著作中，也有不少关于 19 世纪末 20 世纪初费尔干纳盆地及其居民的资料。如，Н. А. 基斯利亚科夫（Н. А. Кисляков）的《卡拉特金山历史概述——论塔吉克斯坦历史》（斯大林纳巴德，1954 年），Б. И. 伊斯坎达罗夫（Б. И. Искандаров）的《中亚归入俄国时期的东布哈拉》（斯大林纳巴德，1960 年）、《19 世纪下半叶的东布哈拉与帕米尔》（1 册、2 册）（杜尚别，1962 年、1963 年），这三本书提供了卡拉特金及其他山地部落与浩罕之间政治关系和社会经济联系方面的资料。其中包括部分山地塔吉克斯坦居民在内讧和外族入侵时逃亡到费尔干纳盆地，以及部分男性居民到比较富庶的费尔干纳盆地打短工的资料。许多难民和打短工者在费尔干纳盆地定居下来。

Л. А. 奇维尔（Л. А. Чвырь）在《19 世纪末 20 世纪初的“东突厥斯坦”维吾尔人和相邻的民族》（莫斯科，1991 年）一书中，提出了维吾尔人与相邻民族的历史文化关系问题。

Х. 拉赫马图拉耶夫（Х. Рахматуллаев）的副博士论文和几篇文章，论述了 19 世纪末至 20 世纪费尔干纳盆地乌兹别克居民民族结构的变化情况。

С. С. 古巴耶娃（С. С. Губаева）的两部专著《19 世纪末 20 世纪初费尔干纳盆地居民的民族成分（根据地理资料）》（塔什干，1983 年）和《19 世纪末 20 世纪初费尔干纳盆地民族过程的基本方向》（塔什干，1991 年），是最早描述整个费尔干纳盆地居民的著作之一。

第四节 苏联解体后时期

苏联解体后，中亚产生了五个独立的国家，从此开始了中亚研究的一个新的阶段。中亚各国学者把重新评价与苏联时期有联系的一切作为一种时髦，重新审视对中亚各民族历史已经做出的结论，试图推翻苏联时期已得出的各民族形成过程的观点，（即民族的形成过程与自然界的物种形成过程一样，在本质上是一个客观的自然历史过程），并对中亚地区的“民族复兴”和未来前途进行思索。

如乌兹别克斯坦学者 A. 伊利哈莫夫（A. Ильхамов）在其著作《乌兹别克斯坦各民族版图》（塔什干，2001 年）中指出，如果认为乌兹别克民族的形成是一个客观的自然历史过程，那是幼稚可笑的。实际上，现代乌兹别克人认同的形成过程应该是与成立乌兹别克苏维埃社会主义共和国密切相关的，甚至在很大程度上是统治集团和文化精英共同努力的结果。

苏联解体后专门研究费尔干纳盆地居民民族历史的著作并不多，其中部分学者不但指责沙俄当局和苏联政府，为了统治利益，人为形成中亚民族，将现代民族自我认同强加于中亚居民，还归罪于东方学研究者们在中亚民族形成过程中起到推波助澜的作用。①

这些学者的著作对以往的结论不分青红皂白，一概全盘否定。毫无疑问，一些学者的一些观点有其正确一面，中亚居民的现代自我认同是苏联当局为了在中亚成立民族国家而施加影响的产物。因此，为了摆脱陈旧的阐述、解释，而对过去的结论进行重新审视和思考是有必要的。但应该持谨慎的态度区别对待，不能不管有用无用一起抛弃。②

俄罗斯科学院民族学与人类学研究所继续对中亚民族进行研究，其中

---

① Ильхамов А. Предисловие // Этнический атлас Узбекистана. Ташкент, 2001. С. 9.

② С. С. Губаева К истории изучения этнического состава населения Ферганской долины. М. 2004. С. 28.

包括对费尔干纳盆地的研究，成果有：В. И. 布什科夫（В. И. Бушков）的著作《塔吉克斯坦北部居民：形成和分布情况》（莫斯科，1995 年）。由于塔吉克斯坦北部大部分地区位于费尔干纳地区，所以这本书具有比较重要的意义。

В. И. 布什科夫在此书中研究了公元前 4 世纪至 20 世纪，塔吉克斯坦北部地区居民的形成情况。作者指出，由伊朗语塞人部落组成的当地居民长期以来发生了很大的变化。白匈奴人、蒙古人、突厥人、达什蒂吉普恰克乌兹别克人对北塔吉克斯坦的费尔干纳盆地居民的形成均发挥了作用。

В. И. 布什科夫认为，在军事政治冲突往往波及不到的地区（潘加兹、阿什特、普努克、沃鲁赫等村庄），古代根基保留了下来，而在其他一些起源非常古老的村庄（苦盏区的科斯塔古斯村、萨玛噶尔，普罗列塔尔区的古里亚堪多斯村及纳乌斯区的库尔卡特村等）居民完全或部分发生了变化，并且常常是发生了多次变化。因此，到了 20 世纪末，在塔吉克斯坦北部的费尔干纳地区，除了伊朗语塔吉克人外，还生活着许多突厥语居民，以及 40 多个突厥部落和氏族部落分支的后裔。

此外，还有 С. Н. 阿巴申和 В. И. 布什科夫主编的专著《费尔干纳盆地：民族、民族过程、民族冲突》（莫斯科，2004 年）、О. И. 布鲁希娜《中亚的斯拉夫人：19 世纪末至 20 世纪末的经济和社会过程》（莫斯科，2001 年）等。

我国学界对费尔干纳盆地的研究成果很少，除了石岚的专著《中亚费尔干纳：伊斯兰与现代民族国家》（民族出版社，2008 年）之外，几乎都是一些零散的研究论文，而且缺少从民族学的角度来系统研究该地区的成果。

第三章　民族过程理论探讨

民族是一个既稳定、又不断变动着的体系。它的稳定性在于，各个族体在它们形成之后，它们各自独具的语言、文化、风俗习惯、心理特点、自我意识、历史传统等便具有继承性和连续性，而民族的变动性是指各个族体都有一个产生、发展、吸收、扩散、聚合、分化、消亡的过程，即具有时间上的变化。民族体系历时性的变化被原苏联学者称为民族过程。这一概念已成为当今世界人类学、民族学界研究民族形成、发展、变化等的全过程，或者某一时间内一段特定过程特点的专用术语。通过第二章的研究，我们可以了解到在费尔干纳盆地的各民族历史进程中，出现了聚合、接近、融合、同化等民族过程现象，在后续章节中还将遇到其他民族过程现象。

第一节　民族过程的形式

原苏联学者认为，民族共同体有两种存在形式：一种是纯粹的民族，另一种是民族社会机体。因此，民族过程也被划分为“纯民族过程”和“社会民族过程”。

一、纯民族过程

纯民族过程是指民族本身——语言、文化和民族自我意识等的变化，分民族演进过程和民族变异过程两种形式。[1]

（一）民族演进过程

民族演进过程主要表现为一个民族的任意一种基本特征或者民族组成成分，首先是语言和文化上的巨大变化，但这种变化并不导致民族自我意识的改变。属于民族语言过程的有语言词汇组成和成语短语的变化过程，语言社会功能的扩大或缩小，比如，为早先没有书面语言的民族创立书面语言，并在学校教育和大众媒体，首先是报刊中使用这些语言等。属于语言变化过程的还有，在这些民族集团中推广另一个民族（通常是发达的或者多数民族）的语言，作为族际交流语言，作为科学和工业的语言，继而产生双语现象，甚至完全转向另一种语言，即语言同化。

民族文化过程可以分为民族内部，民族之间和民族外部的民族文化过程。民族内部的民族文化过程包括民族日常文化同质性的削弱过程，或者同质性加强的过程。比如，当一个民族扩散到其他在自然和民族环境方面与自己都不相同的地区的时候，它的民族日常文化的同质性就会减弱，而在民族聚合过程中，民族日常文化的同质性就会加强。族际民族文化过程主要是指由借用邻近民族集团某些物质文化（少数情况下是精神文化）成分所引起的变化，这种过程也被称为“文化移植”或“文化适应”。[2] 沙俄时期，大批俄罗斯人作为“农民殖民者”移居中亚，他们长期生活在与祖籍地不同的自然气候条件下，与文化传统相去甚远的异民族居民交往。在对这种全新生活环境的适应过程中，他们自身的文化发生了许多变化，吸收了许多异民族的文化成分，最终形成了一种独特的族际交流文化。

民族外部的民族文化过程主要是指由于一些传统的物质文化和精神文化成分被排挤而引起的一些日常文化的变化。这里的物质文化成分主要受统一的工业产品，比如，民族服饰方面的——各种时髦的城市服装等的排

---

① Козлов В. И. Этнос. Нация. Национализм. Москва, 1999. С. 260.

② Козлов В. И. Этнос. Нация. Национализм. Москва, 1999. С. 260.

挤而引起的变化，而精神文化成分主要受一些职业化艺术，比如，爵士乐，流行乐等的传播的排挤而引起的变化。属于民族演变过程的还有民族的社会结构（阶级-职业）和人口结构（性别、年龄、婚姻状况等方面）的变化。

（二）民族变异过程

民族变异过程是指导致民族属性改变的那些民族基本特征和民族组成成分的变化，这一过程通常以反映人们之间现实联系的民族自我意识和民族名称的改变而告结束。当这些过程导致新的民族出现的时候，它们也包含了民族起源这一概念。

民族变异过程的发展通常要比民族演进过程的发展要缓慢，但它们的最终结果确实是形成了一种新的民族图景。现代欧洲的民族图景不同于纪元初甚至第二个千年初所展现的欧洲民族分布图景；美洲的民族图景在较短的时间内也发生了根本性的变化。原苏联也是同样，在公元前 13 世纪以前根本没有俄罗斯人、乌克兰人和白俄罗斯人，他们还没有从东斯拉夫民族共同体——“古罗斯”部族中分化出来。那时也没有什么鞑靼人，只有在鞑靼人的进攻下而消失的波洛伏人和伏尔加河地区的布加尔人。民族变异过程又可划分成民族分化过程和民族联合过程。

1. 民族分化过程

民族分化过程是指原来统一的一个民族分化成几个独立的民族，而其本身不再存在的过程（如上述的古罗斯民族共同体分化成俄罗斯人、乌克兰人和白俄罗斯人），或者一个比较大的民族分化成几部分，这几部分通过民族分蘖的途径变成与原民族并列的独立民族。这种分化或分离是由人口和地域扩大的民族的单独部分在政治上独立而引起的，这种政治独立或者是在原地实现，或者是这一部分脱离原民族迁徙到遥远的地方实现的。上述的古罗斯民族共同体分化成俄罗斯人，乌克兰人和白俄罗斯人就属于前一种情况，而居住在中国西北部的厄鲁特部落的一部分迁徙到哈萨克斯坦，之后又在 17 世纪迁徙到伏尔加河下游地区，并以“卡尔梅克”的名字定居下来属于第二种情况。民族分化过程是民族共同体发展过程中原始公社时期和部落阶段典型的民族过程，正是分化过程导致众多语言文化和经济方面相互有别的原始部落的出现。在阶级社会里，随着国家的出现，起重要的民族分化作用的不仅是民族迁徙，还有政治界限，比如，欧洲说德语民族——德国人、奥地利人、卢森堡人等的形成过程，拉丁美洲说西班牙语民族——阿根廷人、乌拉圭人、智利人、厄瓜多尔人等。

2. 民族联合过程

民族联合过程是指各种不同民族归属的人群和单独的完全独立的民族融合到一个比较大的民族共同体中的过程，它使一些国家及全世界的民族集团和民族的数量减少。民族联合过程是阶级社会最普遍的民族过程。民族联合过程的基本类型有聚合、同化和族际一体化（也称整合）过程。

（1）民族聚合过程

民族聚合过程可以理解为几个同源并在语言和文化方面相近的几个民族或一个民族的几个部分，在社会经济和语言文化发展过程中最终融合为较大的民族共同体的过程。比如，古代的部落和民族地域集团融合为所谓的中世纪的部族或前民族共同体：维亚迪奇，科里维奇，伊尔门湖地区的斯洛维涅人以及其他东斯拉夫部落融合为俄罗斯民族；北法兰西人和普罗旺斯人融合为法兰西民族；中亚的帖金、约木德、果克连等部落融合为土库曼民族等。因为参与民族聚合过程的一般都是同源和其他方面相近的民族集团，所以民族聚合过程的发展同样是对先前导致民族分化过程的社会发展规律的“辩证否定”。

对民族聚合过程起阻碍作用的是所接触群体的宗教和种族差别，而对民族聚合过程起促进作用的是在一个国家或者多民族国家的自治范围内的民族集团的融合。比如，中亚国家 20 世纪 20 年代的民族国家建设明显地促进了那里的土库曼族、哈萨克族、吉尔吉斯族、塔吉克族和乌兹别克族的民族聚合过程。新的大民族名称或者取自最大的或主要的民族组成部分的名称，比如，“波兰”就是取自居住在第聂伯河及其支流沿岸的古东斯拉夫部族波利安人的名称；或者取自区域名称，比如，乌克兰就是取自古罗斯的“边疆族”；或者取自有名的统治者的名字，比如，乌兹别克就是以乌兹别克汗的名字命名；有时是人们刻意选择的，比如，用表示古代叶尼塞河吉尔吉斯人的名称“哈卡斯”来做在苏维埃政权前期融合为一个民族的米努辛斯克鞑靼人的族名。

从前由于宗教和其他原因而独立的族体融合到已经形成的大民族当中也属于民族聚合过程，比如，信奉伊斯兰教的阿扎尔人融入格鲁吉亚民族等。通过消除民族集团之间方言和日常文化差别，加强整个民族自我意识的途径来达到基本特征已经形成的民族内部团结也属于民族聚合过程，比如东西乌克兰人之间，西乌克兰的古楚尔人、列姆克人、波伊克人以及其他里海沿岸民族集团之间的聚合过程。这种民族过程取决于单独民族部分之间的社会经济和文化联系的加强，统一标准语教育的普及，统一标准语在大众传媒中的使用，职业文化水平的提高等因素。

民族聚合过程在阶级社会得到迅速普及。目前这种聚合过程在“黑人”非洲一些国家最为普及，这些国家在摆脱阻碍社会经济和文化发展的殖民主义之后，一些部落群体形成了一些新的民族：加纳、埃塞俄比亚、刚果等。但实际上在大民族形成的任何地方，聚合过程就其民族变异意义来说都不及同化过程，而在经济文化方面次于族际一体化过程。

（2）民族同化过程

民族同化过程是指这样的民族过程：一些完全形成的民族，或者脱离这些民族的不大的集团，在与另一个人数较多的，或在社会经济和文化方面比较发达，但族源及语言文化与自己民族完全不同的民族的密切接触中，特别是这些民族或集团分散在这个民族的环境中时，它们就逐渐地，通常是在后几代接受这个民族的语言和文化，并与之融合，在民族认同上认为自己属于该民族，同时也被该民族所认同。同化过程既包括对同一个国家少数民族的同化，（比如，威尔士人被英国人所同化，布列塔尼人被法兰西人所同化等，）还特别包括对定居的分散居住（通常住在城里）的外来移民的同化，比如，迁移到法国的意大利人被法国人同化，而迁移到美国的意大利人被美国人同化等。民族同化过程的重要阶段是文化同化

（也叫文化适应）和语言同化，即完全变成对后几代人来说已经是“母语”的另一种语言。一般来讲，文化（或者日常文化）同化要比语言同化开始得早，但完全结束要晚于语言同化，特别是与宗教信仰有关的传统饮食和风俗习惯部分会长久保持。

同化一般可分为自然同化和强制同化。自然同化是不同民族集团为了共同的社会、经济和文化生活，在比较大的，或者发达民族的影响下，在日常直接接触过程中发生的。在自然同化中，族际通婚的普及具有十分重要的意义。这种婚姻所生孩子的民族归属取双亲中的一个，通常取父亲的，这样就中断了被同化的集团（通常是母亲的民族集团）的民族人口再生产。强制同化是民族地位不平等国家典型的民族过程。它通常以政府或地方政权在学校教育和其他生活领域采取系统措施来实现，旨在通过压制或排挤少数民族语言和文化的方式，人工加速民族过程，抑制他们的民族自我意识。

与涉及整个民族并导致其消亡和出现较大的民族共同体的聚合过程有别，同化过程通常不威胁被同化民族的存在，只涉及它们的一部分并在一定程度上影响它们的总数量。但有时很难将聚合过程和同化过程区分开来。比如，中亚的吉普恰克人、库拉姆人以及其他突厥语族人与乌兹别克人的融合，俄罗斯塔吉斯坦的安季人、巴特赫林人与阿瓦尔人的融合既是民族聚合过程的结果，也是民族同化过程的结果。

（3）民族一体化过程

民族一体化过程可以理解为多民族国家内语言、文化及其他民族要素方面有某些差别的民族之间的相互影响，其结果导致这些民族不断接近，并融合为一个超民族的共同体。这时，原来的民族自我意识并没有发生变异，和新产生的民族自我意识并存。所以，这样的过程似乎介于民族演变过程和民族变异过程之间。

在阶级社会早期阶段，这种过程是以建立在共同的宗教和与此相关的文化及日常生活基础上的“共生民族共同体”的形式来体现的。穆斯林民族联盟，即存在至今的阿拉伯联盟就是这方面的典型。资本主义成熟阶段民族一体化的发展是由经济发展规律所决定，并通过加强民族之间的联系，打破民族之间的壁垒，建立国际统一的资本、整体的经济生活以及统一的政治、科学等途径来实现。在一些资本主义国家里，这一进程因民族和地区矛盾而受到阻碍。目前大多数欧洲国家的经济一体化转化为政治一体化，但未必能出现某种西欧超民族。

社会主义族际一体化按照列宁的预言，应该由于民族间经济和文化联系的巩固，民族和阶级对抗的消灭等因素而得以加强。在苏联民族学文献中指出了一些历史-地理区各民族的某些接近，比如，中亚、波罗的海沿岸民族等。在一些哲学-历史唯物主义者的著作中甚至指出了全苏联范围内民族的接近，他们认为这一过程最重要的发展阶段是 20 世纪 70 年代似乎已经形成的新的人们历史共同体——“苏联人民”，其特点是具有统一的经济和意识形态，俄语在族际交流中广泛使用，形成了许多全苏文化及日常生活特点，具有爱国主义和苏联自豪感的民族自我意识。这一模式曾被那些为苏联民族问题唱颂歌，粉饰现实的人广泛使用。但在 20 世纪 80 年代末，随着苏联日趋解体，这一理论基本不再提及。国际主义被地方民族主义所代替。①

应该强调的是，民族联合过程的这三个基本类型之间有着紧密的联系。比如，民族聚合常常在不同程度上伴有同化，而族际一体化可以在通向民族聚合的道路上起到一种特殊阶梯的作用。同时，这三个过程的结果是不同的：聚合和同化可以形成比较充分的民族单一性，而族际一体化则是相互作用的民族之间产生一些共同的民族特点。另外还应注意的是，在这三个基本类型中，族际一体化最少发生民族特性的重大变化，而同化发生的这种变化最大，而且在民族的各种不同领域内所发生的相应变化是大不一样的。一般来说，这些变化在日常文化领域内是丰富多样的，语言领域内发生的变化更为明显和急剧：一般开始阶段是两种语言并用，后来则完全转为另一种语言。但语言的改变并不意味着转入另一种民族状态，只

① Козлов В. И. Этнос. Нация. Национализм. Москва，1999. С. 269.

有民族自我意识的改变才导致民族状态的改变。

原苏联学者将民族过程划分为“演进过程”和“变异过程”是非常科学的。“演进”和“变异”实际上是民族过程中的量变和质变，二者并没有明确的界限，却又相互转化，民族过程正是在这种“演进”和“变异”的转化过程中向前推进的。

二、民族社会过程

民族社会过程是指民族社会共同体所发生的变化，首先是经济因素的变化。它与纯民族过程的区别首先是由社会活动的民族方面本身和社会经济方面的变化类型不同所决定的。在全部社会现象中，社会经济现象是最多变的。而且正是这些现象在民族社会体系的变化中具有决定性的意义，而民族文化现象具有稳定的特点。这就决定了纯民族过程大大缓慢于社会经济过程。其结果是，民族过程中的飞跃一般来说同社会经济历史中的“渐进性的间断”以及同民族社会体系发展中的飞跃是不一致的。从一种社会经济形态向另一种社会经济形态的转变，必然导致民族社会机体的基本分类特点的变化。但是，民族体却可以延续存在于几个社会形态。①

我国学者王希恩先生在其专著《民族过程与国家》中认为，民族和社会是分不开的，民族就是社会存在的一种特殊形式，并将民族过程划分为族体形态过程、民族经济过程和民族政治过程三种内容。

族体形态过程是指民族表征形态的演进变化过程，它大致相当于原苏联民族理论中的纯民族过程，是民族过程的核心内容。构成族体形态的因素有血统因素、文化因素和规模因素三种。从血统因素上看，任何民族都有一定的种族血缘特征，而且这种特征历史越早越鲜明。民族的发展变化

① ［俄］Ю・В・勃罗姆列伊著，李振锡、刘宇端译：《民族与民族学》，内蒙古人民出版社，呼和浩特，1985年，第189页。

包含着族体生物构成上的变化。从文化因素上看，民族特征主要在文化因素上表现出来。族体形态过程的发展也主要在文化特征的变化中显现出来。而从规模因素上看，作为一种共同体，民族总是具有或大或小的规模形态，民族规模的变迁常可视为民族兴衰的晴雨表。

民族经济过程是支撑民族存在和发展的经济演进变化。将物质资料的生产当作社会发展终极原因的马克思主义民族理论历来强调社会经济在民族发展中的决定作用。所以民族经济过程在民族过程中占有重要的地位。

民族政治过程是保证民族存在和发展的社会组织及其管理形态的演进过程。民族自产生之日起就有社会组织及其管理，氏族、部落、部族等是民族政治过程的不同历史类型。①

第二节　民族过程的主要影响因素

在民族过程中有诸多影响因素，而且它们常常以不同的组合发挥作用。

一、地理环境、地域分布与民族过程

地理环境作为民族过程的外部影响因素，是民族产生和发挥功能的必要条件，它的变化对民族过程本身产生重要的影响，是民族过程得以产生的“舞台”。地理环境对民族的物质文化有很大的影响，比如，气候在很大程度上决定着一年四季的衣着和住所的特点、农作物的构成、交通工具等。地理环境对民族的精神文化也有很大的影响，这首先间接地表现在与民族居住环境特点相联系的风俗习惯和礼仪上，比如，由气候决定的温带

① 王希恩：《民族过程与国家》，甘肃人民出版社，兰州，1998，第6—7页。

一系列作物，造成了与热带民族完全不同的风俗和礼仪。地理环境也反映在民族自我意识中，民族地域的景观作为一种乡土观念铭记在居住在这里的人们的意识里，比如，俄罗斯的白桦、乌克兰人的杨树、日本人的樱花、俄罗斯的伏尔加河、中国的长江等都变成民族属性的一种特征。地理环境对民族过程的影响在社会发展的早期阶段最为明显，随着社会的进步，这种影响就越来越削弱。

地域也是民族过程的影响因素之一，地域分布对民族的产生和本身的存在具有重要意义。一个民族由于某一部分迁徙到另一区域，或者自己区域迁进较大的异民族集团都会使该民族的共同地域遭到破坏，并导致民族分化过程，产生新的民族共同体，或者导致同化过程。民族的共同地域，地域共同体是民族联合过程——聚合或同化的最重要条件之一。相接触的民族毗邻而居，或者混合杂居都为民族间的接触提供了可能。

二、语言、文化与民族过程

在各种民族理论中，大部分研究者都认为，语言是人们共同体最重要的组成部分和重要特征之一。恩格斯在说明北美前阶级社会典型的印地安部落时，将这些部落所特有的方言，即口语形式列为这些部落最重要的特征之一。在对欧洲导致民族产生的民族人口发展过程进行分析时，他不止一次地指出，正是共同的语言成为民族形成的自然基础。O. 鲍威尔在强调文化一致性时，也指出语言的重要性。他认为，语言是文化的“产物和创造者”，“没有共同的语言，便没有共同的文化，因此，也就没有民族”。①

列宁也强调共同的语言在经济和文化发展过程中的重大意义。在苏联学术界存在多年的斯大林的民族定义将语言列为民族四大特征之一，而且认为缺少其中任何一个特征，民族将不再存在。

语言是人们重要的交际工具，同时，语言与意识密切相关，也是重要

① Козлов В. И. Этнос. Нация. Национализм. Москва，1999. С. 132.

的思维工具。在民族过程中，语言的相同或不同具有重要的意义。相互接触的共同体的语言相同或者至少相近是民族发展各个阶段民族聚合过程必不可少的条件。语言的相同或相近能够使人们产生一种亲和力，能用语言进行交际，就能促进民族间的接触。如果语言有重大差别，民族联合过程就极其困难。而且语言在很大程度上决定某一民族共同体的特点，并常常作为民族所属的象征，语言的变化对民族自我意识的变化产生重大影响。同时，语言有本质区别的民族间的交往取决于双语的使用，而双语的使用，要么是通过掌握该共同体与之交往的民族的语言，要么是通过掌握某种中介语来达到。双语（或多语）作为一种特殊的社会文化现象是多民族国家和移民国家典型的现象。

文化差别对民族过程的影响在很多地方与语言差别对民族过程的影响相同：文化上的相近一般可以加速民族聚合和同化的过程，否则，则阻碍这一过程的发展。二者的本质差别在于，同化的结束阶段并不要求完全改变物质文化和精神文化的所有成分，一些传统文化和日常生活的某些成分，如果不是原先民族归属的象征的话，都可以保留。

综合原苏联学者及我国学者对“民族过程”理论的研究，可以得出如下结论：

（1）“民族过程”这一术语准确地反映了民族的历时性特征，它包括了民族纵向发展和变化的一切现象，具有很大的概括性。同时，民族过程理论使民族纵向研究中的渐变和量变过程得以实现。

（2）民族过程量变和质变的纵向研究，某一时期的纯民族过程、民族经济过程、民族政治过程结合起来的横向研究以及将民族的发展、变化与外部环境结合起来进行研究可使整个民族研究更具深度和广度。

总之，对民族过程的分析有助于理解民族的本质。

第四章　费尔干纳盆地 20 世纪初期之前民族成分演变过程

俄文著作中有关费尔干纳盆地 20 世纪 20 年代民族国家划界前民族成分演变的研究成果不少，但到目前为止许多问题仍没有定论。实际上，能够说明这一地区当地居民及其某个民族形成历史的大部分资料并没有在学术领域获得通用，或者没有得到充分的分析论证。然而，研究费尔干纳盆地居民民族成分面临的主要问题与其说是缺乏资料，不如说是方法论或理论上的偏见，对当地居民形成历史持特殊观点，即认为，首先该地区作为社会划分主要形式的民族及民族自我意识是预先确定的，其次预先确定了数量相当有限的民族形成现代中亚民族国家意识形态和国家制度。①

多数学者、新闻记者、政治学家和政治家们认为，费尔干纳地区的历史，就是目前占有费尔干纳盆地三个国家的乌兹别克人、塔吉克人、吉尔吉斯人等“世居民族”、某些在该地区之外拥有“自己”民族疆域的“非世居民族”（维吾尔人、犹太人、阿拉伯人和卡尔梅克人等）和公认的少数民族（茨冈人）的历史。但是，如果对费尔干纳地区的历史进行深入的研究，并考虑对该地区历史的观点不断变化这一因素，可以认为，所有人所习惯的费尔干纳地区的民族图景并不是那么简单，有时候甚至是完全错误的。

现有资料表明，在 1860—1870 年间俄国人来到中亚之前，中亚居民并不知道什么是民族自我意识。在当时的日常生活中，人们的认同主要根据社会等级地位（贵族和平民）、宗教信仰（逊尼派、什叶派和伊斯玛仪派、

① 参见 С. Н. Абашин Население Ферганской долины. //С. Н. Абашин， В. И. Бушков Ферганская долина：этничность，этнические процессы，этнические конфликты. М.，2004. С. 38.

苏非派各兄弟会组织），经济文化状况（定居居民、游牧牧民、半游牧牧民、山地居民），所属地理区域（布哈拉人、撒马尔罕人、苦盏人、达尔瓦札人等），血缘关系、所属的氏族—部落及其他分类。而且每个国家，甚至每个地区的居民都有自己各自的名录，并划分出不同的地位等级或类别。当一个人或者一个群体来到异地后，能很容易进入新的地位等级或名录中。自我意识的这种适应能力是由当时的现实需求决定的，每个群体都要具有新成员适应的机制以及融入更强大集团的机制。

俄罗斯人征服中亚之后，首次出现了“进行比较严格、稳定的民族分类，建立一个统一民族名录”的需求。需要一种分类方法，来对当地居民进行统计和登记，某种程度上来说，该方法也可以作为当地管理机构的管理手段。于是从俄罗斯，也就是说从外部，引进了一套民族分类、分类论证、讨论和选择系统，以“部落”特征，即文化—语言特征或者现今所说的民族特征作为分类基础，而这种特征的标准在中亚地区又是模糊不清、无法确定的。

本章主要研究20世纪初期之前费尔干纳盆地在俄国的民族分类模式影响下民族成分的演变过程，以及后来成为民族国家建设基础的民族名录形成的历史。

第一节　俄国学者的民族分类模式

一、特征描述模式

在包括费尔干纳省在内的突厥斯坦边区，各种“部落”、“部族”和“民族”名录中出现的“部落”、“部族”和“民族”名称数量相差很大（少则十几个，多则二十几个），属于同一个族群的人口数量也完全不一致。尽管表面上好像非常混乱，但各种不同的观点之间还是能找到一定逻辑关系，那就是与对该地区进行研究的历史密切相关。这个逻辑关系可以归结为：俄罗斯人带着现成的民族成分描述模式和已经形成的描述该模式特征的概念来到某个地区，面对另一种不同的社会现实，俄罗斯学者和官吏不得不对以往的观点进行批判性的分析，并试图制定出一种带有新特征的新模式加以运用，进而推广到中亚内陆地区，然后再重复进行这种改进。

所谓特征描述模式，指的是俄罗斯学者和官吏不只是把中亚居民描述成外貌、语言、生活方式具有“他们”的特征的“另一种人”，还把这些“另一种人”描述成另一种“类型”的人，不单是有许多个这种“类型”的人，而且这些“类型”的人之间还相互对别，许多个这种“类型”的人决定了他们相互之间关系的性质——最常见的是“二元对别”的关系。可以将这种“相互对别”称为描述和分类的模式。[①]

例如，Н. В. 哈内科夫（Н. В. Ханыков）和 Е. К. 迈恩多夫（Е. К. Мейендорф）在 19 世纪 30 年代对布哈拉埃米尔国进行了仔细研究，把该国居民描述成乌兹别克人和塔吉克人相互对别的两个民族。乌兹别克、塔吉克对别模式首先推广到俄罗斯学者还不太熟悉的其他中亚地区。

但 19 世纪中叶，俄国人发现，相当大一部分中亚居民都有一个名称和自我称呼——“萨尔特人”。于是产生了一个问题：萨尔特是什么人？起初学者把萨尔特人视为塔吉克人，也有的学者认为是乌兹别克人。在这一时期出现了一些著作，其作者在分析研究锡尔河省居民民族成分的过程中，都试图摆脱已有的模式，用乌兹别克/萨尔特对别模式替代乌兹别克/塔吉克对别模式，在这个模式中，萨尔特人已不再是等同于塔吉克人或乌兹别克人的民族，而是一个独立的民族。[②]

① С. Н. Абашин Население Ферганской долины. //С. Н. Абашин，В. И. Бушков Ферганская долина：этничность，этнические процессы，этнические конфликты. М.，2004. С. 40-41.

② 参见 С. Н. Абашин Население Ферганской долины. //С. Н. Абашин，В. И. Бушков Ферганская долина：этничность，этнические процессы，этнические конфликты. М.，2004. С. 43.

二、统计图表模式

所谓统计图表模式，就是将综合的统计数据特性引入民族分类，不但要将某一类人划分为一个独立类别，更重要的是要统计出有多少该类别的人居住在该地区。但统计图表法并没有形成统一的分类方法。

第二节　1810—1875 年费尔干纳盆地的民族成分

前面已经提到，这个时期的大多数俄国学者都认为，在中亚社会中存在着“乌兹别克/塔吉克”的对别，而“萨尔特人”或者是塔吉克人的一个别称（或者部分塔吉克部落的称呼），或者是表示与语言没有关系的整个定居生活方式的一个术语。另一些专家认为，萨尔特人是一个独立的部族，无论与乌兹别克人，还是与塔吉克人都有着明显的区别。还有少数专家倾向于把萨尔特人描述为一个语言上与乌兹别克人和吉尔吉斯人同源的突厥部族。费尔干纳地区的情况也与此类似。

最早比较可靠的关于费尔干纳盆地的俄语文献资料出现在 19 世纪初。但在早期的著作中，作者较少关心该地区居民的民族成分问题。1813—1814 年间到过费尔干纳盆地的 Ф. 纳扎罗夫在其撰写的“札记”中提到了“吉尔吉斯人”和“黑头发、冷漠的吉尔吉斯人”，还多次提到了居住在山里的“东波斯人”（或“戈尔恰人”），但对主要的定居居民则一点没有描述。①

19 世纪中叶，东方学家 В. В. 维尔亚明诺夫—捷尔诺夫虽然本人从未去

① Записки о некоторых народах и землях Средней части Азии Филиппа Назарова, Отдельного Сибирского Корпуса Переводчика, посланного в Кокант в 1813 и 1814 годах. СПб., 1821. 转引自 С. Н. Абашин, В. И. Бушков Ферганская долина: этничность, этнические процессы, этнические конфликты. М., 2004. С. 44.

过费尔干纳，但根据别人的所见所闻进行研究，撰写了一系列关于浩罕汗国的著作。他的第一本著作是《对浩罕汗国时局的评论》（圣彼得堡，1849 年）。书中虽然没有费尔干纳盆地居民民族成分的概括信息，但却提到了受到最好教育的一部分人使用的主要语言是突厥语。这本书中还有这样一个细节：在谈到浩罕汗国的军队时，作者指出，人们不知什么原因把汗国军队称为突厥人，虽然我们都知道可以用这个名称称呼一多半的浩罕汗国居民。1856 年，B. B. 维尔亚明诺夫—捷尔诺夫在《关于从穆罕默德—阿里至胡达雅尔汗统治时期浩罕汗国的历史资料》（圣彼得堡，1856 年）一书中，关于费尔干纳盆地居民的民族成分，他写道：浩罕的居民由两个主要部分组成：突厥人，或者叫乌兹别克人，是外来居民；塔吉克人，或者称为萨尔特人，是汗国的原始居民。突厥人和萨尔特人之间自古以来就不友好。因此，他实际上再现了乌兹别克人/塔吉克人对别模式，并在塔吉克人和费尔干纳萨尔特人之间画上了等号。

将费尔干纳盆地居民划分为乌兹别克人和萨尔特—塔吉克人的观点是当时文献资料中的主流观点。比如，在 1869 年出版的《浩罕汗国最新材料概述》中就曾指出："汗国的居民分为定居居民和游牧居民，分属于三个主要部落：乌兹别克人部落、萨尔特人部落和吉尔吉斯人部落……萨尔特人聚居在汗国的西部，讲非常纯正的波斯语。"① 在这本《概述》中还提到了"黑头发的萨尔特人"，说他们每年都"从自己的山上"来到费尔干纳盆地，还提到了"黑头发或者野蛮冷漠的吉尔吉斯人"和吉普恰克人，以及一些"异族人"——布哈拉人、阿富汗人、印度人和犹太人。② 上文提到过的 A. П. 霍洛什欣 1868 年作为俄罗斯使馆成员到过费尔干纳盆地，关于浩罕汗国居民他写道，费尔干纳盆地的居民是"由乌兹别克人（吉普

① Коканское ханство по новейшим известиям // Воен. сб. Год 12-й. 1869. № 5. С. 70. 转引自 С. Н. Абашин, В. И. Бушков Ферганская долина: этничность, этнические процессы, этнические конфликты. М., 2004. С. 44.

② А. Булдаков и др. История Средней Азии. М.: Евролинц, Русская панорама, 2003. С. 423 – 424. 转引自 С. Н. Абашин, В. И. Бушков Ферганская долина: этничность, этнические процессы, этнические конфликты. М., 2004. С. 45.

恰克人、吉尔吉斯人、卡拉吉尔吉斯人和卡拉卡尔帕克人）和塔吉克人及其后裔萨尔特人组成”。[①] 他在这篇概述中还补充写道，“萨尔特人是这个地区古代波斯居民的后裔，深受自古以来生活在此地的乌兹别克人的影响，讲乌兹别克人的语言”。[②]

不过，还有一种观点，认为萨尔特人更应该是乌兹别克人，而不是塔吉克人。A. Л. 昆在《浩罕汗国概述》[③] 一书中写道：“我感觉，尽管目前塔吉克人数量不多，但应该承认他们是费尔干纳盆地的土著居民，塔吉克人在中亚越来越多地被突厥部族融合。大部分现代居民都是由从塔什干、撒马尔罕、布哈拉以及其他地区迁居过来的各个部落遗留下来的居民组成”。[④] 接着，他还详细解释说：“汗国居民主要由乌兹别克人、塔吉克人和吉尔吉斯人组成。前两个民族构成汗国主体部分，是定居居民，最后一个民族为游牧牧民。介于定居居民和游牧牧民之间为吉普恰克人，人数虽然不多，但比较发达。大部分吉普恰克人过着半游牧生活，尽量靠近城市和村庄。从民族学的角度看，吉普恰克人与城市居民有许多共同之处。塔吉克人主要居住在汗国的南部和西部地区，很少建立独立的村庄，在多数情况下都是与乌兹别克人一起居住。”[⑤] 如果按照昆的逻辑，塔吉克人即便建立了独立的村庄，也意味着这些费尔干纳乡村和城市的大部分居民是乌兹别克人。作者避免使用“萨尔特人”术语表示部族属性。

---

① Хорошхин А. П. Сборник статей, касающихся до Туркестанского края. СПб., 1876. С. 42. 转引自 С. Н. Абашин, В. И. Бушков Ферганская долина: этничность, этнические процессы, этнические конфликты. М., 2004. С. 45.

② Хорошхин А. П. Сборник статей, касающихся до Туркестанского края. СПб., 1876. С. 97. 转引自 С. Н. Абашин, В. И. Бушков Ферганская долина: этничность, этнические процессы, этнические конфликты. М., 2004. С. 45.

③ 该书是作者在俄国征服中亚前夕到费尔干纳旅行的成果，于 1876 年出版。

④ Кун А. Очерки Коканского ханства // Изв. ИРГО. СПб., 1876. Т. 12, вып. 1. С. 62-63. 转引自 С. Н. Абашин, В. И. Бушков Ферганская долина: этничность, этнические процессы, этнические конфликты. М., 2004. С. 45.

⑤ Кун А. Очерки Коканского ханства // Изв. ИРГО. СПб., 1876. Т. 12, вып. 1. С. 63. 转引自 С. Н. Абашин, В. И. Бушков Ферганская долина: этничность, этнические процессы, этнические конфликты. М., 2004. С. 45.

А. П. 费琴科于1871年曾到浩罕汗国旅行。他在《旅行报告》中写道："'萨尔特人'一词是俄罗斯人用来称呼全体当地人的，在当地人眼里没有任何政治、民族学或人类学意义，只是用来表示整个城市定居居民[①]。"不过，作者没有对费尔干纳居民进行详细分类，仅局限于简单地没有做任何解释地提到了萨尔特人、塔吉克人、乌兹别克人、吉尔吉斯人、吉普恰克人以及不久前迁居到浩罕城的阿富汗人。

总之，1875年之前的俄罗斯历史文献中形成了这样一个概念：费尔干纳居民分成两个大的族群——乌兹别克人和塔吉克人。萨尔特人通常被列入塔吉克人当中，有时归入乌兹别克人当中。还应该指出的是，人们试图建立一种除乌兹别克人和塔吉克人外，还包括吉尔吉斯人的模式。

第三节　1876—1890年费尔干纳盆地的民族成分

作为突厥斯坦总督省一员的费尔干纳省成立于1876年2月19日。征服浩罕汗国并将这部分中亚领土归并于俄罗斯帝国后，改变了对该地区民族类别的认识。费尔干纳省成立了常设行动机构，经常性地收集关于当地居民的各种资料。所收集信息的性质有了原则变化：内容变得更加详尽，根据更加充分。

起初按照已经习惯的"乌兹别克/塔吉克"对别模式对居民的民族成分进行描述。1877年到过费尔干纳的 А. Ф. 米登多尔夫院士在《费尔干纳盆地概述》一书中写道："大部分农民称自己为塔吉克人，而从事小手工业生产的城市居民则被称为萨尔特人。但由于城市居民比农民更容易辨认，人们从事的职业并没有严格的区别，并且城市和农村往往互相转换，

① Федченко А. П. Первый отчет туркестанской ученой экспедиции // Федченко А. П. Путешествие в Туркестан. М. , 1950. С. 65-66.

所以塔吉克人自己在同欧洲人谈话时也称自己为萨尔特人。”[①] 至于萨尔特人，“大部分人认为萨尔特人是一个与蒙古血统混合的民族类型……无论如何，日益明确的是，‘萨尔特人’名称的上述含义越流行，则‘塔吉克人’名称应成为‘突厥斯坦伊朗人’特有的同义词的趋势就越明显”[②]。米登多尔夫院士指出，“萨尔特”一词中有各种不同的含义，所以“‘萨尔特人’这一名称是不恰当的，很容易引起误解，因而应该从民族学词典中删除该词”[③]。

米登多尔夫在该书中关于居民成分的章节，招致了当地年轻的研究者B. П. 纳利夫金的批评。纳利夫金由于长期直接生活在费尔干纳当地居民当中，所以非常熟悉当地实际情况。米登多尔夫院士关于“源自吉尔吉斯人的乌兹别克人”说法尤其使他震惊。纳利夫金在1883年出版的《突厥斯坦报》上发表专门评论文章反驳道：“所有这些就如同‘源自波兰人的斯拉夫人’一样荒谬，费尔干纳现有的大部分城市和乡村的大部分居民似乎并不像米登多尔夫先生想象的那样由塔吉克人构成，而是由萨尔特—乌兹别克人组成。萨尔特—乌兹别克人并不是如米登多尔夫先生认定的是伊朗人，而是源自明戈人、乃蛮人、巴格什人、卡拉卡尔帕克人等的乌兹别克人，是定居的、部分与世居塔吉克人混合的乌兹别克人。”[④] 纳利夫金重申了这个思想，用来批驳米登多尔夫将“萨尔特人”和“塔吉克人”这两个术语等同起来使用，重复强调费尔干纳居民自己将自己称呼为乌兹别克

---

① Миддендорф А. Ф. Очерки Ферганской долины. СПб., 1882. С. 395. 转引自 С. Н. Абашин, В. И. Бушков Ферганская долина: этничность, этнические процессы, этнические конфликты. М., 2004. С. 46.

② Миддендорф А. Ф. Очерки Ферганской долины. СПб., 1882. С. 395. 转引自 С. Н. Абашин, В. И. Бушков Ферганская долина: этничность, этнические процессы, этнические конфликты. М., 2004. С. 46.

③ Миддендорф А. Ф. Очерки Ферганской долины. СПб., 1882. С. 409. 转引自 С. Н. Абашин, В. И. Бушков Ферганская долина: этничность, этнические процессы, этнические конфликты. М., 2004. С. 46.

④ Миддендорф А. Ф. Очерки Ферганской долины. СПб., 1882. С. 409. 转引自 С. Н. Абашин, В. И. Бушков Ферганская долина: этничность, этнические процессы, этнические конфликты. М., 2004. С. 47.

人。在这篇评论文章中，纳利夫金还指出：“当地人用萨尔人这个名称表示所有自古以来世居本地的农民和小手工业者”，“而米登多尔夫关于塔吉克人和萨尔特人的概念是完全模糊不清和极端自相矛盾的”。[①] 显而易见，他还拒绝承认塔吉克居民是费尔干纳一个举足轻重的民族，将萨尔特人列入乌兹别克人之列。

但在这之后的著作中，纳利夫金的态度比较谨慎。他在同其妻子合著的《费尔干纳当地定居居民的妇女生活方式概述》一书中写道：“从种族或部落意义上讲，拥有‘萨尔特人’这一共同名称的费尔干纳定居居民由乌兹别克人（或突厥人）和塔吉克人构成。”[②] 他们之间的所有差别仅仅体现在一个“语言上”，而“宗教信仰、生活方式、风俗习惯”则相同。[③] 与此同时，他还指出：“在费尔干纳范围内就人口数量而言，萨尔特—乌兹别克（定居的游牧牧民）的人口数量要远远多于塔吉克人。”[④]

在《浩罕汗国简史》（喀山，1886 年）一书中，纳利夫金试图利用当地的书面文献资料撰写费尔干纳地区独特的“民族历史”。他称萨尔特人为“定居居民”，具体分为萨尔特—乌兹别克人（突厥人部落）和萨尔特—塔吉克人（伊朗人部落）；他还把茨冈人、印度人和犹太人列为定居居民。谈到费尔干纳历史时，纳利夫金提到了费尔干纳西部地区的阿拉伯人、卡尔梅克人、塔吉克人，费尔干纳东部地区的“安吉”族群的突厥人。他还提到了“喀什噶尔的乌兹别克人”、从卡拉特金、吉萨尔和布哈

① Наливкин В. По поводу книги А. Ф. Миддендорфа “Очерки Ферганской долины” // Туркестанские ведомости. 1883. № 38. 转引自 С. Н. Абашин, В. И. Бушков Ферганская долина: этничность, этнические процессы, этнические конфликты. М., 2004. С. 47.

② Наливкин В., Наливкина М. Очерк быта женщины оседлого туземного населения Ферганы. Казань, 1886. С. 15. 转引自 С. Н. Абашин, В. И. Бушков Ферганская долина: этничность, этнические процессы, этнические конфликты. М., 2004. С. 47.

③ Наливкин В., Наливкина М. Очерк быта женщины оседлого туземного населения Ферганы. Казань, 1886. С. 16. 转引自 С. Н. Абашин, В. И. Бушков Ферганская долина: этничность, этнические процессы, этнические конфликты. М., 2004. С. 47.

④ Наливкин В., Наливкина М. Очерк быта женщины оседлого туземного населения Ферганы. Казань, 1886. С. 16. 转引自 С. Н. Абашин, В. И. Бушков Ферганская долина: этничность, этнические процессы, этнические конфликты. М., 2004. С. 47.

拉地区迁居到费尔干纳的塔吉克人，以及来自乌拉秋别和布哈拉的乌兹别克人，从突厥斯坦周边地区迁居到费尔干纳的突厥人和卡拉姆鲁特人（乌兹别克人）的情况。

作者认为，乌兹别克人分为游牧、半游牧和定居三种生活方式类型，与此相对应，纳利夫金将浩罕汗国的历史视为萨尔特人与游牧牧民之间，即乌兹别克人不同分支之间对立的历史。他将游牧乌兹别克人称为吉尔吉斯人（同时指出，目前费尔干纳地区严格意义上的游牧民已经不复存在了），将半游牧乌兹别克人称为吉普恰克人和卡拉卡尔帕克人（同时指出，这个族群有明确的自我意识），将定居乌兹别克人称为萨尔特人，如“明戈”族群过去是游牧族群，尔后定居下来，并与塔吉克人混合，吸收了后者的许多文化特点和生活方式。纳利夫金在该书中推断，萨尔特人指的是最早定居的一个乌兹别克部落，然后这个名称推广到所有定居的乌兹别克人，尔后称呼所有的定居居民（乌兹别克人和塔吉克）。纳利夫金的推断受到了其他东方学家的质疑。①

纳利夫金的著作是第一部以严肃认真的态度尝试对费尔干纳居民进行总体民族分类的书籍。但这本书也有自相矛盾之处。作者把各种不同的术语混淆起来，没有对相互之间关系做出解释。比如，纳利夫金在将所有乌兹别克人的起源归结为游牧的蒙古人时，指出了哈萨克、吉尔吉斯、乃蛮、巴格什等外貌与蒙古人相同的乌兹别克人族群与外貌与蒙古人不同的“突厥”族群乌兹别克人之间的差异。但他却忽视了这种差异中一个很大的问题，那就是“一个部族的外貌是在地理和生活条件的影响下形成的”，他还补充指出，这种差异不会大于南方和北方俄罗斯人之间的差异。纳利夫金的观点并不是主流的观点。②

1881 年另一位有权威的研究者 Д. Л. 伊万诺夫（Д. Л. Иванов）对法

---

① 参见 С. Н. Абашин, В. И. Бушков Ферганская долина: этничность, этнические процессы, этнические конфликты. М., 2004. С. 48.

② 参见 С. Н. Абашин, В. И. Бушков Ферганская долина: этничность, этнические процессы, этнические конфликты. М., 2004. С. 48.

国—匈牙利作者维法利维（Уйфальви）研究费尔干纳著作的一些章节进行了评论。他对维法利维关于"萨尔特人只说突厥语，根本不懂波斯语"的观点进行了反驳："很难找到一点也不会说塔吉克语的萨尔特人。贸易和手工业交往都迫使萨尔特人懂得两种语言，而城市居民成分混杂很好地促进了这种状况的形成。另外，塔吉克人不愿意学习突厥方言，许多塔吉克人除讲母语，即波斯方言，不会说别的语言。"① 伊万诺夫指出，维法利维将"突厥人"单独分离出来，突厥人应属于乌兹别克人。对此，伊万诺夫强调指出："由此可见，出现了一种随意性的科学，毫无根据地创造出新的民族。"② 为了证实自己的结论，伊万诺夫经常引用人类学测试和观察结果。

俄罗斯人来到中亚后，在使用通用的民族成分推理法同时，还出现了另一种描述和分类方法——统计图表法。这种方法的特点是，将综合的统计数据特性引入民族分类，不但要将某一类人划分为一个独立类别，更重要的是要统计出有多少该类别人的代表居住在该地区。但统计图表法并没有形成统一的分类方法，既没在形成民族名录的方法上达成一致，也没有在确定人口数量的方法上获得共识，因而所获得的数据有所不同。

比如，在同一时期的两个作者 Л. Ф. 科斯坚科（Л. Ф. Костенко）和突厥斯坦总督省第一任省长冯・考夫曼（К. П. фон Кауфман）的两部著作《突厥斯坦边区》（1880 年）和《呈沙皇奏章》（该《奏章》于冯・考夫曼死后 3 年的 1885 年发表）中，两位作者均引用了官方资料，但他们之间的数据却有所不同（见表 4-1）③。

---

① Иванов Д. Библиографические заметки //ТВ. 1881. № 11. 转引自 С. Н. Абашин, В. И. Бушков Ферганская долина: этничность, этнические процессы, этнические конфликты. М., 2004. С. 48.

② Иванов Д. Библиографические заметки //ТВ. 1881. № 11. 转引自 С. Н. Абашин, В. И. Бушков Ферганская долина: этничность, этнические процессы, этнические конфликты. М., 2004. С. 48.

③ С. Н. Абашин Население Ферганской долины. //С. Н. Абашин, В. И. Бушков Ферганская долина: этничность, этнические процессы, этнические конфликты. М., 2004. С. 91.

表 4-1 费尔干纳省 19 世纪 80 年代居民民族成分

	科斯坚科 1880	考夫曼* 1881	"费尔干纳州概述"** 1888	亚沃尔斯基*** 1889
萨尔特人	344 023	470 000	594 460	475 000
乌兹别克人	19 852	—	—	5000
吉尔吉斯人	126 006	150 000	112 170	110 000
吉普恰克人	70 107	70 000	5931	—
卡拉卡尔帕克人	7060	—	—	—
东干人	343	—	11 435	—
塔吉克人	11 580	30 000	44 788	61 000
印度人	370	—	123	—
蒙古—满族人	182	—	353	—
尤兹人	—	—	319	—
阿拉伯人	—	—	1466	—
阿富汗人	—	—	19	2000
茨冈人	—	—	1211	

*考夫曼将吉尔吉斯人和卡拉吉尔吉斯人合二为一；萨尔特人口 470 000 是个估算数量，因为考夫曼列出的是费尔干纳居民总数和单个族群的数量。

** "概述"将乌兹别克人和萨尔特人合二为一；"塔吉克人"一栏中列出的是塔吉克人和"卡拉泰人"（61 人）加在一起的总数；称蒙古—满族人为卡尔梅克人，称阿拉伯人为苦盏人。

*** "吉尔吉斯人"一栏列出的是亚沃尔斯基所写的卡拉吉尔吉斯人数量；亚沃尔斯基分别将塔吉克人与伊朗人、阿富汗人与闪米特人合在一起。

考夫曼和科斯坚科引用的吉普恰克人人口数字大致相同。科斯坚科列出了吉尔吉斯人的人口数量，而考夫曼列出的吉尔吉斯人口数量要比科斯坚科的数量多 25%。考夫曼列出的塔吉克人口数量要比科斯坚科引用数量多一倍。此外，科斯坚科还列举了东干人、卡拉卡尔帕克人、蒙古—满族人和印度人的人口数量，而考夫曼根本就没提到这些族群。但考夫曼在奏章中写道，当地居民是混合族群，常常无法根据民族特征确定其属性。①

从考夫曼和科斯坚科公布的资料中可以看出，他们引用的文献资料或

① Проект всеподдайннешего отчета Ген. -Адъютанта К. П. фон Кауфмана по гражданскому управлению и устройству в областях Туркестанского генерал-губернаторства. 7 ноября 1867-25 марта 1881 г. СПб., 1885. С. 22, 46. 参见 С. Н. Абашин, В. И. Бушков Ферганская долина: этничность, этнические процессы, этнические конфликты. М., 2004. С. 49.

统计数字是各不相同的，虽然两位作者都是依据当地行政当局的数据。科斯坚科的数据非常详尽，与其说是对人口数量的评估，还不如说是19世纪70年代所做统计的最初计算结果。科斯坚科本人也称自己的数据只是大约的数据。考夫曼的数据大概是当时官员和统计人员报告和评估中使用的数据。①

官方数字的不一致说明，当时的突厥斯坦边区没有设立统一的民族分类和居民人口数量核算中心。县、州和边区官员可以按照自己的判断对获得的信息进行解释，可以越级向上报告。很明显，俄国当局这时还没有精力和能力独立收集这类资料，只能依靠汗国时期的当地官员提供的数据。关于如何收集“部落”数据的问题目前还没有公开。查阅档案无法看到1890年之前可能记录费尔干纳居民（部落）属性的州、县第一手资料。已知的1870—1880年间引用的档案统计图表中没有“部落”或“民族”一栏。不排除当时“部落”人口数据是官员大概估算的结果。②

19世纪80年代末，在И. Л. 亚沃尔斯基（И. Л. Яворский）的《突厥斯坦医学地理学和统计学实验》一书（1889年，下文简称《实验》）和费尔干纳州统计委员会正式出版物《1888年费尔干纳州概述》（见表4-1，下文简称《概述》）中出现了两组数据。亚沃尔斯基的数据是粗略的，而《概述》中的数据则是详细的，并且这两组数据之间的民族名录各不相同，不但两组数据之间不同，而且与科斯坚科和考夫曼的数据也完全不同。亚沃尔斯基将萨尔特人与乌兹别克人分开，《概述》则将二者合二为一，与纳利夫金关于萨尔特—乌兹别克人的观点相似，《概述》中萨尔特人的人口数量要比亚沃尔斯基的多25%。亚沃尔斯基在《实验》中，把塔吉克人和伊朗人合为一类，而《概述》则分别把他们称为塔吉克人和卡拉特金人，根本不存在伊朗人，并且这两个民族的人口数量要比亚沃尔斯基的少

① 参见 С. Н. Абашин Население Ферганской долины. //С. Н. Абашин, В. И. Бушков Ферганская долина: этничность, этнические процессы, этнические конфликты. М., 2004. С. 49.

② 参见 С. Н. Абашин Население Ферганской долины. //С. Н. Абашин, В. И. Бушков Ферганская долина: этничность, этнические процессы, этнические конфликты. М., 2004. С. 49.

25%。在《概述》中阿富汗人是单独列出来的，亚沃尔斯基则将阿富汗人与闪米特人合为一个民族类别，所以人口数量也不一致。除了亚沃尔斯基列出的族群外，《概述》中还列举了吉普恰克人、茨冈人、尤兹人、卡尔梅克人和印度人、道杰伊人（或者阿拉伯人）、东干人（《概述》中的东干人数量比科斯坚科的数量多了39倍，东干人人口数量中很可能包含了后来的喀什噶尔人）。但两份资料均没有列出在科斯坚科民族名录中出现的卡拉卡尔帕克人，只有吉尔吉斯人（《概述》中的名称）或卡拉吉尔吉斯人（《实验》中的名称）在这两组数据中大致相同（也与科斯坚科的数据一致）。①

《概述》和科斯坚科列出了最为详尽的"当地"穆斯林民族名录，分别为12个和9个，而亚沃尔斯基和考夫曼列出的穆斯林民族名录较少，分别为5个和4个。这也不是偶然的，大概是由于虽然亚沃尔斯基和考夫曼拥有比较详细的数据，但他们的任务就是将语言和起源相近的族群合并成大的类别（如阿富汗人和闪米特人）。亚沃尔斯基指出，"能够说明定居在我们研究的这一地区各民族间相互关系的数字不具有完全的可信度。如，关于引起关注的突厥斯坦萨尔特民族，民族学家们的看法至今仍没有确定"②。他还补充道："民族学家关于突厥斯坦重要的部族萨尔特人的观点至今还没有完全确定下来。"③

亚沃尔斯基在自己的著作中公开了一些民族资料收集方法。他写道，按照当地居民自己申请的民族属性，将其登记为某个种族，列入某个部族。从字面上解读，这意味着对每一个人进行询问，调查其民族属性。但我们还没有掌握关于1880年间进行这种问询调查的资料。而且也没有进行类似于1889年或1890年首次在马尔吉兰县对民族属性进行的逐人或逐户

① 参见 С. Н. Абашин Население Ферганской долины. //С. Н. Абашин, В. И. Бушков Ферганская долина: этничность, этнические процессы, этнические конфликты. М., 2004. С. 50.

② Яворский И. Л. Указ. соч. С. 332. 转引自 С. Н. Абашин, В. И. Бушков Ферганская долина: этничность, этнические процессы, этнические конфликты. М., 2004. С. 50.

③ Яворский И. Л. Указ. соч. С. 333. 转引自 С. Н. Абашин, В. И. Бушков Ферганская долина: этничность, этнические процессы, этнические конфликты. М., 2004. С. 50.

人口普查。由此可见，亚沃尔斯基《概述》的资料同考夫曼和科斯坚科的资料一样，均为当地官员非系统性的问询调查和俄国县级行政官员偶然获得的数据。[①]

上述文献资料所列的费尔干纳居民族群人口数量准确度是非常有限的。根据统计学家们的估计，当时掌握的所有当地居民数量数据远远低于实际居民数量。实验性检验表明，某些乡提供的户数低于实际户数30%，甚至56%。[②] 换句话说，没有必要在上述文献资料数字的差别中寻找某种人口逻辑关系（居民、移民增长率等）。

《费尔干纳州统计手册》在1890—1904年间定期出版，但没有公布任何详细的居民民族成分数据。《费尔干纳概述》只是重复主要族群的一般性数据。如，1894年的《费尔干纳概述》描述道："从民族学方面看，费尔干纳可以分为三个地区。萨尔特人——源自突厥民族，居住在盆地地区……山前地带和山区生活着吉尔吉斯人……最后，第三个地区，即帕米尔高原居住着塔吉克人……数量不多的吉尔吉斯人和塔吉克人也与萨尔特人一起居住在盆地地区。此外，费尔干纳省还生活着东干人、吉普恰克人、茨冈人和犹太人。"[③]

第四节 1897年人口普查中的费尔干纳盆地的民族成分

如上所述，在对中亚居民进行民族分类的实践中，缺乏明确的标准。

---

① С. Н. Абашин Население Ферганской долины. //С. Н. Абашин, В. И. Бушков Ферганская долина: этничность, этнические процессы, этнические конфликты. М., 2004. С. 51.

② Обзор Ферганской области за 1890 год. Нов. Маргелан, 1893. С. 44. 转引自 С. Н. Абашин, В. И. Бушков Ферганская долина: этничность, этнические процессы, этнические конфликты. М., 2004. С. 51.

③ Обзор Ферганской области за 1894 год. Нов. Маргелан, 1896. С. 44. 转引自 С. Н. Абашин, В. И. Бушков Ферганская долина: этничность, этнические процессы, этнические конфликты. М., 2004. С. 51.

最初，试图根据数个特征，即语言（波斯语/突厥语）、外貌（欧罗巴人种/蒙古人种）、生活方式（定居/游牧）、心理特点（内向/开朗），建立民族学模式。当时的人们认为，这些特征彼此之间是互相关联的：乌兹别克人讲突厥语，保持游牧生活方式，拥有蒙古人的外貌，而塔吉克人讲波斯语，过着定居生活，拥有欧洲人的外貌。然而，逐渐明确的是，这些特征之间根本不存在完全一致的对应关系。萨尔特人讲突厥语，但常常有着欧罗巴人种的外貌，并且是定居居民。在这种情况下，下一步任务就是要选择一个能够确定一个独立民族存在的主要特征。讨论的结果是语言成了这样一个主要特征。但是，试图将这个方法用于实践也并不成功。

1897 年进行了第一次包括突厥斯总督省在内的全俄人口普查。在普查过程中，没有提出“属于哪个民族或部族”的问题，而提出了“母语为何种语言”的问题（调查表中的第 12 个问题），因而答案就成了确定民族属性的依据。结果，普查获得的数据与突厥斯坦学者和统计学家坚持的民族分类有所区别（见表 4-2）[①]。

表 4-2　费尔干纳省 1897 年居民民族成分

	人口普查	帕连	图尔恰尼诺夫
萨尔特人	788 989	828 080	1 072 964
乌兹别克人	153 780	153 780	20 479
突厥—鞑靼人	261 234	—	815
卡拉吉尔吉斯人	201 759	423 639	259 721
吉普恰克人	7584	—	45 353
卡拉卡尔帕克人	11 056	25 971	18 584
喀什噶尔人	14 915	—	41 312
塔吉克人	114 081	114 081	96 856
蒙古人	—	—	45

С. К. 帕特卡诺夫（С. К. Патканов）对收回的“母语是何种语言？”的调查问卷答案进行了分析，他这样评述 1897 年人口普查数据：“母语并

① С. Н. Абашин Население Ферганской долины. //С. Н. Абашин，В. И. Бушков Ферганская долина：этничность，этнические процессы，этнические конфликты. М.，2004. С. 92.

不总能给出某一居民群体正确的民族概念，因为并不是所有被调查者都对母语有相同的理解。”① 谈到突厥斯坦的主要民族——萨尔特、乌兹别克和塔吉克（也懂突厥语）时，帕特卡诺夫写道：“在这三个部族间划清界限是一件非常困难的事情，即使在总体上是可能的，而萨尔特人和乌兹别克人之间的差别是非本质性的，这种差别不是建立在另一个部落居民成分上，而主要是建立在这两个民族的历史沿革上。”②

这次人口普查总结报告于1904年才全部公布。在费尔干纳省，与萨尔特人同时重新登记的有：乌兹别克人、卡拉吉尔吉斯人、卡拉卡尔帕克人、吉普恰克人、喀什噶尔人、塔吉克人和“突厥—鞑靼人”，即8个族群。然而，这些族群在普查中的人口数量与例行的统计资料中的数字有所不同。这次普查表明，与1880年末相比，费尔干纳居民总数增加了50%。萨尔特人数量增加的幅度大致与此持平，即50%。但是，塔吉克人口数量与亚沃尔斯基的数据相比增加了1倍，与《1888年费尔干纳概述》中的数据相比增加了2倍（比科斯坚科和考夫曼的数据高出很多）。与亚沃尔斯基的数字相比，卡拉吉尔吉斯人增加了1倍，乌兹别克人增加了29倍。相反，吉普恰克人数量比科斯坚科和考夫曼的数据减少了很多，大致与《1888年费尔干纳概述》中数字相同。在民族名录中重新出现了卡拉卡尔帕克人（其人口数据与科斯坚科的数据比较接近），喀什噶尔人（其人口数量与《概述》中的东干人数量差别不大）。③

在1897年人口普查的民族名录中，突厥—鞑靼人的人口数量占据仅次

---

① Общий свод по Империи результатов разработки данных Первой всеобщей переписи населения, произведенной 28 января 1897 года. СПб., 1905. Т. 2. С. I. 转引自 С. Н. Абашин, В. И. Бушков Ферганская долина: этничность, этнические процессы, этнические конфликты. М., 2004. С. 51.

② Общий свод по Империи результатов разработки данных Первой всеобщей переписи населения, произведенной 28 января 1897 года. СПб., 1905. Т. 2. С. XIV, С. XXVI. 转引自 С. Н. Абашин, В. И. Бушков Ферганская долина: этничность, этнические процессы, этнические конфликты. М., 2004. С. 51.

③ 参见 С. Н. Абашин Население Ферганской долины. //С. Н. Абашин, В. И. Бушков Ферганская долина: этничность, этнические процессы, этнические конфликты. М., 2004. С. 58–59。

于萨尔特人的第二位，是最令人迷惑不解的。帕特卡诺夫对出现这个现象的原因做出了解释："妨碍正确识别居民民族属性的一个比较实际的障碍是，在突厥斯坦大部分地区各个县，由于当地统计人员文化水平低和粗心大意，当地突厥部落（萨尔特人、乌兹别克人、卡拉吉尔吉斯人、塔兰奇人等）的语言要么被换成了含义比较笼统、不明确的词语'突厥语'，要么被直接用'тур.'（突尔）、'тюр.'（秋尔）、'тат.'（塔特）、'та.'（塔）或者字母 т. к. с. 等符号代替。而这些代号，特别是在书写不工整的情况下，可导致各种不同的解释：如，тюр. 和 тур. 可表示突厥语和土库曼语，тат. та. 和 т. 可表示鞑靼语、塔吉克语和塔兰奇语，字母 к. 可表示边区一系列方言：吉尔吉斯方言、吉尔吉斯—哈萨克方言、库拉马方言、吉普恰克方言、喀什噶尔方言、卡拉卡尔帕克方言等，с. 可表示萨尔特人的语言。"① 结果，在填写汇总表时，不得不将这部分大多为突厥语部落（部分为塔吉克人）的中亚当地居民，列为一个未按方言进行识别的突厥语联合族群。

这个类别中包括了所有部族属性有问题的族群。似乎还将茨冈人、阿拉伯人、尤兹人、阿富汗人、蒙古人（卡尔梅克人）、印度人列入这个类别中，因为这些族群也说某种突厥语方言。还可能因有的居民无法准确确定自己的母语或族群名称，而把部分萨尔特人、卡拉吉尔吉斯人、吉普恰克人、喀什噶尔人等也列入这个类别中。

对比 1897 年人口普查数据和 Н. В. 图尔恰尼诺夫《俄罗斯中亚居民——统计资料概述》（圣彼得堡，1914 年）一书中公布的当地同年例行统计资料，会发现一些有趣的现象（见表 4-2）。与人口普查数据相比，当地民族名录中，萨尔特人和吉尔斯人、卡拉吉尔吉斯人（当地统计人员将吉尔吉斯人与卡拉吉尔吉斯人区别开来）合在一起的人口数量要比人口普查数据多出 120%，卡拉卡尔帕克人数量大约多出 160%，喀什噶尔人数量多出

① Общий свод по Империи результатов разработки данных Первой всеобщей переписи населения, произведенной 28 января 1897 года. СПб. , 1905. Т. 2. С. I-II. 转引自 С. Н. Абашин Население Ферганской долины. С. 59.

150%，吉普恰克人数量多出约 7 倍。在例行统计中，乌兹别克人数量要少很多，塔吉克人（与伊朗人和印度人合计在一起）数量少 20%。在当地民族名录中，根本没有突厥—鞑靼人，取而代之的是突厥人，图尔恰尼诺夫将其称之为“其他民族”，其数量少了 399 倍。图尔恰尼诺夫的民族名录中还有蒙古人。显而易见，人口普查和例行统计资料的分类原则是不同的：如果说人口普查的民族分类依据是“语言”特征，那么当地统计学家则试图区别各种特征，并考虑除语言之外居民具有的其他特点。

这次人口普查导致了独特的费尔干纳民族“双重簿记”现象的产生。一些在 1897 年之后论述费尔干纳民族成分的作者认为，应当依据例行统计资料和当地官员、学者（如图尔恰尼诺夫）制定的分类方法。另一些作者（特别是非突厥斯坦人）则使用 1897 年人口普查的结果，因为这次人口普查具有比较高的行政地位，采用的分类方法具有合法性。

此外，有的学者还对 1897 年人口普查数据进行了各种形式的修正。例如，突厥斯坦边区例行检查负责人 K. K. 帕连 1911 年在《报告》附件中，论述了根据“语言”进行普查的缺点：在突厥斯坦，母语并不总是能够作为确定居民民族成分的特征。帕连认为，划分出一个“突厥—鞑靼语”族群是有争议的，他建议按照专家的建议将其划分成几个不会引起争议的族群。他将纳曼干、丘耶特和奥什市的突厥—鞑靼人划入萨尔特族群，将其余的居民划入卡拉吉尔吉斯族群，结果得到了一份新的费尔干纳省 1897 年普查数据（见上表 4-2）。

总之，第一次人口普查的结果并没有形成关于费尔干纳省民族版图的统一观点。数个在合法性、分类原则、民族名称和人口数量上各不相同的观点继续并存。然而，这些不同观点之间有某些共同的认识：存在几个主要族群——萨尔特人、塔吉克人、卡拉吉尔吉斯人（或吉尔吉斯人），“萨尔特”族群在数量上占有明显的优势，所有研究者均仍旧将萨尔特人视为费尔干纳地区的一个主要部族。

第五节 1900—1910年费尔干纳盆地的民族成分

20世纪初，费尔干纳省统计委员会定期公布该地区居民民族成分资料。1898—1900年在《费尔干纳省概述》中公布，1901—1903年在《费尔干纳省年鉴》中公布，1904—1914年在《费尔干纳省统计概述》中公布。1909年《费尔干纳省居民居住地点名单》问世，该名单的几名作者均为费尔干纳省统计委员会委员，他们试图弄清居民的数量和民族成分。这份名单确定的民族成分只是一个大概数据：每个独立村庄的民族成分由人口数量占优势的部族决定，而占居民总数30%—40%的族群才能成为占优势的部族。

《1899年费尔干纳省概述》指出，费尔干纳省统计委员会于90年代完成了该省居民民族成分研究工作。但只公布了马尔吉兰县的资料，将该县的民族成分百分比推广到整个费尔干纳省。这本《概述》的编写者写道，在统计过程中，关注的不是民族特征，而是居民本人将自己列入哪个部族。如果整个费尔干纳省都按这个百分比对部族人口进行分配计算，那么费尔干纳省1 641 000人的居民中：萨尔特人约为821 000人，卡拉吉尔吉斯人约为300 000人，塔吉克人约为168 000人，喀什噶尔人约为165 000人。[①] 1901年《费尔干纳省年鉴》第一版再次公布了1899年推广使用的费尔干纳省居民民族成分数据：50%为萨尔特人，11%为塔吉克人，卡拉吉尔吉斯人为30万人，喀什噶尔人为17万。[②]

从1904年起，居民民族成分数据在《费尔干纳省统计概述》的专门附件中公布（见表4-3）[③]。

---

① Обзор Ферганской области за 1899 год. Нов. Маргелан, 1901. С. 74.

② Ежегодник Ферганской области. Т. 1. Нов. Маргелан, 1902. С. 5.

③ С. Н. Абашин Население Ферганской долины. //С. Н. Абашин, В. И. Бушков Ферганская долина: этничность, этнические процессы, этнические конфликты. М., 2004. С. 93-94.

表 4-3　费尔干纳省 1904—1914 年居民民族成分

	1904 年	1905 年	1906 年	1907 年	1908 年	1909 年
萨尔特人	1 085 639	1 184 287	1 275 656	1 220 562	1 295 348	1 278 946
乌兹别克人	158 926	108 942	28 457	27 393	25 745	24 949
突厥人	18 644	20 811	14 934	20 671	22 607	21 670
吉尔吉斯人	294 859	250 799	266 549	208 553	264 054	316 360
卡拉吉尔吉斯人	22 982	75 411	55 374	173 758	121 233	77 042
吉普恰克人	57 140	57 877	63 511	69 252	59 853	60 123
卡拉吉普恰克人	19 323	25 558	26 215	31 200 *	21 789	22 638
喀什噶尔人	47 388	48 651	50 238	56 857	49 517	52 981
东干人	605	569	688	690	585	117
塔吉克人	107 050	102 191	105 742	108 065	94 912	111 245
波斯人	246	394	906	885	898	1137
茨冈人	1814	1639	1436	1000	1849	1496
尤兹人	3969	478	499	308	414	3800
阿拉伯人	387	260	291	—	—	1669
印度人	212	222	—	—	—	—
伊朗人	—	—	—	—	1217	—
阿富汗人	—	—	—	—	177	49
卡尔梅克人	—	—	—	—	—	

表 4-3　费尔干纳州 1904—1914 年居民民族成分（续）

	1910 年	1911 年	1911 年 *	1912 年	1913 年	1914 年
萨尔特人	1 293 356	1 310 267	1 392 167	?	1 348 134	1 371 139
乌兹别克人	28125	51395	25223	?	—	—
突厥人	22 749	22 890	860	?	23 938	24 117
吉尔吉斯人	295 506	322 783	319 881	?	261 556	345 581
卡拉吉尔吉斯人	117 418	81 669		?	143 896	66 157
吉普恰克人	64 856	64 333	60 785	?	71 931	68 193

续表

	1910 年	1911 年	1911 年 *	1912 年	1913 年	1914 年
卡拉吉普恰克人	18 234	19571	22 888	?	18 250	22 531
喀什噶尔人	55 008	55 761	54 576	?	52 094	57 106
东干人	227	234	—	?	353	198
塔吉克人	114 481	126 466	117 778	?	131 006	155 473
波斯人	1792	2178	—	?	3337	3370
茨冈人	1695	1841	—	?	1761	2109
尤兹人	4010	4014	—	?	4178	4554
阿拉伯人	1888	1981	—	?	799	1218
印度人	—	193	—	?	—	200
伊朗人	1	—	—	?	360 *	—
阿富汗人	169	164	—	?	189	296
卡尔梅克人	350	—	347	?	—	549

* 该列数字使用的是图尔恰尼诺夫的资料①。

值得注意的是，1905—1906 年汇编中，这些附件被称为“民族学分类”，而在后续的汇编中则称之为“民族分类”。这个用词上的变化说明了思考问题方式上的进步，巩固了这样一种观念，那就是公布的数据不仅反映了学者和官员们的观点，还描绘了现实的民族图景。

《1904—1914 年间的民族名录》继承了 19 世纪 80 年代突厥斯坦形成的当地分类传统。名录中出现了 1897 年人口普查中缺少的东干人、印度人、尤兹人、阿拉伯人、阿富汗人和茨冈人。与 1897 年人口普查不同，只使用了“卡拉吉尔吉斯人”一个名称，在吉尔吉斯人和卡拉吉尔斯人之间造成了混乱。此外，还出现了新的民族类别：喀什噶尔人、突厥人、波斯人和伊朗人。民族数量最少的年份为 1907 年，只有 13 个民族，数量最多的年份为 1910 年，共 17 个民族，这十多年间共出现了 18 个民族类别。

在列举民族类别过程中，没有任何模式，因为表格法与描述法不同，

① Турчанинов Н. В. Население Азиатской России：Стат. очерк // Азиатская Россия. СПб.，1914. Т. 1. С. 82，83，84.

原则上不可能包含任何对别，所有组成民族之间一律平等。但是在记录某个民族类别时，统计分类作者指明了该类民族所占的比重。萨尔人占居民总数的三分之二，紧随其后的最大族群为吉尔吉斯人，然后是卡拉吉尔吉斯人，最后是塔吉克人和乌兹别克人。所有其他的族群均不超过 10 万人。1913—1914 年乌兹别克人被从名录中除掉，似乎将乌兹别克人列为萨尔特人，曾经的乌兹别克人/塔吉克人对别最终变成了萨尔特人/塔吉克人对别。在费尔干纳还为这个描述模式补充了一个吉尔吉斯人（与卡拉吉尔吉斯一起）类别，该类别以其半游牧生活方式既与萨尔特人对别，也与塔吉克人对别。

在数量方面，大多数族群均发生了非常有趣的变化。萨尔特人口数量：在 1904—1905 年间差不多增加了 10 万人（增加了 9%），1906 年比 1905 年增加了 8 万人（增加了 8%），而 1907 年比上一年减少了 5.5 万人（减少了 4%），1908 年又增加了 7.5 万人，1909 年增加了 2 万人，接下来每年增加 2—4 万人。

乌兹别克人口数量：1905 年比 1904 年减少了 5 万人（减少了 30%），1906 年再减少 8 万人（减少近 80%），1909 年有少量下降，此后开始增加：1910 年增加了 3 000 人（增加了近 17%），1911 年增加了 1.3 万人（增加了约 50%），1913 年和 1914 年如上所述则从登记中完全消失。

突厥族群人口数量：虽然 1904—1907 年间以 2 000—3 000 人的幅度上下波动，但是大致保持在 2 万人的同一水平上，到 1914 年突厥人口增加到 2.4 万人。В. П. 纳利夫金曾描述过这个族群的特点：具有欧罗巴人种的外貌、坚定的自我意识和半游牧的生活方式。他并不认为这是将突厥人列入乌兹别克人族群的障碍。但费尔干纳省统计委员会的专家们似乎有不同的想法，他们把突厥人视为一个独立的民族。

塔吉克人口数量总体上在稳定地增加，只是在 1905—1908 年间有少量的下降，而 1914 年增加了 2.4 万（增加近 20%）。这个增加并不是说明有近 2 万塔吉克人在 1914 年突然来到费尔干纳盆地，而是说明其他族群（应该是萨尔特人）一部分居民称自己为塔吉克人，或者某个官员突然发现，一些他认定为是萨尔特人的人，还拥有塔吉克的名称。反过来说，塔吉克人的减少也是与“萨尔特化”有关。

吉普恰克人口数量比较稳定，在6—7万范围内小幅度波动，但1908年下降得特别多，减少了1万人（减少近17%）。卡拉卡尔帕克人的情况大致也是如此：其人口数量在2—3万人范围内波动，但1908年下降了1万人（减少了30%）。喀什噶尔人的情况也是这样，其人口数量保持在5—6万人，但1908年减少了7 000人（减少了11%）。这种突然减少并不是说相当大一部分吉普恰克人、卡拉卡尔帕克人和喀什噶尔人死亡了，或者离开了费尔干纳。同样也很难相信，恰好在1908年这些族群中的一部分人突然决定改变自己的称呼。可以十分肯定地说，类似数字变化与统计方法、官员和统计学家意见有关，他们会根据许多具体原因，认定或否定这个或那个村庄的居民为喀什噶尔人或萨尔特人，可以从大量的萨尔特人中辨别出少量的吉普恰克人代表，或者根本就不进行辨别。

“吉尔吉斯族问题”需做特别说明。在《统计概述》中提到了吉尔吉斯和卡拉吉尔吉斯两个族群，列出了这两个族群各自的人口数量，1904年，前者的人口数量要比后者多出很多（分别为29.5万和2.3万人）。从1904年开始，一直到1907年，吉尔吉斯人口数量逐步减少了9万人（减少了28%），在之后的两年又增加到1904年水平，到1913年时又减少了5.5万人（减少约17%），在之后的一年又增加了8万人。卡拉吉尔吉斯人口数量1905年增加了2倍，然后减少了2万人（减少近25%），1907年又减少了三分之二，到1909年下降了60%，到1913年又增加了1倍，1914年又下降了近三分之二。吉尔吉斯人的增加原则上与卡拉吉尔吉斯人的减少相吻合，因此，可以有理由推断，这两个族群的人口互相流动。但这并不是确定无疑的事实，因为这种吻合并不完全准确，这意味着吉尔吉斯人和卡拉吉尔吉斯人可能在某年变成萨尔特人、乌兹别克人、吉普恰克人或其他人。

一些小的族群在人口数量方面发生了比较大的混乱。东干人1904—1908年间的人口数量保持在600—700人水平上，之后下降了很多，在

200—300人的范围内波动。波斯人数量从1904—1906年增加了2倍，尔后，于1910年飞速增加了65%，1913年比1911年上升了50%。1908年“伊朗人”从波斯人中分离出来，人口数量为1 200人，之后这个族群又消失了，并于1913年再次出现，但人口数量极少。1908年出现了阿富汗人，人数少于200人，之后这个族群出现在所有资料汇编中，数量逐渐增加。卡尔梅克人出现于1909年，人数为300人，1911年消失，1914年重新出现，人数为550人。1906年阿拉伯人的数量达300人，这比1904年减少了100人，1907—1908年这个族群完全消失了，1909年重新出现，人数达到了1 700人，比1906年几乎多了5倍，到了1911年增加到2 000人，1913年减少了800人，1914年为1 200人。茨冈人在1904—1907年人数下降了80%，1908年有所增加，1909年稍微下降，之后逐年增加。

在人口普查中，列出了尤兹人。1904年该族群的人数为4 000人，1905年为500人，1909年急剧增加到3 800人，1914年达到了4 500人。至今还不清楚尤兹人与乌兹别克人到底有什么区别。但可以指出的是，现代民族学田野调查表明，尤兹人的自我意识稳定性达到了相当高的程度，渴望将自己的族群与其他族群区别开来。可能正是自我意识，而不是什么客观特征使这个族群成为一个独立的族群。

因此，没有任何理由将这些数字上不合逻辑的变化，归结为某种人类学过程（人口增长、移民等）或民族学过程（同化、融合等）。费尔干纳地区居民人口总数在这些年间总体上呈平稳增加的趋势（每年增加2%），没有任何急剧变化。将这种数字变化看作分类标准的不确定性（可以将某人列为萨尔特人，也可将此人列为乌兹别克人、塔吉克人等），每个族群缺乏明显特征，以及所调查和登记的费尔干纳居民对“民族属性”这个问题没有清晰的概念等原因导致的结果，应该是比较准确的。①

这个结论可以从下面的例子中得到佐证。如上所述，H. B. 图尔恰尼

① 参见 С. Н. Абашин Население Ферганской долины. //С. Н. Абашин, В. И. Бушков Ферганская долина: этничность, этнические процессы, этнические конфликты. М., 2004. С. 62-65.

诺夫在《中亚的俄罗斯居民——统计概述》中列举了一些1897年费尔干纳居民民族成分的官方统计数据，也公布了1911年费尔干纳居民民族成分统计数据。图尔恰尼诺夫的数据与同年（1911年）的《费尔干纳省统计概述》中公布的数据有明显的不同（见上表4-3）。图尔恰尼诺夫本人也做出了一些比较明显的修正。可以推断，同1897年的数据一样，正是图尔恰尼诺夫将塔吉克人与波斯人和东干人合并为一个族群，又因为某种原因在突厥人类别前加上了定语“其他”。但总的来说，这个民族名录，即各族群名称和人口数量，是源自费尔干纳省统计委员会的数据，因为基本比例在这两种数据中是一致的，原则上讲，其他的当局机构不可能对费尔干纳民族成分进行类似的研究。

那为什么图尔恰尼诺夫的民族名录和《统计概述》的民族名录不完全一致呢？对此有两种解释：第一种，图尔恰尼诺夫使用的是统计委员会现成资料的草稿，后来统计委员会进行了修改和核实；第二种，图尔恰尼诺夫使用了经其他机构修改和核实之后的统计委员会的资料。不管怎么说，这些差别表明，统计资料和民族分类是各类机构和研究所操控的对象。①

此外，还有一个证据能证明这个民族名录具有人为控制特点，那就是该名单与两个相邻省，即撒马尔罕省和锡尔河省的名单具有本质上的差别。阿里斯托夫和巴尔托里德对此曾有过描述，他们指出，撒马尔罕省统计委员会于19世纪90年代初基本上拒绝将萨尔特人登记为一个独立的民族类别，取而代之的是乌兹别克人。各个省统计委员会均制定本省民族判定标准，根本不与相邻的突厥斯坦边区各省协调彼此的观点和原则。②

需要指出的是，研究者很少使用费尔干纳省统计委员会关于费尔干纳居民民族成分的研究成果，而是更愿意相信1897年人口普查的资料，虽然1897年的资料受到了批评。人们对此的解释是：人口普查资料具有比较高

① 参见 С. Н. Абашин Население Ферганской долины. //С. Н. Абашин, В. И. Бушков Ферганская долина: этничность, этнические процессы, этнические конфликты. М., 2004. С. 65-66.

② 参见 С. Н. Абашин Население Ферганской долины. //С. Н. Абашин, В. И. Бушков Ферганская долина: этничность, этнические процессы, этнические конфликты. М., 2004. С. 66.

的行政地位。但1907年的该州的日常统计资料是个例外，这份资料被斯托卡西莫夫上校的《突厥斯坦军区军事统计说明》一书和帕连的《工作报告》引用。①

第六节　1917年人口普查中费尔干纳盆地的民族成分

在本章的开始部分就曾指出，俄罗斯学者和官员在确定中亚（包括费尔干纳）各民族居民的民族成分过程中，采用两种固定的模式，而不是对比各种观点后才提出的任意模式。这种模式的中心要素为两个“截然不同”的民族类别之间的二元对别，即乌兹别克与塔吉克、乌兹别克与萨尔特、萨尔特与塔吉克、萨尔特与吉尔吉斯之间的对别，这些民族彼此间具有完全不同的特征。

在有的学者追求简化民族图景的同时，还出现了将民族类别细化、增加民族数量、从大的群体中区分出与理想的基本类别有所不同的越来越多的小族群的趋势。出现这种趋势的原因是由于各种不同的民族共同体之间缺少明确的划定界限标准。因而，所有在某个特征（语言、生活方式或其他某个特征）上不符合“二元对别”图景的民族，均被列入“例外”的民族类别行列，即实际上成为独立的民族类别。与此同时，又不断尝试以某一个特征为基础，将这些小的族群重新归入大的民族共同体。因此，形成了民族等级结构，一些民族成为“主要民族”，另外一些民族则成为“少数”民族。这些少数民族时而成为一个独立的族群，时而以某个借口重新回归到“主要民族”当中。这种民族模式发展的矛盾性在20世纪20年代初期，即沙俄政权被苏维埃政权取代之后，表现得特别明显。

第一次苏维埃人口普查计划于1920年进行，当时布尔什维克面临着对

---

① 参见 Военно－статистическое описание Туркестанского военного округа. Ферганский район. Составил Ген. штаба полковник князь Стокасимов. Ташкент, 1912; Материалы к характеристике народного хозяйства в Туркестане. С. 46, 48.

所掌握的国家信息数据进行整理的任务。但因与“巴斯马奇运动”进行着持续的斗争，而无法在费尔干纳进行这次人口普查。20 世纪 20 年代初期，负责整理 1920 年人口普查资料的统计学家，决定使用时间上最接近的 1917 年全俄农业人口普查资料，以形成“费尔干纳居民民族成分初步概念”。

1917 年普查时的主要表格为一张户口卡，每个家庭成员占据独立一栏。该表格中没有设“民族属性”一栏。在填写户口卡同时，还需要填写一份按村编制的花名录，该名录设有户主“民族属性”一栏。这样一来就完全可能存在这样一种情况，那就是 1917 年普查时根本就没有对户主进行“民族属性”问卷调查，汇总数据可能取自当地行政当局的各乡报表。

1917 年人口普查数据具有以下特点：1）不全面；2）不准确；3）部分数据是陈旧的。因此，使用这次人口普查数据时需要个人进行说明、解释。

统计学家 И. П. 马吉多维奇和民族学家 И. И. 扎鲁宾以两种不同方式对这次人口普查数据进行了阐述。

在 1924 年由突厥斯坦共和国中央统计局出版的《1917—1923 年统计年鉴》中，时任该统计局人口统计处副处长的 И. П. 马吉多维奇在专门的“民族成分”一节（“1920 年突厥斯坦苏维埃社会主义共和国居民”一章）中，拟制了一份费尔干纳省民族名录。他指出，费尔干纳省居民数量是他在 1917 年数据基础上进行计算的，而这次人口普查没覆盖的各地区居民数量，则是根据更早的数据进行计算的（安集延和纳曼干县各游牧乡参照移民局 1911 年和 1913 年资料进行统计，整个奥什县根据 1909 年的居民居住名录进行计算，各个城市的数据取自 1914 年最新的《费尔干纳省统计概述》）。① 见表 4-4 中的马吉多维奇一栏②。

---

① Магидович И. П. Население ТАССР в 1920 г. // Статист, ежегодник 1917 - 1923 гг. Ташкент, 1924. Т. 1. С. 83.

② С. Н. Абашин Население Ферганской долины. //С. Н. Абашин, В. И. Бушков Ферганская долина: этничность, этнические процессы, этнические конфликты. М., 2004. С. 94.

表4-4　费尔干纳省1917年居民民族成分

	马吉多维奇 1**	马吉多维奇 2***	扎鲁宾 1****	扎鲁宾 2*****
乌兹别克—萨尔特人	1 104 350	1 104 350	1 104 350	1 002 407
萨尔特人	—	188 397	—	—
乌兹别克人	—	861 316	—	—
突厥人	—	7163	—	21 188
卡拉吉尔吉斯人	358 470	358 470	359 470	324 827
吉普恰克人	42 449	42 449	40 882	42 114
卡拉吉普恰克人	10 735	10 735	—	10 298
喀什噶尔人	—	35 992	—	37 690
塔吉克人	148 011	148 011	147 249	143 867
茨冈人	—	429	—	1000
尤兹人	—	86	—	—
苦盏人	—	1101	—	—
阿拉伯人	—	969	—	—
卡尔梅克人	—	253	—	—
库拉马人	—	1324	—	—

马吉多维奇在书中列出了自己的民族分类。他认为，“突厥部落”包括：1）乌兹别克人（乌兹别克人和与其几乎融为一体的萨尔特人是一个人口数量最多的部族）；2）吉尔吉斯-哈萨克人；3）卡拉吉尔吉斯人（吉尔吉斯人）；4）土库曼人；5）卡拉卡尔帕克人；6）库拉马人；7）吉普恰克人；8）塔兰奇人（与乌兹别克人同种的突厥部族）。塔吉克人被列为雅利安（伊朗）部族。马吉多维奇解释说，之所以把乌兹别克人与萨尔特人合为一体，是因为1917年和1920年的人口普查资料没有将乌兹别克人和萨尔特人分为两个部族，况且他们的语言是相同的。还把一些讲乌兹别克语的小族群，如喀什噶尔—萨尔特人或喀什噶尔人列入乌兹别克部族。根据周围居住人群和所讲语言，将“苦盏人”和“阿拉伯人”列入所在居

住地的部族中。[①] 对马吉多维奇的解释可以做如下理解：他在 1920 年将乌兹别克人和萨尔特人合为一个部族，是为了便于对来源不同的各民族数据进行合并统计。

马吉多维奇比较详细地论证了《全俄人口普查资料》中的数字计算（见表 4-4 中的马吉多维奇 2 一栏）。在“1917 年人口普查资料中费尔干纳农村居民”的专门注释中，马吉多维奇写道：“在农业人口普查中并不对居民所讲的语言进行登记，登记的是户主的民族属性。”[②] 作者提到，1917 年的户口数据只代表户主的民族属性。他强调，将家庭成员和工人列为与户主相同的民族。以这种方式获得的数据不完全准确，但误差也不会很大。[③] 此外，奥什县的数据取自 1909 年居民居住地名录，该名录只注明村镇中大多数居民的民族属性，马吉多维奇把这些村庄的居民也列为名录注明的民族。

马吉多维奇还列举了各种对 1917 年数据进行处理的例子。如将小的族群并入大的族群中。谈到费尔干纳民族数量时，他指出，费尔干纳的主要族群为乌兹别克人和萨尔特人（组成了一个大族群）、卡拉吉尔吉斯人、塔吉克人、吉普恰克人和卡拉卡尔帕克人。[④] 关于喀什噶尔人，他写道，这个族群与其他费尔干纳乌兹别克人没有什么区别。突厥人和尤兹人就是乌兹别克人氏族。库拉马人、吉普恰克人和卡拉卡尔帕克人几乎同当地的乌兹别克人融为一体。阿拉伯人即是乌兹别克人，苦盏人不是部落，而是一个群体，其在费尔干纳的代表讲乌兹别克语。[⑤] 根据语言特征，马吉多

---

① 参见 Магидович И. П. Население ТАССР в 1920 г. // Статист, ежегодник 1917 – 1923 гг. Ташкент, 1924. Т. 1. С. 87.

② Материалы Всероссийских переписей. Перепись населения в Туркестанской Республике. Ташкент, 1924. Вып. 4. Сельское население Ферганской области по материалам переписи 1917 года. С. 22.

③ Материалы Всероссийских переписей. Перепись населения в Туркестанской Республике. Ташкент, 1924. С. 42.

④ Материалы Всероссийских переписей. Перепись населения в Туркестанской Республике. Ташкент, 1924. С. 42.

⑤ Материалы Всероссийских переписей. Перепись населения в Туркестанской Республике. Ташкент, 1924. С. 43.

维奇建议将这些小的族群中的大部分列入乌兹别克人族群："今后，我们将简单地称呼所有讲乌兹别克语的部落群体为乌兹别克人。"[①] 马吉多维奇既列举了"乌兹别克人和萨尔特人"族群的总体数据，也说明了乌兹别克人、萨尔特人、喀什噶尔人、突厥人、库拉马人、阿拉伯人、苦盏人和尤兹人等族群各自的数据。

关于卡拉吉尔吉斯人（或简称吉尔吉斯人），马吉多维奇指出，由于生活在封闭的山区，他们还保持着自己血统的相对纯正。他还列举了卡拉吉尔吉斯人的氏族分类数据，将他们分成两个族群：1）"奥图—奥古尔"（三十个兄弟），或"土著核心"族群（这个族群本身也分为左、右两个分支）；2）"伊奇基里克"族群（具有其他族源的旁系分支）。作者还试图统计各氏族的人数：总数为155 990人，其中，20 960人为"伊奇基里克"人，135 030人为"奥图—奥古尔"人（其中93 220人为"奥恩"人，41 810人为"索尔"人）。[②]

谈到塔吉克人，马吉多维奇提到了波斯人，强调了波斯人既与塔吉克人是同源，也与塔吉克人有区别，还将所有"山地塔吉克人"列为塔吉克人。山地塔吉克人居住在帕米尔，讲自己特殊的方言。他对吉普恰克人和卡拉卡尔帕克人单独进行了说明。他认为，不能将吉普恰克人与吉尔吉斯—吉普恰克人混为一谈，吉普恰克人是某个强大突厥部落的后裔，但只有在费尔干纳定居的吉普恰克人与其他民族有明显的区别，并且这个族群本身否认自己与乌兹别克人或吉尔吉斯人为同一个民族。[③] 马吉多维奇解释了形成这种状况的原因：吉普恰克人在19世纪中叶发挥过特殊的作用，他们的首领当时占据了浩罕汗国的主导政治地位，因此，吉普恰克人避免与其他乌兹别克部族混合，虽然吉普恰克人在外貌上与乌兹别克人有很大

① Материалы Всероссийских переписей. Перепись населения в Туркестанской Республике. Ташкент, 1924. С. 43.

② Материалы Всероссийских переписей. Перепись населения в Туркестанской Республике. Ташкент, 1924. С. 51.

③ Материалы Всероссийских переписей. Перепись населения в Туркестанской Республике. Ташкент, 1924. С. 57.

区别，但他们的语言和生活方式几乎与乌兹别克人相同。至于卡拉卡尔帕克人，马吉多维奇认为，经常与乌兹别克人或吉尔吉斯人混合。对于费尔干纳和撒马尔罕的卡拉卡尔帕克人而言确实是这样，他们融入了乌兹别克人群体中。但他们当中的某些人将自己与乌兹别克人区分开来，继续称自己为卡拉卡尔帕克人（指的是阿姆河卡拉卡尔帕克人）。[①] 在非常小的族群中（在“其他”之列中），马吉多维奇提到了茨冈人和卡尔梅克人。

И. И. 扎鲁宾在《突厥斯坦边区民族名录》（1925 年）一书中，提出了自己关于费尔干纳民族成分和人口数据的观点（见上表 4-4 扎鲁宾一栏）。

扎鲁宾起初从语言学的角度将所有居民分为伊朗和土耳其两个族群。关于塔吉克人他写道：从文化的角度看，塔吉克人与突厥斯坦边区那部分失去了氏族痕迹、在文献中被称为萨尔特人、目前成为乌兹别克部族基本核心的土耳其定居居民没有什么区别。作者特别指出，虽然也有讲突厥语的居民被称为塔吉克人的例外情况，但塔吉克这个术语通常主要强调主体的语言属性。[②] 在伊朗族群中，扎鲁宾还区分出：1）帕米尔高原附近地区的伊朗人；2）山地塔吉克人（达尔瓦扎山区、卡拉特金山区和泽拉夫尚山区的居民）；3）平原塔吉克人或塔吉克人；4）“依兰人”（什叶派，所讲的语言与塔吉克语有一些不同，但生活方式相同）和波斯人（什叶派，生活方式与塔吉克人的完全不同）；5）茨冈人（讲塔吉克语，但保持着流浪式的生活方式，居无定所）。[③] 这里产生了一个非常复杂的问题，即如何区分前三个族群。扎鲁宾认为，山地塔吉克人是帕米尔附近地区伊朗人和平原塔吉克人的中间过渡环节，因为与前者的语言和宗教信仰不同，但日常生活方式相同，与后者的语言和宗教信仰相同，但生活方式不同，平原

① Материалы Всероссийских переписей. Перепись населения в Туркестанской Республике. Ташкент, 1924. С. 55.

② Зарубин И. И. Список народностей Туркестанского края. Л. , 1925. С. 5-7.

③ Зарубин И. И. Список народностей Туркестанского края. Л. , 1925. С. 9.

塔吉克人的生活方式与突厥语萨尔特人没有任何区别。①

扎鲁宾将哈萨克人和吉尔吉斯人分成两个不同的族群。他认为，七河地区的这两个族群之间存在着“某种对别”，每个族群都有“民族统一的意识”，而且吉尔吉斯人的“民族自我意识非常牢固”。② 关于库拉马人，他指出，库拉马人是部分哈萨克人和乌兹别克人氏族在血统和社会关系上混合的产物，这是一个特殊的模糊的族群，从民族学的角度看，是哈萨克人和许多其他定居突厥居民之间的过渡型族群。他们似乎还没有民族意识。

扎鲁宾将卡拉卡尔帕克人、吉普恰克人和突厥人与乌兹别克人区分开来。他认为，卡拉卡尔帕克人是一个与乌兹别克人不同的部族，有很强的民族自我意识，但他们在费尔干纳很难说在多大程度上是独立的部族。吉普恰克人在浩罕汗国的历史上曾发挥过很大的作用，他们能够在费尔干纳省成为一个特殊的族群就能说明这一点（作者确实也在附注中指出，关于将吉普恰克人从乌兹别克人中分离出来的问题还需进一步解释）。关于突厥人，扎鲁宾指出，他们是前乌兹别克突厥部落的后裔。③

扎鲁宾专门论述了喀什噶尔人和塔兰奇人，指出喀什噶尔人是突厥化的伊朗人，其语言和生活方式与定居居民相同，但没有统一的民族名称，与乌兹别克—萨尔特人只存在着方言特点的不同。塔兰奇人保持着独立性，称自己为萨尔特人，目前与喀什噶尔人一起统称为维吾尔人。④

扎鲁宾还提到了阿拉伯人，认为他们的语言与周围居住的部族相似，但还保持着民族自我意识。扎鲁宾还单独列出了萨尔特—卡尔梅克人和东干人：他们既不属于伊朗人，也不是突厥人。⑤

关于乌兹别克人，扎鲁宾指出，这个族群是在长时间的历史中形成

① Зарубин И. И. Список народностей Туркестанского края. Л. , 1925. С. 6.
② Зарубин И. И. Список народностей Туркестанского края. Л. , 1925. С. 10.
③ Зарубин И. И. Список народностей Туркестанского края. Л. , 1925. С. 17，24.
④ Зарубин И. И. Список народностей Туркестанского края. Л. , 1925. С. 75.
⑤ Зарубин И. И. Список народностей Туркестанского края. Л. , 1925. С. 18-20.

的。他同意马吉多维奇“将乌兹别克人和萨尔特人合为一个民族”的观点，但没有将许多小的族群，如突厥人和喀什噶尔人列入乌兹别克人族群，并指出可以将这些小的族群划入一个单独的民族——维吾尔族群。扎鲁宾对苦盏人和尤兹人只字未提，将这两个族群自动列入乌兹别克族群。

应该指出，扎鲁宾与马吉多维奇之间不但民族分类不同，而且人口数量也有差异。扎鲁宾在某些情况下不正确地引用了《全俄人口普查资料》中的数据：没有奥什县塔吉克人口数量，他列出的奥什县人口数量为125 689人是错误的，正确的数量应该为126 689 人，纳曼干县的人口数量为11 475 的人口数量也是错误的，正确数量应为11 415 人。① 扎鲁宾的数据似乎来自《全俄人口普查资料》，但与《全俄人口普查资料》有差别(见上表4-4)。

在马吉多维奇引用《全俄人口普查资料》中统计结果的同一个时期，扎鲁宾在自己的著作中直接公布了在突厥斯坦旅行时获得的1917 年农业人口普查各乡综合报告的统计结果（见上表4-4“扎鲁宾 2”一栏)。扎鲁宾并没有说明从何处得到各乡综合报告，以及如何对这些资料进行统计计算。虽然二者均以“全俄农业人口普查资料”为基础，对比这两栏数据，可以发现扎鲁宾的数据和费尔干纳《全俄人口普查资料》数据之间存在着一定差异。这意味着《全俄人口普查资料》在数据处理阶段进行了修正，而不仅仅是1917 年的人口普查按不同方法进行统计。这里令人费解的是，为什么马吉多维奇的奥什县乌兹别克—萨尔特人数量为71 465 人，而扎鲁宾的乌兹别克—萨尔特人数量为70 953 人，这可能是1909 年的数据统计方法不同导致的结果。扎鲁宾继马吉多维奇之后可能由于某种原因，再次忽视了1909 年名录中关于奥什县喀什噶尔人和突厥人的数据。②

扎鲁宾关于突厥斯坦居民成分的观点之所以具有重要的意义，是因为

① С. Н. Абашин Население Ферганской долины. //С. Н. Абашин, В. И. Бушков Ферганская долина: этничность, этнические процессы, этнические конфликты. М. , 2004. С. 77.

② С. Н. Абашин Население Ферганской долины. //С. Н. Абашин, В. И. Бушков Ферганская долина: этничность, этнические процессы, этнические конфликты. М. , 2004. С. 78.

“俄罗斯和相邻各国部族居民成分的研究委员会”的成员也对这个题目进行了阐述。该委员会于 1917 年在圣彼得堡成立，并在科学院的领导下工作至 19 世纪 20 年代初。这个委员会实际上是 1926 年人口普查前编制民族名录的主要机构之一，并第一次尝试建立一个统一和集中的民族名录，以避免在这个问题上出现分歧和混乱。

第七节　1926 年人口普查中费尔干纳盆地的民族成分

19 世纪 20 年代，苏维埃政权试图建立新的“苏维埃”中亚部族（或民族）分类方法，这反映了当时的民族学“观点”本身存在着与沙皇俄国时期同样的矛盾。在这个方面，苏维埃政权口头上否认以往的“遗产”，实际上是前政权“合法”的继承人，并充分利用前政权的所有研究机构及研究成果。与此同时，前后两个政权之间的民族分类又不完全相同。20 世纪 20 年代的改革使民族分类从抽象性的结构变成了新建立国家的一个主要管理工具。

沙皇俄国的民族描述模式带有殖民性质，所以这种模式随着俄国人向中亚的推进和对中亚开发的进程变化而发生变化。对殖民性质的描述模式而言，重要的是找出能代表某一个类别人的类型，确切地说应该是类型特征。而每一个具体的人属于哪个类别的问题则是非本质的次要问题。19 世纪 20 年代布尔什维克革命之后，逐渐形成了一种新的模式——“政权和认识模式”，即国家组成模式（各民族均为国家的组成部分），这个模式将科学范畴变成了社会行政范畴。这时的主要问题是将每一个独立的人归入某个类别。与此同时，民族分类名单也发生了很大变化，最后将各民族分为基本类别和附加类别，并逐步形成了比较明确的统计标准，某些类别消失了，另一些类别又重新出现了。就连民族名录形成机制也发生了变化。如果说以往模式的特点是多中心（制定中心、地方统计机构、独立学者）制定民族分类名单，而现在这个程序变得越来越集中。并且“制定中心”

不单是拥有比较高的权威，而且拥有毋庸置疑的最终决定权。

20世纪20年代的人口普查和民族名录反映了从沙皇俄国的“殖民”民族分类模式向苏维埃的国家组成民族分类模式转变的过渡状态。人口普查本身在这个模式形成过程中几乎起到了关键性作用。人口普查从形成对居民民族成分识别的机制变成了在居民生活空间内进行政治建设的机制。人口普查本身就是一种统计方法，即说明一个人与某个民族类别的关系，但人口普查与其他制度一道完成了一项重要的职能：将经过核准的民族分类告知每一个独立的社会成员，即将抽象的结构变成人们实际的自我意识。

1926年进行了全苏人口普查。这次人口普查是在中亚民族国家划界之后不久进行的，在某种程度上反映了划界的原则和结果。人口普查时向费尔干纳居民提出的问题除了以往的“所讲的母语”外，还增加了一个新的问题：“所属的民族”。准确地说，就是对所属“民族”进行询问，因为当时的人们认为，可以把“民族”这个术语理解为说明所属的民族共和国和州。这次人口普查以个人调查表的形式进行调查，调查表包含“所属的民族（第4行）和所讲的母语”两个问题。当儿童的民族属性出现争议时，按母亲的“族别”进行登记。关于“民族”问题的人口普查资料，依据苏联科学院居民民族成分研究委员会制定的“民族名录”进行统计处理。

1926年人口普查的初步结果很快于1927年公布了。这是由于除了个人调查表外，统计人员还填写了一些辅助表格，包括按村编制的农村户主名录。在这个名录中注明了户主的民族属性（而不是所有家庭成员的民族属性），可以比较快地得出居民民族成分的大概结果。1927年公布的正是这种居民居住地名录形式的资料。①

“乌兹别克斯坦初步结果说明”由乌兹别克斯坦苏维埃社会主义共和

① 参见 Материалы Всесоюзной переписи населения 1926 года в Узбекской ССР. Самарканд, 1927. Вып. 1. Поселенные итоги.

国中央统计局人口处处长 Б. Ф. 莫罗佐夫（Б. Ф. Морозов）撰写。关于乌兹别克斯坦人口最多的民族乌兹别克人，莫罗佐夫写道，乌兹别克人公元 16 世纪就生活在中亚的土地上，曾经是从事畜牧业的游牧部落。在中亚北部的草原和沙漠上放牧，目前已经完全定居，主要从事农业生产。莫罗佐夫对萨尔特人只字未提，但提到了塔吉克人：自古以来塔吉克人就在中亚定居，曾经是中亚的主要定居农业居民，后来被来自草原的游牧部落排挤到山区。莫罗佐夫将哈萨克人、吉尔吉斯人、库拉马人、阿拉伯人（阿拉伯占领者的后裔，目前这些阿拉伯人已经被乌兹别克人和塔吉克人同化，许多人完全失去自己的母语，称自己为“阿拉伯出身”的乌兹别克人或塔吉克人）等列为“主要的当地部族”。在这个名单之外，莫罗佐夫还列举了吉普恰克人、卡拉卡尔帕克人、土库曼人和依兰人。他把维吾尔人列为从喀什噶尔迁来的外来人。①

1926 年人口普查的最终结果于 1928 年公布。但这次人口普查资料是按新成立的共和国进行编辑的，这一状况造成了一些不便。费尔干纳在民族国家划界过程中被分为三部分，分别隶属于乌兹别克斯坦、塔吉克斯坦和吉尔吉斯斯坦。过去的费尔干纳省几乎百分之百地与下列行政区域相对应：乌兹别克苏维埃社会主义共和国的安集延区和费尔干纳区；塔吉克苏维埃社会主义自治共和国（当时为乌兹别克共和国的一部分）的伊斯法拉市和卡尼巴达姆市，苦盏区的阿什特、伊斯法拉和卡尼巴达姆地区；吉尔吉斯苏维埃社会主义自治共和国（当时为俄罗斯联邦的一部分）的贾拉拉巴德区和奥什区。

1926 年人口普查中针对费尔干纳地区的普查是历次人口普查中最为详尽的一次（见表 4-5）②。

---

① 参见 Морозов Б. Ф. Население Узбекистана (без Таджикистана) по материалам Всесоюзной переписи 1926 года // Материалы Всесоюзной переписи населения 1926 года в Узбекской ССР. С. XX, XXI, XXIII, XXIV. .

② С. Н. Абашин Население Ферганской долины. //С. Н. Абашин, В. И. Бушков Ферганская долина: этничность, этнические процессы, этнические конфликты. М. , 2004. С. 96.

表 4-5 费尔干纳省 1926 年居民民族成分

乌兹别克人	1 265 395	塔兰奇人	1
突厥人	23 808	维吾尔人	31 198
吉尔吉斯人	396 459	萨尔特—卡尔梅克人	233
吉普恰克人	32 974	波斯人	652
卡拉卡尔帕克人	18 520	伊朗人	43
喀什噶尔人	7919	土库曼人	199
东干人	166	奥斯曼突厥人	128
塔吉克人	161 267	哈萨克人	639
阿拉伯人	2130	阿富汗人	10
卡尔梅克人	3	印度人	2
库拉马人	2640		
费尔干纳和撒马尔罕突厥人	533		

这次人口普查共登记了 22 个民族，其中包括“原居民”和“穆斯林居民”。但这次普查也反映了当时出现的一些自相矛盾的趋势。一方面，某些在以往普查中登记的民族消失了。这些消失的民族中，萨尔特人完全与乌兹别克人合为一体，茨冈人、尤兹人和苦盏人似乎也并入乌兹别克人当中。卡拉吉尔吉斯人也不存在了，只剩下了吉尔吉斯人，因为原来的吉尔吉斯人（也称作吉尔吉斯—哈萨克人）变成了哈萨克人。另一方面，出现了一些新的族群，其中包括来自“其他”共和国的族群：哈萨克人和土库曼人。这两个族群以往也生活在费尔干纳地区，只不过被列入其他族群，没有成为一个独立的族群。这些族群获得正式地位之后，便不可能进行自然融合了。“突厥—奥斯曼”人大概也是以这种方式变成了一个独立的族群，他们以往也被列入某“原居民”族群。

由突厥人和喀什噶尔人衍生出整整 5 个族群。突厥人形成了一个不大的独立族群——“费尔干纳—撒马尔罕突厥人”。彼此之间有何区别，“费尔干纳—撒马尔罕突厥人”这个名称包含着什么鲜为人知的意义，以及其中的逻辑关系等均令人费解。

更令人费解的是，与喀什噶尔人族群同时出现的另外 2 个族群：维吾尔人和塔兰奇人。塔兰奇人即是喀什噶尔人，就是中国的新疆人，于十八世纪迁居到伊犁地区，之后在十九世纪末迁移到俄罗斯的七河地区（目前隶属于哈萨克斯坦和吉尔吉斯斯坦），登记为塔兰奇人。1921 年在塔什干召开的各民族代表大会决定将来自中国新疆的移民称为“维吾尔人”。参加这次大会不仅有讲突厥语的移民，即喀什噶尔人和塔兰奇人，还有讲汉语方言的东干人。

从卡尔梅克人中分离出了一个萨尔特—卡尔梅克人族群。准确地说，与吉尔吉斯人和乌兹别克人联合之后剩下的大部分卡尔梅克人被划入了“萨尔特—卡尔梅克”族群。

如前所述，所有这些民族名称上的变化是在刚刚完成中亚民族国家划界（1924 年）的背景下出现的。当时的“突厥人问题”成为吉尔吉斯斯坦和乌兹别克斯坦之间激烈摩擦的起因。①吉尔吉斯方面认为，生活方式与吉尔吉斯人相同的突厥人村庄与乌兹别克人没有任何关系，所以应该划入吉尔吉斯斯坦。②官员们还指出，突厥人和吉尔吉斯人一样，都是游牧民族，与吉尔吉斯人共用夏季牧场和冬季宿营地。吉尔吉斯斯坦方面同样认为，卡尔梅克人也是吉尔吉斯人的同种民族。③吉尔吉斯斯坦方面还千方百计维护塔吉克人和喀什噶尔人（维吾尔人）的利益，强调这两个民族与乌兹别克人的区别，以使对杂居村庄进行统计时有利于吉尔吉斯斯坦。

综上所述，区分出新的族群及对民族进行进一步细分与其说是反映了实际文化的多样性，不如说是反映了不同的民族名称命名体系和分类之间以往存在和新出现的混乱局面，以及政治利益和民族自尊心的碰撞。

总而言之，现代中亚民族是历史形成的，但人为因素起了很大作用，是学者、统计人员、官员和政治家共同努力的结果，中亚民族形成过程目前还远未结束，也不可能在可以预见到的未来完成。在各种力量的争论

---

① Койчиев А. Национально-территориальное размежевание в Ферганской долине（1924-1927 гг.）. Бишкек，2001. С. 49.

② Койчиев А. Национально-территориальное размежевание в Ферганской долине（1924-1927 гг.）. Бишкек，2001. С. 50.

③ Койчиев А. Национально-территориальное размежевание в Ферганской долине（1924-1927 гг.）. Бишкек，2001. С. 56.

中，特别是二十世纪 20 年代中期的民族国家划界过程中人们可以做出各种完全不同的决定，乌兹别克民族（与其他中亚民族一样）形态在另外一个国家政治结构框架内也可能是另外一种样式。[①] 但人们付出的努力没有白费：科学的结构变成了政治工具和制度，而这些政治工具和制度反过来又被植入人们的经济、社会和文化生活当中，成为人们古老的与生俱来的意识。由此可以得出，现代费尔干纳居民大部分人在大多数情况下似乎都认为，确实存在着不同的民族。

① 参见 Ильхамов А. Археология узбекской идентичности//Этнический атлас Узбекистана. Ташкент，2002. С. 289.

第五章 “萨尔特人”问题

“萨尔特人”一词在100多年前用于称呼中亚地区相当大一部分居民，就连被称为“萨尔特人”的居民本身也承认，这是他们的自我称谓，然而，这个术语并没有出现在中亚民族名录中。在中亚成为俄国殖民地后的近60年间，“萨尔特人”一词在当地居民和行政当局中间颇为流行，在苏维埃政权早期的1917年至1926年间，这个词却从政治家、学者和普通百姓的词典中消失了。[①]

十月革命前中亚民族名录中的其他大多数民族名称均克服了各种政治风云和社会剧变，得以保留下来，造成了这些名称在中亚历史上自然存在、根深蒂固的某种错觉。而“萨尔特人”这个术语则被从民族分类中摒弃，成了一个由沙皇俄国人为创造并强加于当地居民的名称。

因此，“萨尔特人”问题比其他任何问题都更能反映出沙皇俄国与其中亚边疆地区之间的关系，俄国对殖民地的认识如何形成，俄国官吏在殖民地治理过程中如何运用这些认识，以及这些认识在沙俄帝国灭亡之后发生哪些根本变化。

关于“萨尔特人”这个术语含义的激烈争论持续了数十年，对这个术语做出的解释可谓众说纷纭，所持的立场也各不相同。通过对这些不同的观点进行分析，可以多角度地审视19世纪和20世纪初俄国社会认识方面的观念探索、进步及停滞等情况。

“萨尔特人”问题不仅具有抽象的理论意义，而且具有较大的现实意义，在当今的中亚，围绕这个问题仍然进行着相当激烈的争论。人们在中

---

① 现在一些民族学家将此术语运用到中亚的日常生活当中，表示某一阶层的人和用于自称，但总体用得很少。

亚过去的历史，文化符号，以往几代学者、作家及政治活动家留下的遗产等问题上激烈交锋。这种争论经常在试图为了本民族利益而改写历史的各个民族的精英们之间，在后苏联时代形成的“独立和帝国怀旧”意识形态之间，在试图获取中亚历史解释权的地缘政治方案之间展开。

“萨尔特人”问题与其他问题一样，近年来成了各种学术和政治利益关注的焦点。与19世纪中期及19世纪末20世纪初的情况相同，学术界又重新开始了关于“萨尔特人”定义的讨论。可以说“萨尔人”问题连接着中亚的过去和现实。

第一节 “萨尔特人”问题的实质

在俄罗斯的历史文献中，并没有一个统一的关于“萨尔特人”的概念。人们对“萨尔特人”的理解大致可分下面四种：一、是一个独立的民族；二、不是一个独立存在的民族；三、将“萨尔特人”称为伊朗部落；四、将“萨尔特人”称为突厥部落。①

这种相互矛盾的情况是由作为科学研究对象的这部分居民本身自我意识和自我称谓的不确定性，以及19世纪俄罗斯民族学采用的方法和标准的不明确性造成的，尔后的一个因素，即民族学方法和标准的不明确性，对“萨尔特人”问题争论的历史具有特别重要的意义。由于学术界用于鉴定“民族”的主要标准不同，因而导致萨尔特人时而成为伊朗人、突厥人，时而成为一个独立的民族，时而又完全从中亚民族版图上消失。而作为确定标准的民族特征数量及其比较合理的先后顺序，在科学本身尚处于建立

① 参见 Абашин С. Н. Национализмы в Средней Азии. В поисках идентичности. СПб.: Алетейя, 2007. С. 104.

特殊的学术方法的起步阶段，也是研究者争论的对象。[1]

为了理解“萨尔特人”问题产生的实质，有必要回顾一下19世纪划分民族类别的三个主要特征：语言、外貌特征（人类学外貌）、生活方式（包括风俗习惯、宗教信仰、心理特点）。人们曾经认为这三个特征之间有某种稳定的相互联系，能综合地确定一个人属于这个或另一个民族。

俄罗斯研究者与中亚居民交往的早期经验也证明这个分类方法似乎正确。19世纪上半叶外交使团在布哈拉和希瓦两地的旅行见闻，以及对布哈拉和希瓦商人的详细询问均证实，乌兹别克人和塔吉克人是中亚的两个最大民族。[2] 乌兹别克人讲突厥语，拥有蒙古人种的外表，过着游牧生活（或者至少在不久前过着游牧生活）。塔吉克人讲伊朗语，外貌像欧洲人，自古以来从事农业和手工业。所有这些情况在当时关于中东历史、古波斯国历史及民族迁居和蒙古占领的文献中均有准确的描述。

但应该指出的是，对乌兹别克人和塔吉克人进行分类的学者们，将相互矛盾的现实情况套入现成的模式中，毫无疑问，这本身就是对客观现实的严重简化。[3] 在这个分类理论中二元对立逻辑是显而易见的：将各种过渡的混合的特征划分为相互区别的两个民族。已获得的和重新收集的现实情况只能适应这个模式，著名东方学家的权威使得任何人都不会怀疑这个理论的正确性。

19世纪下半叶，中亚地区形势发生了根本性的变化。1853年俄国军队占领了浩罕汗国的前沿阵地阿克梅切季（现在为克孜勒奥尔达），1865年攻占了塔什干，成立了突厥斯坦省，隶属于奥伦堡总督省。1866年俄国人

---

① 参见 Слезкин Ю. Естествоиспытатели и нации: русские ученые XVIII века и проблема этнического многообразия. //Российская империя в зарубежной историографии. М., 2005; Куприянов П. С. Представления о народах у росийских путешественников начала XIX в. // Этнографическое обозрение. 2004, №2.

② Ханыков Н. В. Описание Бухарсного ханства. СПб., 1843; Мейендорф Е. К. Путешествие из Оренбурга в Бухару. М., 1975. 参见 Абашин С. Н. Национализмы в Средней Азии. В поисках идентичности. СПб.: Алетейя, 2007. С. 106.

③ 参见 Абашин С. Н. Национализмы в Средней Азии. В поисках идентичности. СПб.: Алетейя, 2007. С. 104.

进入苦盏，1867 年突厥斯坦省变成突厥斯坦边区。1868 年俄国军队占领了撒马尔罕，1870 年击溃了布哈拉军队，1873 年打败了希瓦汗国军队，1875 年占领了费尔干纳盆地。如果说俄国人从前是以旅行者和外交官的眼光从远处审视这个地区，那么现在俄国人已经进入了中亚，看到了从旁观者角度上讲是非本质和难以察觉的东西。

俄国人很快就发现，“乌兹别克人”和“塔吉克人”之间的对别原则在布哈拉以外的地区不起作用，甚至这些术语本身也并不受欢迎，并且还有了不同的解释。俄国人还发现，在“乌兹别克人/塔吉克人”模式中彼此对应的民族特征在现实中存在着各种不同的组合。相当大一部分生活在塔什干周边地区和费尔干纳盆地的居民，主要讲突厥语，但没有明显的蒙古人种外表，过着定居生活。他们最常用的共同名称是“萨尔特人”。

这些新的资料迫使研究者重新审视以往的观点，思考上述特征中哪个特征是一个民族形成的主要特征。如果从生活方式、风俗习惯、心理特点和外貌特征上判断，那么萨尔特人应该属于“伊朗”部族。而如果从语言上判断，萨尔特人则属于“突厥”部落。如果所有特征作用相同，那么可以将萨尔特人视为一个独立的民族，其族源是混合的，并具有自己独特的文化。这样就从 19 世纪中期开始出现了“萨尔特人”问题。

第二节　19 世纪中叶关于“萨尔特人”的各种观点

从 19 世纪中叶起，关于“萨尔特人”的学术争论持续了数十年。围绕“萨尔特人到底是什么人？”存在各种不同的观点，不同学者之间曾经进行了多次争论。下面对主要观点和争论进行简要归纳。

一、“萨尔特人即是塔吉克人”

1867年在圣彼得堡召开的第三届东方学家国际大会上，其中的一个议题是“借助历史遗迹可以对‘萨尔特人和塔吉克人’这两个民族名称进行哪些研究”，“从历史遗迹的记载中可以得出哪些关于这两个名称原有意义和逻辑意义的结论”。东方学家们提出的问题表明，学术界最初就试图解决“萨尔特人”问题。19世纪中期，大多数中亚问题专家有一个共同看法：萨尔特人就是塔吉克人，或者至少是塔吉克人的同种部族，因为二者外表难以区分，生活方式相同。比如，在1879年莫斯科举办的人类学展览会上，“萨尔特人”没有被作为一个独立的民族展出。在撒马尔罕的研究者和突厥斯坦总督考夫曼展出的摄影作品中，主要的部族是“塔吉克人”和“乌兹别克人”。中世纪文字资料也称伊朗语居民为萨尔特人。这个观点在当时因大多数现代萨尔特人讲突厥语而存在争议，因而不得不讨论使萨尔特人和塔吉克人彼此相似的特征。

一些欧洲有影响力的研究者赞同这个观点，他们的一些文章被译成俄语。1830年到过中亚的英国旅行家A·伯恩斯（А. Борнс）写道，萨尔特人和塔吉克人就是同一人种。① 奥匈帝国著名学者A·万别里（А. Вамбери）穿着穆斯林服装访问布哈拉，也在自己的书中写道：“……可以有充分的理由认定‘萨尔特’一词就是塔吉克人的突厥名称。的确，乌兹别克人有时认为萨尔特人和塔吉克人之间是有区别的，塔吉克人是指不久前定居在乌兹别克人中间并完全保留自己伊朗方言的人们，主要是布哈拉人，而萨尔特人指的是很久以来就定居的居民，他们当中的大部分将自己的本族语改变为突厥

① Борнс А. Путешествие в Бухару：рассказ о плавании по Инду от моря до Лагора с подарками великобританского короля и отчет о путешествии из Индии в Кабул，Татарию и Персию，предпринятом по предписанию высшего правительства Индии в 1831，1832 и 1833 годах лейтенантом Ост－Индской компанейской службы Александром Борнсом，членом Королевского общества. Л.：1849. Часть 3 С. 370. 参见 Абашин С. Н. Национализмы в Средней Азии. С. 111.

语，如我们在整个希瓦和浩罕北部地区所见到的……”①

万别里发现的问题俄罗斯学者也清楚地意识到了。突厥斯坦军事官员Ю.Д. 尤扎科夫（Ю.Д. Южаков）在1867年发表的一篇题为“萨尔特人，或塔吉克人——突厥斯坦省的主要定居居民”的文章中写道，在塔什干、布哈拉、撒马尔罕和费尔干纳的各城市居住着萨尔特人或塔吉克人。他解释了“萨尔特人”概念上的差别，确定了萨尔特人部族属性。他认为，萨尔特人和塔吉克人并不是同一个部族，而是两个独立的部族：说波斯语的是塔吉克人，说突厥波斯混合语的是萨尔特人。他还总结说：“所有这些说法是非常正确的，但我们认为，这还不能成为萨尔特人和塔吉克人不是同一个部族的理由。”② 他把这两个部族列为同一个部族的理由是，萨尔特人过去也讲波斯语，此外，这两个部族无论是脸型，还是性格和生活方式均彼此相像。

俄国研究者比起语言更关心萨尔特人具有什么样的心理特点，以及这些心理特点是如何产生的。尤扎科夫在其文章“祖国日记”中写道：“……根据民间传说，萨尔特人出身于犹太人、波斯人及某个完全消亡的‘莫格民族’③。不管谁，只要对萨尔特人稍有了解，他就会相信萨尔特人确实出身于犹太人。他们的贪财、吝啬甚至超过了犹太人。从他们的行为举止、说话腔调、性格怯懦、兴趣范围小、完全没有政治上的分寸感等方面判断，萨尔特人则完全是犹太人……”④ 对萨尔特人这种负面的随意的描述经常出现在俄罗斯文学作品中，把被征服的居民塑造成一个不受欢迎的形象，以此将萨尔特人置于逆来顺受、受到监管的地位。

---

① Вамбери А. Очерки Средней Азии. М., 1868. С 322. 转引自 Абашин С. Н. Национализмы в Средней Азии. В поисках идентичности. СПб.: Алетейя, 2007. С. 111.

② Южаков Ю. Д. Сарты или таджики, главное население Туркестанской области. // Отечественные записки. Книжка Вторая, №13 (июль). СПб., 1867. С 399. 转引自 Абашин С. Н. Национализмы в Средней Азии. В поисках идентичности. СПб.: Алетейя, 2007. С. 111.

③ 莫格或者穆格，这是一个神奇的民族，在阿拉伯人到来之前一直居住在中亚地区。

④ Южаков Ю. Д. Сарты или таджики, главное население Туркестанской области. // Отечественные записки. Книжка Вторая, №13 (июль). СПб., 1867. С 398-399. 转引自 Абашин С. Н. Национализмы в Средней Азии. В поисках идентичности. СПб.: Алетейя, 2007. С. 111.

19世纪中期，另一位学者 А. П. 霍罗什欣也认为萨尔特人即是塔吉克人。他指出，塔什干居民大多数是萨尔特人，但他们丧失了本族语言。与尤扎科夫一样，霍罗什欣没有把语言视为部族的主要特征，而是把生活方式（定居）和心理特点作为主要特征。他在专业论文“中亚民族”（1874年）中写道，突厥斯坦边区居民可以分为两个部族，我们在撒马尔罕及其周边地区可以找到这两个部族：1）定居塔吉克部族；2）完全独立的半游牧乌兹别克部族。乌兹别克部族对塔吉克部族的影响非常大，将一部分塔吉克人变成了萨尔特人，这是一个出身塔吉克人的部族，但讲乌兹别克语。作者试图在论文中将乌兹别克人与塔吉克人区分开来，但同时指出，在现实中这种区别是相对的，很难区分，“……为了准确地对当地部族进行分类，需要拥有富有经验的慧眼，此外，语言学家还要拥有灵敏的耳朵，因为乌兹别克人能很好地讲塔吉克语，而塔吉克人城市或附近山地居民大多数都精通乌兹别克语……”①

另一位作者 А. Д. 格列别金（А. Д. Гребенкин）也持上述观点。他利用撒马尔罕、泽拉夫尚的资料，借助当时非常具有代表性的“塔吉克人”和“乌兹别克人”对别的模式，撰写了两个概述：《塔吉克人》和《乌兹别克人》。格列别金简单地将萨尔特人列为塔吉克人：“……塔吉克人在泽拉夫尚州有三个名称：通用名称——塔吉克人；从梅尔夫迁来的人特有的名称——塔特人；侮辱人的名称——萨尔特人……”②

将萨尔特人与塔吉克人联系起来的还有军事官员 Л. Н. 索博列夫（Л. Н. Соболев）。他在1874年出版的《泽拉夫尚州地理和统计资料》（圣彼得堡，1874年）一书中写道，乌兹别克人永远都是乌兹别克人，只是某些城市拥有了塔吉克居民，塔吉克人发生了某些变化，变成了萨尔特人。

---

① Хорошхин А. П. Народы Средней АзииМатериалы для статистики Туркестанского края. Вып. 3. СПб, 1874. С. 320. 转引自 Абашин С. Н. Национализмы в Средней Азии. В поисках идентичности. СПб.: Алетейя, 2007. С. 112.

② Гребенкин А. Д. Узбеки. Таджики// Русский Туркестан. Сборник, изданный по поводу политехнической выставки. Вып. 2. М., 1872. С. 1. 转引自 Абашин С. Н. Национализмы в Средней Азии. В поисках идентичности. СПб.: Алетейя, 2007. С. 112.

这一段话可以这样理解，与其说索博列夫承认萨尔特人是乌兹别克人，还不如说他承认萨尔特人是塔吉克人。不过，索博列夫在附注中补充道：萨尔特人并不是许多学者试图证实的那个特殊的部族。居住在城市里、经商的乌兹别克人、塔吉克人都被称为萨尔特人。这里指的是一个小市民阶层，而不是部族。

二、“萨尔特人就是定居居民”

俄罗斯科学界的许多学者认为，“萨尔特人”含义的模糊不清打乱了研究者的思路，这个术语更常用于描述定居居民共同的生活方式特点，而不是说明某个部族的特点。

学者兼自然科学家的 А. П. 费琴科 1869 年在自己的《泽拉夫尚盆地工作报告》中写道，该地区居民主要是定居居民，由两部分组成：突厥人种部落和伊朗人种部落。属于伊朗人种的塔吉克人组成地区的原始居民，至今还很好地保留了自己的外貌特征。伊朗人种部落应该特指山区盆地的居民，即所谓的山地塔吉克人。盆地居民与此相反，与外表和塔吉克人有明显区别的较晚来到此地的乌兹别克人、突厥部落民族混居在一起。乌兹别克人征服了塔吉克人，成为起统治作用的居民，但接受了塔吉克人的宗教信仰和生活方式，并将自己的包含许多伊朗语成分的语言传授给塔吉克人。在伊朗和突厥人之间还存在着各种混血人种。费琴科认为：“‘萨尔特人’一词是俄罗斯人用来称呼全体当地人的，没有任何政治、民族或人类学意义，只是用来表示整个城市定居居民。”①

持相似观点的有在中亚服役的军事鉴定专家 Л. Ф. 科斯坚科。他在 1871 年出版的《中亚及在中亚定居的俄罗斯公民》一书中，将“图兰最主要的民族居民后裔”分为两个族群：伊朗部族和突厥部族。塔吉克人

---

① Федченко А. П. Первый отчет туркестанской ученой экспедиции. //Федченко А. П. Путешествие в Туркесиан. М. , 1950. С. 65-66.

(地区的土著居民)属于伊朗部族，其波斯出身的特征明显，一是脸型，二是语言。乌兹别克人属于突厥部族。科斯坚科在该书的“定居中亚的各民族概述”一章中专门分析了乌兹别克人、塔吉克人和萨尔特人之间的区别。他指出，尽管定居中亚的部族很多，但部族之间的区别首先取决于生活方式，从这个意义上讲，将当地居民分为定居和游牧两类，比划分成部落更为重要。科斯坚科论述了突厥人和伊朗人的融合。他指出，二者在融合过程中，外貌和语言是保留下来的最明显的特征，可以作为部族识别时的标志性线索。而中亚所有定居居民的生活方式和性格方面的情况则是非常相似的，无论过去，还是现在都使研究突厥斯坦部族的学者如坠迷雾。这一情况使某些俄罗斯学者对塔什干和锡尔河右岸的居民进行了错误的描述，称他们为来自伊朗的萨尔特人，这里指的正是这些地区居民的生活方式与撒马尔罕和布哈拉的塔吉克人相同。科斯坚科得出了萨尔特人并不是塔吉克人的当地名称的结论。

科斯坚科认为，萨尔特人是城市居民和商人的称呼，以区别于游牧部落和农民。科斯坚科还引用了当地居民的自我称谓：“如果你在苦盏问一位当地居民，你是什么民族的人？萨尔特人或塔吉克人？他会回答：他既是萨尔特人（按生活方式），也是塔吉克人（按民族）。”但在锡尔河以北地区，如塔什干，当地居民否认自己是塔吉克人，甚至不总是认同“萨尔特人”这一称呼，而是直接认定自己是塔什干人。的确，在塔什干，人们懂波斯语，因为学校教波斯语，大多数乌兹别克人（一般不会是塔吉克人）学习波斯语，因而能够听懂塔吉克人的语言。作者还补充道：“中亚各个定居部族之间的区别，要小于定居部族与游牧部族之间的区别。这就是为什么城市塔吉克人和乌兹别克人之间的共同之处，要远远大于定居乌兹别克与游牧乌兹别克人之间的共同之处。”①

后来在1880年，科斯坚科试图综合人类学和语言特征对当地居民进行

---

① Костенко Л. Ф. Средняя Азия и водворение в ней русской гражданственности. СПб., 1871. С. 78. 转引自 Абашин С. Н. Национализмы в Средней Азии. В поисках идентичности. СПб.: Алетейя, 2007. С. 120.

分类。他在《突厥斯坦边区》一书中写道，中亚存在着两个人种，即“高加索（白色）人种”和“蒙古（黄色）人种”。高加索人种有两个分支：雅利安人（印度—雅利安人）分支（包括塔吉克人）和闪米特人分支。蒙古人种分为阿尔泰人（突厥—鞑靼人）分支和蒙古人分支。除了属于这两个人种的民族外，科斯坚科还列举了不同部族间的混血人种，萨尔特人就属于混血人种。关于萨尔特人，他写道：“萨尔人部族是不存在的，……被称为萨尔特人的有：1）塔吉克人；2）定居的乌兹别克人、鞑靼人、吉尔吉斯人及由各部族相互融合而成的民族；3）塔兰奇人（就是在苦盏地区定居的萨尔特人）。”①

总的来说，1870—1880年间，关于“萨尔特人问题”研究和争论的特点是，各种说法前后不一致和相互矛盾。许多作者在各种观点之间摇摆不定，不愿做出最后的评价。Э. 列克柳（Э. Реклю）在通俗系列丛书《土地与人：普通地理》（1883年）中，对中亚民族的评述特别明显地反映了这个特点。虽然这是一部编写性质的著作，但这类作品对大量读者形成关于中亚的概念产生的影响，要比只有少量专家才能接触到的独创性研究的影响大得多。②

在该书中列克柳把当地居民分为两个种族：图兰人和雅利安人。乌兹别克民族属于图兰人。他曾经认为，萨尔特人与乌兹别克人一样，是一个混血种族，萨尔特人这个名称不是用于称呼某个特定民族，而是表示职业和权利不同的一类人。但后来他的观点发生了变化，认为突厥斯坦的所有居民都可以称为萨尔特人、塔吉克人、乌兹别克人、放弃迁徙生活的吉尔吉斯人、定居的茨冈人以及库拉马人，即所有在城市郊区农村和大城市周围定居的居民和部族都被列克柳称作萨尔特人。

① Костенко Л. Ф. Туркестанский край. Опыт военно－статистического обозрения Туркестанского военного округа. Т. 1， СПб.， 1880. С. 352. 转引自 Абашин С. Н. Национализмы в Средней Азии. С. 120.

② 参见 Абашин С. Н. Национализмы в Средней Азии. В поисках идентичности. СПб.： Алетейя，2007. С. 122.

三、“萨尔特人是一个独立的民族”

萨尔特人与塔吉克人有亲缘关系的观点无法令人满意的现实，导致关于萨尔特人的讨论出现了另外一个观点，即萨尔特人是一个独立的民族。某些专家经常将萨尔人称为一个多民族融合的独立民族。

学者 П. И. 帕希诺（П. И. Пашино）受俄罗斯地理协会的委托，担负研究萨尔特人起源问题的“使命”。他在《1866 年突厥斯坦边区旅行札记》中写道：“萨尔特人的外貌特征及其性格使人们一开始认为萨尔特起源于雅利安人。当然在突厥斯坦省可遇到许多自称是萨尔特人和带有明显的蒙古人印迹的人群。但这种情况与我的关于萨尔特人的起源理由并不矛盾。”① 帕希诺解释萨尔特人具有蒙古人外貌的原因，是因为他们与鞑靼、吉尔吉斯女人通婚。作者推断，萨尔特人本身是成吉思汗时期的波斯移民后裔，“许多人相信萨尔特人来自波斯，这在某种程度上是因为许多萨尔特人懂波斯语”②。

与此同时，帕希诺不同意完全将萨尔特人与塔吉克人等同起来。他写道，“某些研究者把萨尔特人同塔吉克人混为一谈，说萨尔特人和塔吉克人是同一种族人。实际上，萨尔特人与塔吉克人确实有许多共同之处，似乎这两个民族都来自雅利安人”③，但突厥斯坦省的塔吉克人是血统纯正的波斯人，是在来自波斯的萨尔特人迁居后不久作为奴仆来到中亚的。如果把萨尔特人称为塔吉克人，前者可能会感到被侮辱，因为塔吉克人被视为

---

① Туркестанский край в 1866 году. Первые заметки Б. И. Пашино. СПб., 1868. С. 167. 转引自 Абашин С. Н. Национализмы в Средней Азии. В поисках идентичности. СПб.: Алетейя, 2007. С. 122.

② Туркестанский край в 1866 году. Первые заметки Б. И. Пашино. СПб., 1868. С. 167. 转引自 Абашин С. Н. Национализмы в Средней Азии. В поисках идентичности. СПб.: Алетейя, 2007. С. 122.

③ Туркестанский край в 1866 году. Первые заметки Б. И. Пашино. СПб., 1868. С. 168–169. 转引自 Абашин С. Н. Национализмы в Средней Азии. В поисках идентичности. СПб.: Алетейя, 2007. С. 122.

奴仆和什叶派，即内心是不忠诚的。帕希诺写道，与其把萨尔特人与塔吉克人混为一谈，还不如把萨尔特人列为来自雅利安人的特殊民族。

关于萨尔特人，A. B. 布尼亚科夫斯基（A. B. Буняковский）在 1872 年出版的《关于突厥斯坦边区的幅员和居民》一书中写道，突厥人、乌兹别克人与塔吉克人融合组成的萨尔特部族在突厥斯坦各县已经形成了独立的部族，并且在外貌和性格上与其他部族有明显的差别。与此同时，他还指出，乌兹别克人把属于塔吉克和乌兹别克人种的城市居民都称为萨尔特人。他认为，塔吉克人与乌兹别克人和其他突厥人部族正在进行融合，这个融合过程要分许多阶段完成。

在《在中亚统计概要》（圣彼得堡，1874 年）一书中，M. A. 捷连季耶夫（M. A. Терентьев）写道，由乌兹别克—吉尔吉斯和塔吉克这两个民族融合而形成了一个新的部族——萨尔特人。就萨尔特人的人口数量、发展趋势，更主要的是这个新形成种族的实力和特征而言，都不能不把萨尔特人看作一个特殊的部族。作者认为，萨尔特人血统上与塔吉克人接近，在某些地区根本就没有区别。锡尔河州的塔吉克人正在渐渐消失，而萨尔特人认为自己是与吉尔吉斯突厥人同一部族。

第三节　19 世纪末的“萨尔特人”问题

19 世纪下半叶关于萨尔特人起源的争论演变成“萨尔特人问题”。萨尔特人问题的实质可归结为在确定萨尔特人“民族”（或“部落”）属性时，应将什么特征列为主要特征。如果将生活方式、风俗习惯、外貌列为主要特征，那么应将萨尔特人视为“伊朗人”部族。如果将语言列为主要特征，则应将萨尔特人视为“突厥人”部落。如果把所有的特征都视为同等重要的特征，则可将萨尔特人称为一个独立的部落或民族，拥有独特并且在起源上是混合的文化。

一、“萨尔特人是一个特殊的民族”的观点

Н. П. 奥斯特罗乌莫夫（Н. П. Остроумов）一贯坚持“萨尔特人是一个特殊的民族”这一观点。他于 1884 年在《突厥斯坦报》上发表了以“萨尔特人一词的含义”为标题的系列文章。奥斯特罗乌莫夫在文章中首先指出了关于萨尔特人的“各种观点相互矛盾”，之后写道，实际上，这个问题非常专业和复杂，以至于需要通过民族学家、语言学家和历史学家的共同劳动，才能令人信服地解决这个问题。当时已有的各种观点都犯了一个片面性的通病，因为持这些观点的人都不是专业的民族学家。奥斯特罗乌莫夫认为下列含义是准确无误的：1）萨尔特人是一个古代名称；2）在词源学方面，这个术语是表示与游牧民族不同的整个突厥斯坦定居居民；3）在民族学方面，萨尔特人是一个混合的、但已经定型的民族类型，其特点是讲突厥语；4）不应将萨尔特人与塔吉克人（讲波斯语的本地伊朗人）混为一谈；5）作为一个混合的民族类型，萨尔特人在其性格上具有粗暴和矛盾的特点，这应该引起边区未来民族学家们的注意；6）在“萨尔特”一词中没有任何骂人的含义（虽然游牧部落使用这个词时带有轻蔑色彩）。奥斯特罗乌莫夫在结束自己的推论时指出：毫无疑问，萨尔特人与波斯人及突厥—蒙古人是有区别的。我们认为，就萨尔特人问题而言，现代中亚民族学家的任务应该是准确地确定萨尔特人的身体特征，破译其矛盾的性格特点。①

奥斯特罗乌莫夫推论中的几个论点引起了人们的注意。第一，奥斯特罗乌莫夫将“萨尔特”一词的词源与用这个名称称谓的族群本身的民族特点区别开来。他承认可以用萨尔特称呼任何定居居民，但这无法改变这样一个事实，即这些居民生活方式具有一定的特点，拥有自己的语言和心理

① 参见 Абашин С. Н. Национализмы в Средней Азии. В поисках идентичности. СПб. : Алетейя, 2007. С. 123.

特征，但这些居民只拥有一个共同的名称——萨尔特。第二，学者坚持强调这样一个说法，即萨尔特是一个混血民族，就是说既不是伊朗人，也不是突厥人。不必要就“萨尔特人是否是塔吉克人”的问题继续争论，或者将萨尔特人归入一个突厥分支。①

奥斯特罗乌莫夫于1890年出版了《萨尔特人》一书的第一版。该书发展和细化了其在1884年文章中表述的思想。该书于1896年和1908年两次再版，这说明这本书不仅引起了读者的兴趣，而且说明作者的观点在突厥斯坦产生了很大影响。

奥斯特罗乌莫夫在书中写道：“称自己为萨尔特人的主要是锡尔河省和部分费尔干纳省及阿姆河地区的当地定居居民。的确，定居的本地人常常按照居住地称呼自己……但当询问本地人，他是什么人，是吉尔吉斯人还是萨尔特人时，萨尔特人会回答，他是萨尔特人，而不是哈萨克人……锡尔河地区萨尔特人同样将自己与撒马尔罕和费尔干纳某些地区的塔吉克人、定居的本地人区别开来。”②

作者强调了这个族群的混合性，认为现在的锡尔河省和部分费尔干纳省及喀什噶尔、希瓦地区的当地城市居民是突厥—伊朗人混合类型的民族，现在讲突厥语且身材和性格与伊朗部落相像的萨尔特人也是这种类型的民族。作者坚持认为，不应将萨尔特人与作为伊朗部落代表的塔吉克人混淆起来。

奥斯特罗乌莫夫还提出了一个问题：能否将现代萨尔特人的类型视为民族学意义上的类型？如果答案是肯定的，那么关于这个名称的争论就毫无意义了。他通过对萨尔特人文化特点的详细描述回答了这个问题，试图证明萨尔特人拥有共同的身体结构、智力和性格。作者认为萨尔特人是一个独立的民族学类型，至于如何称呼这个民族，则只能用“萨尔特”这个

---

① 参见 Абашин С. Н. Национализмы в Средней Азии. В поисках идентичности. СПб.：Алетейя，2007. С. 124.

② Остроумов Н. П. Сарты：этнографические материалы. Вып. 1. Ташкент，1890. С. 1. 转引自 Абашин С. Н. Национализмы в Средней Азии. В поисках идентичности. СПб.：Алетейя，2007. С. 116.

名称称呼这个民族了。

奥斯特罗乌莫夫观点的薄弱环节是萨尔特人的语言。从 19 世纪末占据主导地位的观点认为，语言是一个民族的主要特征或者主要特征之一。不管从外貌特征和心理上找到多少成为一个部族的特点，但只要萨尔特人所讲的方言与其他乌兹别克人部族没有区别，就自然会使人产生“萨尔特人是否是一个独立民族”的疑问。奥斯特罗乌莫夫并不是一个语言学家，因而不得不寻找“独立的萨尔特语”存在的证据。他于 1907 年发表了一篇文章，其中引用英国语言学家马克·米勒（Макс Мюллер）的权威观点及其关于“雅利安人”的对比研究，以证明萨尔特语的独立性及其与其他突厥语言的区别。[①] 尽管如此，萨尔特人问题仍旧悬而未决。

二、“萨尔特人”问题——史上最著名的争论之一

“萨尔特人”问题成了当地的官员兼翻译 C. 拉宾（C. Лапин）与东方学家 B. B. 巴尔托里德（B. B. Бартольд）之间争论的焦点。这次争论具有非常特殊的重要意义。之所以意义重大是因为：第一，这是针对萨尔特人的两种观点间最著名的碰撞，虽然巴尔托里德没有非常坚定地对“萨尔特民族的独立性”进行辩护，但这次争论首次公开表述并说明了萨尔特问题的重要观点及方法上的模糊之处。第二，在关于萨尔特人的讨论中首次直接出现了当地人的“声音”。在这场争论中扮演“另一辩方”角色的俄国官员 C. 拉宾，他是哈萨克人，可以说他是代表中亚当地人说话。在此之前，在有关萨尔特的问题上从未听到过当地居民的声音，也没有人对当地居民的观点感兴趣，当地居民本身对萨尔特人问题也是漠不关心。

争论是从 C. 拉宾在《奥伦堡报》上发表的一篇“萨尔特人及其语言”的文章开始的。他写道：“既没有萨尔特民族，也不存在萨尔特语言，萨

① 参见 Абашин С. Н. Национализмы в Средней Азии. В поисках идентичности. СПб. : Алетейя, 2007. С. 126.

尔特人——这是吉尔吉斯人给塔吉克和乌兹别克人起的侮辱性绰号。”这个最新命题激怒了俄国的东方学家。

于1893—1894年间到过中亚的东方学家巴尔托里德在《边疆报》上发表了一篇“关于撒马尔罕当地方言的教学问题”（1894年）的文章。文中对C. 拉宾的说法做出了非常粗鲁的回应：“我们只能感到奇怪，C. 拉宾先生怎么能那么自以为是地谈论他毫不了解的事情。”① 巴尔托里德否定“萨尔特”一词来自哈萨克的说法，并提出了自己的观点。他指出：“不管‘萨尔特’一词来自何处，绝不能同意奥斯特罗乌莫夫的观点，将这个词从民族学词典中删除是没有任何理由的。‘немец（日耳曼人）’一词的词源每个人都知道，我们仍然把它作为一个民族学术语进行使用。与此相同，‘萨尔特’一词虽然起初并没有民族学意义，但是，现在用它来表示一个民族，无论是从外貌上还是语言上判断，都是一个特殊的民族单位。”②

最后一句话不仅是对C. 拉宾的批驳，也否定了自俄国学者格列比翁金和科斯坚科以来形成的传统观点，对术语“萨尔特人”做出了一个轻率的评价。

1894年，C. 拉宾在《突厥斯坦消息报》上发表了一篇回应文章“萨尔特一词的意义和来源（关于B. 巴尔托里德先生的文章）”③。文中对巴尔托里德的观点进行了反驳。他写道，许多人都在努力解决萨尔特人问题，但遗憾的是，时至今日这个问题仍然不能认为已经解决了。C. 拉宾承认，乌兹别克人与塔吉克人通过混合形成了独特的“乌兹别克—塔吉克混血人种”，这个混血人种除了乌兹别克本族语，没有保留任何本民族的东西。“萨尔特”一词在吉尔吉斯语和原始乌兹别克语中得到了广泛使用，这个术语的概念表示塔吉克人、定居的乌兹别克人及其他接受塔吉克文化的突

---

① Бартольд В. В. О преподавании туземных наречий в Самарканде // В. В. Бартольд. Сочинения. Т. 2. Ч. 2. Работы по отдельным проблемам истории Средней Азии. М., 1964. С. 304.

② Бартольд В. В. О преподавании туземных наречий в Самарканде. С. 305.

③ Лапин С. О значении и происхождении слова《сарт》(По поводу заметки г. В. Бартольда) // ТВ. 22 мая, 29 мая, 2 июня 1894.

厥民族（吉普恰克人、曼格特人等），即表示所有定居的居民，这个意义一直使用到今天。当地人过去、现在都没有用“萨尔特”一词称呼一个特定民族。“萨尔特”是游牧吉尔吉斯人对定居居民的称呼，它有侮辱性的含义。

C. 拉宾在文章中还写道，乌兹别克—塔吉克混血人种并没有给自己起特殊的名称，这个族群的成员在回答“你是什么民族?”问题时会陷入尴尬境地，常常以称呼自己为萨尔特人来摆脱困境，以此将自己与塔吉克人和乌兹别克人区别开来。这解释了奥斯特罗乌莫夫的“萨尔特是一个特殊的民族名称”观点出现的原因。C. 拉宾强调，在民族语言中，用“萨尔持”称呼所有的突厥斯坦定居居民（包括塔吉克人、乌兹别克—塔吉克混血人种），而在布哈拉和撒马尔罕，塔吉克人不用“萨尔特”称呼自己，但认为自己是萨尔特人。C. 拉宾赞同米登多尔夫的观点，认为“萨尔特”一词不恰当，应当将它从民族学词典中删除。他指出，我们过去、现在都不存在一个特殊的萨尔特民族，就像不存在特殊的萨尔特语言一样……如果为了学术需要用一个特殊名称称呼乌兹别克—塔吉克混血人种，以便将其与其他民族区别开来，则应该确定某个另外的名称，如，“恰拉—乌兹别克”、“恰拉—塔吉克”（恰拉是非纯正的、不完全的意思）或者其他这一类名称，而“萨尔特”一词是最不合适用于学术目的的词。但他又以出人意料的方式中止了这个想法。他写道：我要说的是，大概这是学术上需要一个名称作为代号，而这个混血人种本身根本不需要一个重新杜撰的名称。不过 C. 拉宾在文章里并没有说明“乌兹别克—塔吉克混血人种不需要一个杜撰的名称”指的是什么。是当地居民当中没有“民族自我意识”的需求，还是已经存在着成为中亚所有部落统一的基础的共同的突厥人认同。

C. 拉宾在这篇文章中首次清楚地提出了全新的观点：将萨尔特语称为“新乌兹别克语”。纳利夫金大概也提到过这个观点，但他论述“萨尔特人与乌兹别克人具有亲缘关系的观点”的论据与拉宾有所不同，并且仅限于费尔干纳。实际上，C. 拉宾有所保留地呼吁将“萨尔特人”更名为“乌兹别克人”，将语言作为这个民族共同体的主要特征。第一次出现了将萨尔特人与乌兹别克人联合在一起，而不是将萨尔特人与塔吉克人联合在一起的思想。虽然俄罗斯的研究者对这个建议的第一反应是否定的，但“萨尔特人与乌兹别克人接近”的思想因 C. 拉宾成为思考和讨论的课题。这个思想尤其为“当地”的知识分子们所接受，他们将书面语和戏剧语言作为自我认同的主要特征和传播信仰的主要手段。拉宾的观点公开发布在突厥斯坦政府报纸上，并获得了支持。从这时开始，关于萨尔特人的讨论有了新的方向。

巴尔托里德立即在《突厥斯坦报》发表了“代复 C. 拉宾先生书”（1894 年）。在这篇文章中，他重复了上一篇文章中关于辩论对手“绝对无知”的词句，但从总体上改变了语气，也没有反驳 C. 拉宾关于现代萨尔特人的观点。巴尔托里德只是阐述了自己关于“萨尔特”一词词源的观点，与 C. 拉宾的观点相比，他的观点看起来更加科学和现实。

巴尔托里德于 1895 年在《突厥斯坦报》发表了“再论‘萨尔特’一词”的文章。他在这篇文章中已经不再同 C. 拉宾辩论，而是明确了他关于萨尔特人问题的观点。巴尔托里德试图重新追溯“萨尔特”一词的演变过程。他写道：“最初蒙古人和突厥人把定居居民（主要是塔吉克人）称为萨尔特，后来在征服者（即 16 世纪的乌兹别克人）的影响下，当地城市居民也开始称自己为萨尔特人；但是突厥人和塔吉克人之间的部落区别是非常大的，以至于两个民族的代表无法用同一个词来称呼自己。由于大多数定居居民说突厥语，所以只有城市突厥人称呼自己为萨尔特人，以区别于游牧部落和塔吉克人。因此，从来就不是同义词的‘萨尔特人’和‘塔吉克人’这两个术语间的区别是明确的。”① 他在这段话的注解中写道，萨尔特人和塔吉克人之间的区别是否在俄国人统治时期，或者早在乌兹别克人统治时期就确定下来，我们并不知道；我们觉得前者（俄国人统治时期就确定下来）是非常令人难以相信的，但我们也没有掌握有利于后者

① Бартольд В. В. Вместо ответа г-ну Лапину // В. В. Бартольд. Сочинения. Т. 2. Ч. 2. Работы по отдельным проблемам истории Средней Азии. М. , 1964. С. 308.

（乌兹别克人统治时就确定下来）的直接证据。巴尔托里德指出，我们没有理由拒绝把“萨尔特”一词用作一个民族的名称。[①]

但是，巴尔托里德后来的观点发生了某些变化。他于 1898 年发表的对 H. A. 阿里斯托夫著作进行评论的文章表明，他对拉宾的意见是认真对待的。他重申了自己的观点：“突厥化的塔吉克人都知道‘萨尔特人’这个名称，目前‘萨尔持’一词甚至在官方的统计中也没有一个明确的、所有人都承认的意义，萨尔特人经常与乌兹别克人混淆起来。……由于民族的主要特征是语言，所以我们觉得，只有通过准确地说明萨尔特人与乌兹别克人之间的区别性特征，才能将萨尔特人和乌兹别克人准确地区分开来”[②]。可以看出，巴尔托里德至少是在思考“萨尔特人与乌兹别克人的接近”问题，这在他与拉宾的争论中是从未有过的。

巴尔托里德拥有院士的地位，具备了广博的关于该地区的知识，因而在关于中亚民族分类的辩论中是一个极有影响力的人物。然而需要指出的是，他关于“萨尔特人”的观点却是摇摆不定的。

三、萨尔特人与乌兹别克人的区别

另一位学者 H. A. 阿里斯托夫（H. A. Аристов）也试图弄清萨尔特人的内涵，以及萨尔特人与乌兹别克人的区别。他著有《突厥部落和民族成分简论及人口数量资料》一书（1896 年）。这本书之所以非常重要，是因为该书主要研究萨尔特人与乌兹别克人的区别，而以往的研究主要关注的是萨尔特人与塔吉克人的区别。阿里斯托夫指出了“关于乌兹别克人与萨尔特人区别”的文献中的相互矛盾之处。他注意到，按照科斯坚科的资料，撒马尔罕省（1880 年）萨尔特人超过 13 万人，而在以后的统计资料

---

① 参见 Бартольд В. В. Еше о слове《сарт》// В. В. Бартольд. Сочинения. Т. 2. Ч. 2. Работы по отдельным проблемам истории Средней Азии. М. , 1964. С. 313.

② Бартольд В. В. Еше о слове《сарт》// В. В. Бартольд. Сочинения. Т. 2. Ч. 2. Работы по отдельным проблемам истории Средней Азии. М. , 1964. С. 314.

中根本没有对萨尔特人数量进行说明，但同科斯坚科的资料相比，乌兹别克人的数量却急剧增多。阿里斯托夫认为费尔干纳乌兹别克人的数量被大大低估。对此，阿里斯托夫指出，“就像撒马尔罕省的统计资料不承认萨尔特人的存在一样，费尔干纳省的各种数据常常忽视了乌兹别克人的存在”①。为了获得中亚的一般性数据，阿里斯托夫不得不采用了颇有争议的数字组合，他自己解释说：“由于不掌握费尔干纳省乌兹别克人和撒马尔罕省萨尔特人真实可靠的现代人口数据，只能推断费尔干纳省被视为萨尔特人的乌兹别克人数量与撒马尔罕省被登记为乌兹别克人的萨尔特人的数量大致相等，因此，只能局限于现有的最新乌兹别克人和萨尔特人的数字”②。阿里斯托夫把亚沃尔斯基列出的数量视为最新的数据。

阿里斯托夫没有忽视这样一个事实，那就是术语“萨尔特”通常是用于广义上的概念，涵盖各个部落和民族。因此，他得出结论：“由于术语‘萨尔特’的含义是指讲各种语言的不同民族，并因此引起一些不必要的毫无根据的混乱和误解，所以在当地的教育界和文学作品中，开始确认该词具有以下意义，即‘萨尔特’这个名称仅指当地突厥语定居居民。为了使‘萨尔特’一词获得准确和在民族学意义上正确使用所需的意义，需要补充的是，应称呼定居的突厥人和突厥化的当地人（放弃氏族生活方式和与氏族生活方式有关的氏族划分）为萨尔特人。”③ 阿里斯托夫还确定了将萨尔特人与塔吉克人及其他突厥民族——转向定居生活方式的乌兹别克人、吉尔吉斯人区分开来的标准：如果定居的突厥人还保留着氏族的风俗习惯和称呼，那就说明他们还没有成为萨尔特人。

阿里斯托夫认为，萨尔特人是各种不同部落间的混血人种（包括突厥

---

① Бартольд В. В. Сочинения. Т. 5. Работы по истории и филологии тюрских и монгольских народов. М. , 1968. С. 277.

② Бартольд В. В. Сочинения. Т. 5. Работы по истории и филологии тюрских и монгольских народов. М. , 1968. С. 278.

③ Аристов Н. А. Заметки об этническом составе тюрских племен и народностей и сведения об их численности. СПб., 1896. С. 278. 转引自 Абашин С. Н. Национализмы в Средней Азии. В поисках идентичности. СПб.：Алетейя, 2007. С. 140.

人与塔吉克人、突厥人与阿富汗人、阿拉伯人及突厥人之间)，也指定居的突厥人。这个事实并不妨碍萨尔特人成为或变成同类的独立民族，因为语言、宗教、职业和生活方式的统一不可避免地通过婚姻和杂交引起人类学意义上的融合。撒马尔罕和布哈拉居民就是这种文化的载体，这些居民更愿意被称为乌兹别克人。阿里斯托夫推断，撒马尔罕和布哈拉乌兹别克民族的未来将是与萨尔特人的民族联合。

第四节　20世纪初的“萨尔特人”问题

同十九世纪末一样，二十世纪初费尔干纳盆地居民民族成分统计和描述的主要问题仍是“萨尔特人”问题。与以往相同，问题的实质仍是“萨尔特人是什么人”。对于这个问题，仍旧没有统一的观点。1880—1890年间的研究和讨论实际上展示了所有可能的各种观点，以及对某种观点有利的全部论据。但任何一种观点都不能百分之百地占有优势。在这场持久的争论中出现了多种观点同时并存和反复交锋的局面。下面列举几个研究“萨尔特人问题”的学者的观点。

一、塔吉克人萨尔特化

П. Е. 库兹涅佐夫的著作具有特殊的意义。他在一篇题为“关于塔什干县的塔吉克人”（1900年）的文章中写道，在俄国地理协会突厥斯坦局管理委员会于1900年1月13日召开的会议上，Н. Г. 马利茨基建议将突厥斯坦东北地区的伊朗部落作为基地，对塔吉克村庄进行研究。根据Н. Г. 马利茨基本人观察，居住在塔什干县山前地区的塔吉克人正在快速萨尔特化，妇女和老人作为比较保守的部分还仍旧讲塔吉克语，但大部分年轻人已经开始讲突厥语。研究塔什干县的塔吉克村庄可能有助于萨尔特部族起源问题的解决。这次会议之后，库兹涅佐夫被派往塔什干县。这位年轻的东方学家在这次旅行之后，提交了一份报告。库兹涅佐夫在这份报告中指出，塔什干塔吉克人确实讲波斯语方言，但同时也能流利地讲萨尔特（突厥）语，并且塔什干的塔吉克人在生活中使用萨尔特语要多于他们的本族语。这个情况是塔吉克人萨尔特化的最好标志，这种萨尔特化趋势以惊人的速度向前发展。可以有把握地说，在不远的将来，塔吉克人将忘记本族语，彻底与萨尔特人融合。作者还提出了一个问题："除与萨尔特人有共同的宗教信仰外，什么因素在塔吉克人突厥化过程中起了主要作用呢?"他给出的答案是：地理位置（塔吉克人村庄是突厥人居民海洋中一个微不足道的小岛）、语言（是塔吉克人萨尔特化最强大的武器）和通婚（如在塔吉克男子与萨尔特姑娘或塔吉克姑娘与萨尔特男子的通婚家庭中，萨尔特语理所当然地成了主要语言，他们子女就不会说塔吉克语了）。①

库兹涅佐夫的另一个观察十分引人注目，即萨尔特语的传播者为俄国当局的翻译，通常为鞑靼人和巴什基尔人。他谈到了国家在这个过程中的作用："俄罗斯人到来之前，边区当地人的官方语言为波斯语，俄国政府的翻译大多数不懂这种语言，现在不仅要求萨尔特人，也要求塔吉克人在与当局的事务信函中使用萨尔特语。通过这种方式萨尔特语逐渐成了当地人的官方语言，现在米尔扎—塔吉克人非常努力用萨尔特语书写呈送俄国国家机关的文件。"② 库兹涅佐夫还谈到了塔吉克人本身愿意接受新的语言，以及愿意接受"所有别人的东西"："……如果十个塔吉克人中间坐着一个萨尔特人或吉尔吉斯人，那么一定用萨尔特语交谈……"③ 他指出，我觉得塔吉克人对待自己变成萨尔特人的态度是漠不关心的，甚至是心甘情愿的，因为变为萨尔特人之后，塔吉克人就可以摆脱突厥人给他们起的

① Кузнецов П. Е. О таджиках Ташкентского уезда（краткий отчет）// Изв. Туркестанского отдела ИРГО. Ташкент, 1900. Т. 2, вып. 2. С. 31. 参见 Абашин С. Н. Национализмы в Средней Азии. В поисках идентичности. СПб.: Алетейя, 2007. С. 142.

② Кузнецов П. Е. О таджиках Ташкентского уезда（краткий отчет）. С. 46. 转引自 Абашин С. Н. Национализмы в Средней Азии. В поисках идентичности. СПб.: Алетейя, 2007. С. 145.

③ Кузнецов П. Е. О таджиках Ташкентского уезда（краткий отчет）. С. 46-47. 转引自 Абашин С. Н. Национализмы в Средней Азии. В поисках идентичности. СПб.: Алетейя, 2007. С. 145.

带有侮辱性质的“奴仆”绰号。作者证实，许多塔吉克人不想承认自己出身于塔吉克族。

库兹涅佐夫的著作标志着以往主要为“乌兹别克和塔吉克”或者“乌兹别克和萨尔特”之间的对别模式，被新形成的“萨尔特和塔吉克”之间对别的模式所取代。模式的改变是确定萨尔特人和乌兹别克人之间直接联系的第一步。但是下一步要把两个部族认定为同一个部族并非是一蹴而就的事情。

在关于纳曼干和浩罕塔吉克人的文章（1915 年和 1916 年）中，库兹涅佐夫简要地再次说明了自己以往的观点适用于这两个新地区。所有这些研究表明，萨尔特人源自塔吉克人和萨尔特人的塔吉克祖先问题仍然受到学术界关注。此外，库兹涅佐夫通过自己亲自完成的科学研究证明，塔吉克人变种为萨尔特人是一个并不遥远的事情。

二、萨尔特人与乌兹别克人接近

塔什干医生 A. 希绍夫于 1904 年出版了一本名为《萨尔特人》的著作，展示了另外一种完全不同的倾向。作者在收集、编写“关于萨尔特人是否属于文明民族问题”资料时，首先强调萨尔特人与乌兹别克人接近，与塔吉克人有区别。希绍夫写道：“不管撒马尔罕省和两个汗国（布哈拉和希瓦）乌兹别克民族的未来如何，都将与锡尔河和费尔干纳地区的萨尔特人进行民族联合，由于前者目前还是独立的（虽然只是名称上的独立），不得不暂时将锡尔河省和费尔干纳省讲突厥语、丢掉氏族生活方式和姓氏的定居居民称呼为萨尔特人。”① 也就是说，乌兹别克人和萨尔特人已经是一个共同体了，但只是名称（暂时）将他们分开。作者认为这个共同体终将接受“萨尔特”这一名称。

希绍夫对“萨尔特人”问题的独特贡献是他在塔什干进行的职业人类

① Шипов А. Сарты. Этнографическое и антропологическое исследование. Ч. 1. Этнография. Ташкент, 1904（в серии《Сборник материалов для статистики Сыр－Дарьинской области》, кн. 11）. С. 97.

学研究。他得出的结论是，从外貌特征上判断，萨尔特人属于蒙古人种，而不是雅利安人："我希望，人类学研究提供的理由，能够得出塔什干萨尔特人属于蒙古人种的结论。如果说有伊朗血统成分，那么这个不大的血统成分经过蒙古人种持续不断的冲淡而变得几乎没有了。在现代生活中，因为逊尼派萨尔特人和什叶派塔吉克人之间非常大的宗教差异，相邻而居的塔吉克—伊朗人未必能对萨尔特人产生影响。萨尔特人的蒙古人种属性能够解释，为什么萨尔特人讲突厥语察合台方言。"①

在希绍夫的推论中，另一个问题也十分有趣。他在将萨尔特人与塔吉克区别开来的同时，故意缩小"塔吉克人"概念的内涵，只保留"表示中亚山地伊朗语居民（可能还是来自波斯的奴仆后裔）"。这个观点在希绍夫的第二本著作《塔吉克人》（塔什干，1910 年）中得到了发展。作者在描述文化和生活方式时，主要关注达尔瓦扎山、卡拉特金山等山区、泽拉夫尚高地、西帕米尔和兴都库什山山前地区的情况。

三、在萨尔特人属于塔吉克人还是乌兹别克人问题上摇摆不定的观点

除了上述两种观点外，这个时期还存在左右摇摆的观点。如，M. B. 拉夫罗夫（M. B. Лавров）在《突厥斯坦》（莫斯科，1914 年第一版，1916 年再版）一书中写道，萨尔特人是"雅利安人与蒙古人融合的后裔"，但就起源而言，他们主要是突厥人，也有伊朗血统成分，与源自伊朗人但有突厥血统成分的塔吉克人是有区别的。另一位学者 И. И. 盖耶尔（И. И. Гейер）在《突厥斯坦指南》（塔什干，1901 年）一书中证实了相互矛盾的情况：关于萨尔特人"起源"问题学术界仍没有定论，但下列"推断"占有优势地位，即是土著人——塔吉克人和征服者乌兹别克人混

① Шипов А. Сарты. Этнографическое и антропологическое исследование. Ч. 1. Этнография. С. Ⅳ. Ташкент，1910. С. 243.

血人种的后裔，并且萨尔特人的血统中“伊朗特征”占主要地位。另外两位学者 M. A. 米罗皮耶夫（M. A. Миропиев）和 B. И. 马萨利斯基（B. И. Масальский）则完全分不清什么是萨尔特人。米罗皮耶夫写道：“萨尔特人是雅利安人与突厥人的混血人种，突厥人血统成分占大多数，但萨尔特人与塔吉克人之间有许多性格上的共同特点，虽然应该承认不准确，但完全可以将他们放在一起研究。”[①] 马萨利斯基虽然认为将每一个定居民族都称为萨尔特人是完全错误的，但得出的结论是，“这个名称与其说具有民族学意义，还不如说具有日常生活意义”[②]，之后他又指出，萨尔特人是伊朗血统成分很多的一个混血民族。

“萨尔特人”问题观点上的混乱对公认的中亚社会研究权威也产生了影响。这些学术权威在新出版的著作中态度上有了更多的保留，更加模棱两可，表述自己观点有时甚至是含混不清的。

1908 年，H. П. 奥斯特罗乌莫夫出版了《萨尔特人》一书第三版。该书总体上重复了第一版的内容，但增加了“萨尔特人总体特点”一章的内容，在本章一开始便详细叙述了萨尔特人的外貌特征。作者在这本新版书中补充了巴尔托里德和拉宾争论的事件，大量引用双方的观点。奥斯特罗乌莫夫本人并没有对某一方的论据进行批驳，但明显站在巴尔托里德一边，同时也无法忽视拉宾的观点。的确，作者不得不承认萨尔特人和乌兹别克人非常接近，这个结论可以从下面的引文中得出：“塔什干市的萨尔特居民含有突厥人部落血统，特别是乌兹别克人血统。”[③] 尽管如此，奥斯特罗乌莫夫还是对拉宾进行了尖锐的批评：“不可能重新使用拉宾先生提议的所谓的新乌兹别克语，来取代萨尔特语，因为不可能按照一个人的无理要求而将这个名称转嫁给一个民族和学术界。”[④] 后来发生情况表明，奥

① Миропиев М. А. О положении русских инородцев. СПб.，1913. С. 367.

② Масальский В. И. Туркестанский край. СПб.，1913. С. 393.

③ Остроумов Н. П. Сарты：Этнографические материалы（общий очерк）. Ташкент，1908. С. 53-91.

④ Остроумов Н. П. Сарты：Этнографические материалы（общий очерк）. С. 51.

斯特罗乌莫夫的自信是错误的。

1910年圣彼得堡具有很高权威性的“中央报刊”（《最新考古》杂志），发表了著名东方学家兼突厥学家A. H. 萨莫伊洛维奇（A. H. Самойлович）一篇题为“论萨尔特人问题”的文章，是对奥斯特罗乌莫夫上述的第三版著作的评述。他形容该书为“国务活动家”，而不是“民族学家”的著作。萨莫伊洛维奇本人到过中亚，他没有罗列自己的研究成果，而是分析了已知文献中的数据和奥斯特罗乌莫夫详细阐述的数据，试图发现一些共同的结果，并调和各种观点。他提出了三个各不相同问题，并对每个问题进行了回答。第一个问题：关于萨尔特人原始部族和原始语言问题（历史的观点）。他给出的答案是：现代萨尔特人的祖先从血统和语言上看为伊朗人。第二个问题：关于现在的萨尔特人部族和语言问题（现代的观点）。他给出的答案是：伊朗—萨尔特人（塔吉克人也同样），但不是所有的伊朗—萨尔特人，逐渐同外来的突厥人混合的伊朗—萨尔特人，虽然没有完全丢失某些非突厥人的印迹，但改变了自己的外貌和语言。第三个问题：关于“萨尔特”一词用于民族学意义之外的其他意义问题。萨莫伊洛维奇给出的答案是：今天“萨尔特”这个术语经常用于表述日常生活中的意义，也常常用于称呼各种不同语言的城市居民和农民。[①] 从上面的表述中，萨莫伊洛维奇得出下面的结论：“还无法预见到新的共同结论的产生，而现有的结论，正如B. B. 巴尔托里德指出的那样，虽然要求谨慎使用这个词，但无法完全拒绝将‘萨尔特’一词作为民族学和语言学的专有名词使用。”[②] 与此同时，他强调指出，并不是所有中亚人称自己或被他人称为萨尔特人，许多被俄国和当地官方文件列为“萨尔特人”的人原来并不是萨尔特人。在这篇评论文章的最后，作者列举了自己在中亚旅行时的个人观察。他非常怀疑“萨尔特”一词在塔什干、撒马尔罕和布哈拉用于表示一个部族和一种语言（赞同拉宾的观点），但坚持认为这个词在希瓦汗国具有民族学意义。

① Самойлович А. Н. К вопросу о сартах // Живая старина. Вып. 3. СПб. , 1910. С. 3–4.

② Самойлович А. Н. К вопросу о сартах // Живая старина. Вып. 3. СПб. , 1910. С. 5.

此外，В. П. 纳利夫金在其《当地人的过去和现在》（塔什干，1913年）一书中再次尝试综合对比生活方式和语言这两个特征，建立民族分类。如果说以往他只是阐述如何将当地人从日常生活方面分为定居和游牧两个部分，并没有列举当地人的名称，那么在《当地人的过去和现在》这本书中，已将本地人分为三个族群：定居居民（萨尔特人）、游牧部落（吉尔吉斯人）和半游牧部落。纳利夫金认为，主要的“对别”发生在两个最主要群体，或族群，即萨尔特人和吉尔吉斯人之间。在这本书中，作者建立了明确的分类等级，而以往的书中这种等级比较模糊。他把萨尔特人，即定居居民分成定居的突厥人（或乌兹别克人）和塔吉克人。他以往也描述过乌兹别克人，在新书中他把乌兹别克人类别等级降低了。类似的变化也发生在对游牧部落的称谓上，以往作者将游牧部落统称为乌兹别克人，而在这本书中，用普遍接受的“吉尔吉斯人”、“突厥—蒙古人”等术语称呼。

作者在这本书中出现了一个新的族群，即半游牧部落，是定居居民和游牧部落之间的中间环节。塔什干的库拉马人、撒马尔罕的乌兹别克人（二者均由偶然聚集在一起半定居的不同吉尔吉斯［突厥—蒙古］氏族组成），以及费尔干纳的吉普恰克和卡拉卡尔帕克人均为半游牧部落。

四、当地人眼中的“萨尔特人”问题

1912年在《突厥斯坦报》上展开的一场不大不小的讨论具有非常重要的意义。俄国新生代学者代表 M. B. 加夫里洛夫（М. Ф. Гаврилов）在一篇“萨尔特一词来源”的简讯中，公布了浩罕汗国居民穆罕默德—阿明·穆哈默德—江诺夫1912年10月8日写给当地报纸《时代报》一封信的译文，这封信以“告鞑靼人即报纸出版者书”的形式指出：“大家都要明白，

“萨尔特”一词并不是民族的称呼，它是俄国人强加给我们的，没有任何理由。”[①] 这个本地人建议不用“萨尔特”，而用“突厥”来称呼自己的民族，因为“萨尔特”是个带侮辱性的术语。加夫里洛夫对此补充道：这封信确实并不具有全面意义。

奥斯特罗乌莫夫对这篇简讯进行了回应。他重申了他多次发表过的结论：实际上“萨尔特”一词不包含任何对本地人的侮辱意味，因为它表示城市居民或商人，也就是说，俄国人没有杜撰出这个名称，而是在占领突厥斯坦边区后找到了这个现成的词。奥斯特罗乌莫夫坚决反对“突厥”这个称呼，规劝当地人要强调自己的个性和与奥斯曼突厥人的区别。[②]

这次辩论是继巴尔托里德和拉宾之间争论之后，当地人自己的声音第二次直接出现在了俄罗斯民族学家和东方学家的争论当中。然而，“当地人的声音”并不是主动加入争论的，而是俄罗斯研究者引用“当地人的声音”。当然，在此之前，俄罗斯学者和官员始终与本地知识分子保持个人接触，与他们就各种问题交换意见。但除了拉宾之外，当地人还无法成为公开学术争论的平等参与者。造成这种状况的原因不单是显而易见的俄罗斯人与当地人之间的不对称地位，俄罗斯人是研究的主体，而当地人是研究的客体，实际上，当地人社会也不愿意加入什么知识分子与俄国的讨论。19—20 世纪之交形势的逐渐变化表明，本地精英已经提出了“民族自我意识”问题。

1914 年在撒马尔罕报纸《镜报》上，中亚扎吉德运动著名的颇有影响力的人物、编辑马哈茂德霍江·别赫布提发表了一篇题为“不知道‘萨尔特’一词”的文章。他在这篇文章中证实，只是在突厥斯坦北方（塔什干）人们知道‘萨尔特’一词，这里的哈萨克人、鞑靼人和俄罗斯人使用这个词，但在突厥斯坦南方（撒马尔罕）和布哈拉不使用这个

---

① Гаврилов М. Ф. Происхождение слова " сарт" //ТВ. 1912. № 236.

② 参见 Остроумов Н. Русские не выдумывали слова " сарт" //ТВ. 1912. № 241.

名称：“人们不说萨尔特语，不知道萨尔特人，也没听说过萨尔特部落。”[①] 别赫布提对比欧洲和俄罗斯学者的各种观点（万别里、奥斯特罗乌莫夫和洛戈费特），引用了拉宾和鞑靼（后称巴什基尔）学者扎基·瓦里提的观点，他实际上是借用了俄罗斯文献中关于“萨尔特”一词的争论，并将这种争论引入本地人的争论中。在其他出版物中，当地作者倾向于‘萨尔特’为“自我称呼”。

由此可见，关于“萨尔特人”的讨论成了当地居民正面或负面的自我意识一部分，这表明民族（种族）自我认同过程的开始形成。毫无疑问，这种自我认同过程已经出现在当时的中亚社会。但这还只是当时对民族自我意识需求的理解，并没有导致将这种需求确定为某种准确的“民族性”公式。

第五节　20 世纪 20 年代的“萨尔特人”问题

这个时期“萨尔特人”问题的主要特点是不再使用术语“萨尔特人”，取而代之的是术语“乌兹别克人”，并试图将一些讲突厥语的小族群并入乌兹别克族。然而，究竟是谁及如何做出这个改变的决定至今尚未得到充分的研究。

首先对 20 世纪 20 年代 B. B. 巴尔托里德关于“萨尔特人”问题的观点进行简要介绍。在“伊斯兰教百科”词条中，巴尔托里德重复了以往根据与拉宾争论的过程和结果撰写的几篇文章中的论点，但语气不是那么绝对：“乌兹别克人征服突厥斯坦之后与原定居居民之间的对立有时似乎比突厥人和塔吉克人（或萨尔特人）之间的对立更强烈一些，而这种对立在布哈拉和浩罕地区则不太明显。对哈萨克人而言，每一个定居居民都是萨

① Махмуд-ходжа Бехбуди. Избр. соч. Ташкент, 1999. С. 195.

尔特人，不管他讲突厥语或伊朗语。‘萨尔特人’一词在官方语言中似乎表示与塔吉克人不同、被突厥化但仍讲伊朗语的定居居民。欧洲学者也是这么使用这个词，虽然很难确定萨尔特人和乌兹别克人之间的区别。”① 巴尔托里德接着写道，中亚定居居民首先觉得自己是穆斯林，然后才认为是某个城市或地区的居民，而属于哪个民族的概念对于他们来说没有任何意义。在欧洲文化的影响下（通过俄罗斯），最近一个时期才出现民族统一的诉求。“萨尔特”一词现在已不再使用，目前只有乌兹别克人被普遍接受，以区别于哈萨克人、土库曼人和塔吉克人。② 这篇文章的准确撰写日期尚不清楚，但从“不再使用‘萨尔特’一词”推断，应该是20世纪20年代。③

在《塔吉克斯坦汇编》（1925年）一书中的一篇题为“塔吉克人”的文章中，当时作为科学院和部落成分研究委员会现任委员的巴尔托里德重申了关于“萨尔特人”的观点，但措辞有所不同，他指出：十九世纪，浩罕历史学家经常使用“萨尔特”一词，并且往往是乌兹别克、塔吉克和萨尔特三个词并列使用。由此可见，萨尔特与塔吉克是有区别的，但是，从历史学家的用词上还看不出，“萨尔特”是否只表示当地定居的突厥人。在费尔干纳地区还经常用“乌兹别克和萨尔特”来表示全体居民，萨尔特与乌兹别克的区别要比萨尔特与塔吉克的区别更加明显。巴尔托里德继续引用纳利夫金的观点，指出，人们把定居的乌兹别克人和塔吉克人称为萨尔特人，但既然在费尔干纳地区萨尔特—乌兹别克比萨尔特—塔吉克占有优势地位，那就应该将“突厥语”称为“萨尔特语”，“总的来说，随着乌兹别克人转入定居，与以往不同，萨尔特人不再与乌兹别克人明显不同，而是与哈萨克人区别开来。目前，‘萨尔特’一词对当地居民而言有

---

① Бартольд В. В. Еше о слове《сарт》// В. В. Бартольд. Сочинения. Т. 2. Ч. 2. М.，1964. С. 528.

② 参见 Бартольд В. В. Еше о слове《сарт》// В. В. Бартольд. Сочинения. Т. 2. Ч. 2. М.，1964. С. 528–529.

③ 参见 Абашин С. Н. Население Ферганской долины. //С. Н. Абашин，В. И. Бушков Ферганская долина：этничность，этнические процессы，этнические конфликты. М.，2004. С. 85.

侮辱性的意味，因而不再使用”。[①] 在这些表述中隐含着不同意将“萨尔特人”等同于“乌兹别克人”。

另一位突厥斯坦著名的活动家 Н. Г. 马利茨基在一篇未完成也没有公开发表的文章《关于萨尔特和乌兹别克两个民族名称的相互关系》（1925）中写道，尽管学术界将定居的突厥人和完全放弃氏族生活方式、突厥化的当地居民称为“萨尔特人”，然而在日常生活当中，这个术语总体上指的是所有城市和大的村镇居民，并不区分讲何种语言。马利茨基指出，对费尔干纳和塔什干县的居民而言，“萨尔特”一词不含有任何鄙视的意味，突厥化的居民也不否认这个古老的称谓，虽然他们最常用这个或另一个城市名称来称呼自己，而在苦盏、撒马尔罕和布哈拉地区，强加在所有被乌兹别克人征服的定居居民身上的“萨尔特人”这一称呼有某种鄙视的意义。

马利茨基在自己文章中证实，撒马尔罕活动家 С. 拉宾首倡用术语“乌兹别克”称呼所有定居萨尔特居民，在他的影响下，在 19 纪 90 年代的撒马尔罕省俄国官方文件中“萨尔特”一词开始消失。十月革命后这个术语作为政治解放的象征得到了特别广泛的使用。

著名的统计学家—人口学家，同时也是官员的马吉多维奇明确地赞同将自古以来就定居的讲乌兹别克语的突厥—伊朗人称为“萨尔特人”。他认为，萨尔特人从民族起源上与乌兹别克人是有区别的。撒马尔罕省定居的突厥人很久以来就开始称自己为乌兹别克人。这种现象现在也发生在锡尔河省。成千上万萨尔特人称自己为乌兹别克人，称自己所讲的语言为乌兹别克语。而任何地方从来没有出现过与此相反的现象，即撒马尔罕、布哈拉、希瓦或阿姆河地区真正的乌兹别克人从来没有称自己为萨尔特人。这就是“萨尔特人”这个名称为什么让位于“乌兹别克人”这一名称，并逐渐消失的原因。在所有以往“萨尔特人”与“乌兹别克人”这两个名称有冲突的地区，“乌兹别克人”占据了主导地位，并得到了政治当局的承认。

① Бартольд В. В. Таджики. Исторический очерк // Там же. Т. 2，Ч. 1. С. 462.

游牧乌兹别克人鄙视定居的从事农业的萨尔特人。在乌兹别克人的言语里，萨尔特一词是骂人话，所以，许多萨尔特人自己便开始觉得这个称呼是不体面的，况且他们与乌兹别克人之间看不出任何区别。这就是近年来在一些一直认为只有萨尔特人居住的地区出现了许多乌兹别克人的原因。这个现象有很大的普遍性，这可以解释为1917年人口普查登记的不足之处。[①] 从这篇文章中还看不出，萨尔特人大量登记为乌兹别克人，是由费尔干纳居民倡导的，还是统计人员的行政决定。更换名称发生在1917年，或者只是在1920年。应该指出的是，1917年普查只是农业普查，未必将解决“民族问题”列为普查的目标。

马吉多维奇在另一部论述布哈拉居民的名为《中亚行政区划资料》（塔什干，1926年）的书中，再次提及了“萨尔特人及其与乌兹别克人的关系问题”。他写道：“乌兹别克人与萨尔特人相互关系这类最具争议的问题由生活现实本身解决了”，“肯定没有任何理由能够证明‘萨尔特’这一术语在各不同时期指的是同一个民族或从总体上讲是某个确定的民族”[②]。他引用了拉宾的观点：“作为一个民族的萨尔特和萨尔特语言是不存在的。”[③] 1897年以来的人口普查统计和研究资料中数百万的居民证言可以证明这个声明。这些证言的意义非常明确：不存在与乌兹别克有区别的萨尔特民族，也不存在与乌兹别克语不同的萨尔特语。在费尔干纳城乡和塔什干县，即在萨尔特人居住中心区进行的每次新的人口普查或行政调查中，得到的有关萨尔特人和乌兹别克人口比例完全不同，但萨尔特人口数量急剧减少。毫无疑问，在许多情况下使用这个或那个术语取决于登记人员带有偏见的观点，而登记人员又受指导人员或县级领导所感兴趣的民族学影响。很明显，在名称上的这种不稳定性是由于所调查的定居突厥人本

① 参见 Магидович И. П. Население // Материалы по районированию Средней Азии. Ташкент, 1926. Кн. 1. Территория и население Бухары и Хорезма. Ч. 1. Бухара. С. 169.

② Магидович И. П. Население // Материалы по районированию Средней Азии. Ташкент, 1926. Кн. 1. Территория и население Бухары и Хорезма. Ч. 1. Бухара. С. 173.

③ Магидович И. П. Население // Материалы по районированию Средней Азии. Ташкент, 1926. Кн. 1. Территория и население Бухары и Хорезма. Ч. 1. Бухара. С. 169.

身看不到“乌兹别克人和萨尔特人”这两个词之间有什么区别，甚至愿意以乌兹别克人来称呼自己。对比费尔干纳地区 1897 年、1917 年和 1920 年三次人口普查的结果会发现，这种趋势特别明显。1920 年人口普查关于居民民族成分的数据表明，无法将萨尔特人与乌兹别克人区别开来，也无法统计所登记的萨尔特和乌兹别克人口数量。生活的现实消除了以往这两个“部族”之间的界限，两个部族之间完全融合已经是此后不久的事情了，最后“萨尔特”这个名称完全消失，被“乌兹别克”所取代。两年后成立了乌兹别克共和国，历史最终决定放弃“萨尔特”一词。这样一来，突厥斯坦共和国领导人于 1922 年倾向于用“乌兹别克人”取代“萨尔特人”。[①]

И. И. 扎鲁宾在其撰写的《突厥斯坦边区部族名录》（列宁格勒，1925 年）一书中，介绍了 1917 年发生的关于“萨尔特人”问题的一些情况。他指出，在乌兹别克人到来之前，这是一些讲突厥语的伊朗族居民，曾经被称为现在仍被称为乌兹别克人。“萨尔特人”这个称呼没有任何特殊的民族定义。扎鲁宾认为，随着民族自我意识的增强，产生了为正在发展的民族下个专门定义的需求，萨尔特社会的先进阶层宁愿放弃他们不喜欢的名称，也要接受并不是他们固有的名称——乌兹别克。他还透露了一个令人震惊的细节，“在进行 1917 年人口普查工作准备时，领导人向工作人员解释说，不存在特殊的‘萨尔特’民族，不论什么地方这个术语都应该用‘乌兹别克’一词代替”[②]。

用扎鲁宾的话讲，是萨尔特社会进步阶层和突厥斯坦进步团体决定用“乌兹别克”替换“萨尔特”的称呼。值得注意的是，民族划界的结果是，除了费尔干纳地区外，划入新成立的乌兹别克国家领土范围内的地区还包括塔什干、撒马尔罕、原布哈拉和希瓦汗国的大部分疆域。青年布哈拉人（或称为布哈拉扎吉德人）进入新国家的领导层。值得一提

---

① 参见 С. Н. Абашин, В. И. Бушков Ферганская долина: этничность, этнические процессы, этнические конфликты. М., 2004. С. 88-89.

② С. Н. Абашин, В. И. Бушков Ферганская долина: этничность, этнические процессы, этнические конфликты. М., 2004. С. 89.

的是，在布哈拉“萨尔特”没有被普遍接受，上流社会更愿意用“乌兹别克”称呼自己。乌兹别克斯坦成立前，在突厥斯坦苏维埃社会主义自治共和国的领导层中也有许多撒马尔罕扎吉德代表，这种情况与布哈拉相同。所以当地上层社会，特别是撒马尔罕和布哈拉族群，完全有可能积极参与到决定更换名称的活动中，因为1924—1930年新成立的乌兹别克加盟共和国的首都位于撒马尔罕市。

但是，扎鲁宾指出，当地统计人员于1917年便做出了将“萨尔特”名称更改为“乌兹别克”的决定。虽然部分执行了这个“命令”，但是这个事实说明更改名称并不是费尔干纳当地居民的普遍愿望。是谁下达了这个命令呢？这个问题至今尚无答案。但是可以说，更改名称未必是学者们倡议的。1920年资料准确无误地说明，更改名称是违背学者们的意见的，是一种政治选择。①

著名的乌兹别克语专家Е. Д. 波利瓦诺夫（Е. Д. Поливанов）在《乌兹别克民族学数据》（1926年）一书中，对“萨尔特”这一名称在20世纪初的全部意义变化进行了总结：术语“萨尔特”是定居乌兹别克人中唯一一个具有民族学意义的、在某种程度上为人所共知的术语。“萨尔特”一词意义上的演变方式是从含有社会经济意义转变为带有民族学意义。那乌兹别克革命知识分子为什么没有用“萨尔特”表示乌兹别克民族呢？为什么现在是乌兹别克，而不是萨尔特社会主义共和国？我认为应该考虑到以下两个因素：第一，乌兹别克民族主义的土耳其（突厥）色彩，术语“乌兹别克”与土耳其部落的历史传统密切相关，而这正是术语“萨尔特”所没有的。第二，术语“萨尔特”往往能使人产生沙皇俄国殖民统治时期这个不好的联想，所以这个词是贬义词。第三，术语“萨尔特”在词源学上带有蔑视意味，сарт由сары ит构成，意为“黄狗”。②

---

① 参见 Абашин С. Н. Население Ферганской долины. //С. Н. Абашин, В. И. Бушков Ферганская долина：этничность，этнические процессы，этнические конфликты. М.，2004. С. 89.

② Поливанов Е. Д. Этнографическая характеристика узбеков. Ташкент，1926. Вып. 1. Происхождение и наименование узбеков. С. 17-18.

第六章　费尔干纳盆地的民族划界

第一节　中亚民族划界的背景

一、俄国二月革命后争夺中亚地区领导权斗争激烈

1917 年，俄国二月革命后彼得格勒[①]发生政权变更的消息于 1917 年 3 月初传到突厥斯坦后，整个中亚地区政治生活迅速发生变化，争夺地区领导权的斗争异常激烈，政权归属重新配置。首先在塔什干，然后在中亚的各个地区出现了三个平行的政权机构。第一个机构为俄国临时政府的突厥斯坦委员会，是突厥斯坦总督省合法继承人，该委员会最初任命立宪民主党人尼古拉・谢普金（Николай Щепкин）为领导人，7 月份又任命突厥斯坦著名活动家、社会党人弗拉基米尔・纳利夫金（Владимир Наливкин）为领导人。第二个平行政权机构为工人和士兵代表苏维埃，由中亚数个地区苏维埃组成，其中最有影响力的是塔什干苏维埃政权。第三个机构为突厥斯坦的穆斯林民族中心，其中包括各种穆斯林居民组织，而伊斯兰改革委员会和保守的乌里玛协会是其中的主要组织。该中心的领导人为哈萨克人穆斯塔法・乔卡伊（Мустафа Чокай），他早先与俄国立宪民主党人合作。主要代表俄语居民的苏维埃和穆斯林组织都表示效忠俄国临时政府，并委派代表参加突厥斯坦委员会。

二月革命后，这些不同的势力之间之所以能够结成联盟，是因为彼得

---

① 即现在的圣彼得堡，当时名称为彼得格勒。

格勒临时政府承认后俄罗斯帝国时代所有俄罗斯公民权利平等，同意举行立宪议会普选，并按比例适当确定每个团体的数量。

在整个1917年间，各个派别内部和派别之间，为夺取突厥斯坦领导权和对未来制度走向及社会改革的解释权展开了斗争。一些穆斯林领导人提出了社会主义的口号，另外一些穆斯林领导人则倾向于按照奥斯曼土耳其模式建立现代化社会，还有一些穆斯林领导人提出了沙里亚法高于一切。这场斗争因意识形态领域的严重分歧、党派之间的严重对立和粮食短缺而变得异常激烈。

1917年，十月革命胜利的消息传到突厥斯坦后，塔什干的工人和士兵代表苏维埃利用其在军队中的影响力，废黜了失去合法性的突厥斯坦委员会，宣布建立新的政权，并且取消穆斯林代表参加新政权的资格。在1917年11月15日召开的边区第三次工人和士兵代表苏维埃大会上，布尔什维克党非常明确地宣布："虽然布尔什维克党欢迎在边区最高政权机构中有穆斯林无产阶级组织的代表，但目前吸收穆斯林进入边区工人和农民代表组成的最高革命政权机关是不能接受的，因为当地居民与工人和农民代表组成新政权之间的关系非常不确定，当地居民中也没有无产阶级的组织。"① 同年11月，苏维埃政府建立了一个新的管理机构——突厥斯坦人民委员会，费多尔·科列索夫（Федор Колесов）当选为该委员会主席。

二、"泛突厥主义"分子活动积极

1917年之后，随着君主政体的倾覆，中亚出现了一群精英人物：М. 别赫普提（1875—1919）、М. 卡磊（1878—1931）、У. 霍贾耶夫（1882—1938）、А. 非特拉特（1886—1938）、Ф. 霍贾耶夫（1886—1938）、С. 艾尼（1878—1954）、У. 普拉特霍贾耶夫（1887—1968）、М. 乔卡耶夫（1886—1941）、М. 德内什帕耶夫（1879—1939）、Ш. 拉宾（1868—

① Абашин С. Н. Национальное размежевание в Ферганской долине：как все начиналось. http：//islam-ca. com/2011-06-12-21-23-51/559-2012-10-05-10-27-21.

1919）、A. 瓦里提[①]（1890—1970）、A. 穆罕默多夫（1858—1936）等，他们都称自己为“突厥人”，很少称自己为“乌兹别克人”等。这些精英们开始积极实施“大突厥斯坦”方案。所谓的“大突厥斯坦”包括突厥斯坦边区、草原边区、布哈拉和希瓦。

1917 年共召开了 4 次全突厥斯坦穆斯林代表大会。1917 年 4 月 16—23 日，在塔什干召开了第一次全突厥斯坦穆斯林代表大会。会上提出了建立突厥斯坦自治政府，隶属俄罗斯的方案。此次会议成立了与临时政府机构突厥斯坦委员会并列的中央领导机构——突厥斯坦边区穆斯林委员会。该委员会由哈萨克人 M. 乔卡耶夫领导，鞑靼—巴什基尔人 A. 瓦里提为书记。二人都是社会党人。边区穆斯林委员会的成员全部是突厥斯坦委员会委员。他们提出了“突厥斯坦属于突厥人”的口号，出版了报纸《纳若特》《肯加什》作为宣传机构。

1917 年 3 月，在塔什干成立了“舒洛伊—伊斯拉米亚”党。1917 年 6 月，随着扎吉德运动[②]分子与神职人员的分裂，一部分神职人员离开了“舒洛伊—伊斯拉米亚”党，与其追随者一起成立了新的党派“舒洛伊—乌拉莫”（即“神职人员协会”）党。该党代表着比较保守的一部分当地

---

① A. 瓦里提（Ахметзаки Ахметшахович Валиди），1890 年 12 月 10 日出生于乌法省，即现在的巴什基尔共和国伊什母拜地区的一个毛拉家庭。1908—1912 年，就读于喀山“卡西米亚”神学院，毕业后在此教授突厥历史及阿拉伯、突厥文学史。1915 年开始参加彼得堡市杜马穆斯林党的活动。1917 年 4 月成为巴什基尔民族解放运动领导人。确定了前三次巴什基尔代表大会的思想，领导成立巴什基尔政府和军队的工作。

由于不满俄联邦在有关巴什基尔自治共和国国家制度的决议中对巴什基尔共和国权力的限制，于 1920 年 5 月断绝与布尔什维克党的合作，转向巴斯马奇运动，被推选为“突厥斯坦民族联盟”主席，协调中亚各巴斯马奇组织的行动。1923 年，从土库曼斯坦移居伊朗。在移居国外期间，继续从前的科研和教学活动，曾任教于伊斯坦布尔大学、波恩大学、格丁根大学。出版了许多学术著作。曾获伊朗教育部一级奖章。

② 扎吉德运动：“扎吉德”一词来自阿拉伯语，是“新的”意思。扎吉德运动是 19 世纪末 20 世纪初伏尔加河沿岸、克里米亚和中亚地区穆斯林所进行的文化改革及教育和社会政治运动。其基础是在穆斯林学校实行新的教学方法。扎吉德人士提出“发展民族艺术和文学，妇女的平等权利，学校里用民族语授课及改革神职人员的工作”等主张。在 1905—1907 年俄国革命期间主张国家政治制度的改革。俄国“二月革命”后，扎吉德运动分子在中亚成立了“舒拉伊—伊—伊斯兰”（Шураи-и-ислам）党。一部分扎吉德运动分子与苏维埃政权合作，一部分加入巴斯马奇运动，最后侨居国外。

精英分子，他们的伊斯兰倾向要比民族主义倾向更多一些。该党的首领是哈萨克人Ш. 拉宾，出版了杂志《阿尔—伊佐赫》作为宣传机构。

1917年9月10—11日，由“舒洛伊-伊斯拉米亚”党倡议，召开了第二次边区穆斯林代表大会。在有关共和国实质问题的决议中提到，“代表大会反对将政权转交给工农代表苏维埃。应该成立联合政权，依靠国内所有力量，即政权应该是全体人民的”①。在通过的补充决议中还指出，自由的自决权是突厥斯坦居民的优先权；突厥斯坦边区穆斯林委员会是代表所有穆斯林居民并保护其利益的全穆斯林合法机关。

1917年9月17—20日，突厥斯坦和哈萨克穆斯林代表大会召开。在经过长时间、激烈的争论之后，“舒洛伊—伊斯拉米亚”党与“舒洛伊—乌拉莫”党最终达成妥协并通过决议，成立突厥斯坦和哈萨克斯坦联合政党——穆斯林联盟。会议决定建立“突厥斯坦联邦共和国”，作为俄罗斯共和国的组成部分。

1917年11月初，突厥斯坦委员会被解除权力，在工人、士兵和农民代表苏维埃的基础上成立了突厥斯坦边区人民委员会。

第四届穆斯林特别代表大会是1917年11月26—28日在费尔干纳盆地最大的经济中心之一、原浩罕汗国首都浩罕市召开的。此次会议将中亚地区的泛突厥主义活动推向高潮。约有200名代表出席了会议，其中超过一半的代表为费尔干纳人。会议的主要议程为突厥斯坦自治问题。乌拜杜拉·霍贾耶夫（Убайдулла Ходжаев）做了大会报告，该报告论述了宣布自治的必要性。他在发言中特别指出，“目前，召开全俄立宪会议几乎没有希望，所有居住在俄罗斯土地上的民族都在与篡位者——布尔什维克党做着斗争”②。与会代表们通过了以下决议：“第四届全边区穆斯林特别代表大会在表达了居住在突厥斯坦的各族人民要求按照伟大俄国革命宣布的

① Абдуллаев Р. М. Туркестан в начале XX века：к истории истоков национальной независимости. Ташкент，2000. С. 147.

② Абашин С. Н. Национальное размежевание в Ферганской долине：как все начиналось. http：//islam-ca. com/2011-06-12-21-23-51/559-2012-10-05-10-27-21.

原则进行自决的意愿的同时，宣布突厥斯坦领土自治，与俄罗斯联邦共和国结成联盟。应尽快制定并向突厥斯坦立宪议会提交自治法规条例。大会郑重声明，居住在突厥斯坦各少数民族的各种权利将得到充分保护。”① 有的代表还提出了更激进的建议，即“脱离俄罗斯，宣布独立”，但大多数代表不同意这个建议。

这次大会选举了突厥斯坦自治政权机关，成立了突厥斯坦临时自治政府，政府首脑最初由第二届国家杜马议员、哈萨克人穆罕默德江·特内什帕耶夫（Мухаммаджан Тынышпаев）担任，后来由穆斯塔法·乔卡伊（Мустафа Чокай）继任政府首脑。这两个人此前都是突厥斯坦委员会成员。此次大会还选举了临时人民委员会，履行议会的职能。未来的议会，即国民会议共由 54 名议员组成，其中的三分之一席位（ 18 人 ）预留给“欧洲”居民。

突厥斯坦自治机构成立不久就颁布了人民会议通过的法律。新政府邀请著名法律专家制定国家宪法。用乌兹别克语、俄语和哈萨克语出版报纸《自由的突厥斯坦》《埃尔拜罗吉》《突厥斯坦临时自治政府消息报》等。开始组建国家军队。1918 年年初，军队约有 1000 人，随后达到 2000 人。政府通过决议发行 3000 万卢布公债，用于内部消费、建立军队和出版报纸。突厥斯坦自治政府在很短的时间内就在浩罕、费尔干纳盆地以及其他地区的当地民族中引起了良好的反映。许多地区举行集会拥护自治政府。

但是，突厥斯坦自治政府并没有存在多久。在突厥斯坦自治领导人忙于解决内部矛盾并观望彼得格勒事态发展的时候，塔什干苏维埃当局采取了果断行动。浩罕市的部分士兵以驻扎的堡垒为据点，宣布成立以布尔什维克党人叶菲姆·巴布什金（Ефим Бабушкин）为首的革命委员会。类似的革命委员会在斯柯别列夫②、纳曼干、安集延等地纷纷成立，这实际上意味着驻扎在费尔干纳盆地的部队拥护布尔什维克党。

① Абашин С. Н. Национальное размежевание в Ферганской долине：как все начиналось. http：//islam-ca. com/2011-06-12-21-23-51/559-2012-10-05-10-27-21.

② 斯柯别列夫，原费尔干纳省行政中心，1924 后改名为费尔干纳市。

1918 年 1 月 19—26 日召开的突厥斯坦第四次苏维埃代表大会决定：宣布浩罕自治政府及其成员非法，逮捕自治政府头目。并从费尔干纳盆地各城市和塔什干派出了配备炮兵的部队增援浩罕驻军部队。联合在达什纳克楚通党（《Дашнакцютун》——亚美尼亚资产阶级民族主义政党）旗下的亚美尼亚地方武装也加入了红色近卫军行列。突厥斯坦自治势力企图控制浩罕，但遭到了顽强抵抗，军事行动造成了很大破坏，导致城市平民伤亡。此后，暴力开始蔓延至穆斯林居住的“老城区”和一些村庄，“自治政府”领导人无法控制事态的发展进程，因为主动权完全掌握在地方领导人的手中。

苏维埃和突厥斯坦自治政权之间对抗的结果演变成了直接的武装冲突，引发了盆地各个势力之间的暴力和挑衅行为，并且冲突规模像滚雪球一样越滚越大。军事力量作为解决问题的一种方法在事件发展过程中具有了头等重要的意义，但这也最终使所有各主要派别在公众眼中失去了合法性。布尔什维克党和穆斯林领袖之间的冲突导致布尔什维克党失去了一个可靠的对话盟友，也破坏了布尔什维克党与当地居民的经常性联系，从而使穆斯林领导人当中反对进行对话的激进分子地位获得提升。取缔可以妥协的改革派反对派，则导致更加激烈的对抗。因此，费尔干纳盆地变成了冲突的主要中心之一。

1918—1919 年中亚地区陷入了混乱的内讧之中，意识形态方面的工作已居次要地位。1920 年 1 月，哈萨克人 T. 雷斯库洛夫当选为突厥斯坦中央执行委员会主席。同年 5 月，T. 雷斯库洛夫及其他领导人提出了《俄罗斯联邦突厥斯坦苏维埃自治共和国条例》草案，提议建立“突厥苏维埃共和国”或者“突厥民族共和国”，成立了“突厥共产党”，其实质就是“大突厥斯坦”的方案。他认为，就其民族学成分和其他方面情况而言，突厥斯坦是突厥民族共和国。在边区党代表会议上，T. 雷斯库洛夫曾提出：为了劳动人民和被压迫民族的族际联合，要通过共产主义的宣传来实施这样一种方案，即取消将突厥民族按本质和名称划分成鞑靼人、吉尔吉斯人、巴什基尔人、乌兹别克人等的传统民族分类，不再建立小的独立共和国，而是将各民族联合在突厥苏维埃共和国周围，以团结和吸引没有成为俄罗斯苏维埃联邦社会主义共和国组成部分的其他突厥民族。苏丹格里耶夫还与鞑靼扎吉德运动分子阿赫马德共同设想建立一个以联邦形式为基础的图兰国家，包括突厥斯坦、哈萨克斯坦、喀什噶尔、希瓦、布哈拉、阿富汗及伊朗的突厥部分。[①]

三、苏维埃政权遭到巴斯马奇运动抵抗

苏维埃政权于1918年初取缔了突厥斯坦自治政府，这不仅是一个巨大的成就，还展示了苏维埃政权的军事实力。但这个胜利并没有使布尔什维克及其盟友在政治和军事上获得对费尔干纳盆地的绝对控制权。

苏维埃政权于1918年春宣布，突厥斯坦作为俄罗斯社会主义共和国组成部分实行苏维埃自治，突厥斯坦苏维埃自治政权仍然是松散的联盟，包括许多团体和地方势力在内的各种势力往往独立行事，对革命问题的认识各不相同。也有许多支持布尔什维克的当地穆斯林拥护苏维埃政权，这在某种程度上使军事冲突具有了国内战争的性质。

此后，苏维埃政权遭到了各种政治利益集团的强烈抵抗。对苏维埃政权的抵抗力量在当时获得了一个抽象的名称——巴斯马奇运动（басмачество），其中包括了各种政治派别。

巴斯马奇运动产生的原因是复杂的，既有在政治上反抗布尔什维克党政权制度的目的，也因为缺少一个强有力的中央政权，以及经济上处于崩溃状态。此外，激进的布尔什维克党和亚美尼亚武装人员的早期暴力行为引起了广泛的不满和报复也是巴斯马奇运动产生的一个原因。

最初，大多数费尔干纳反叛集团的领导人并不是政治家或思想家，没有明确的政治纲领，只是充当某些地方集团、党派的利益代表。但伊

① 参见 Абдуллаев Р. М. Туркестан в начале XX века: к истории истоков национальной независимости. Ташкент, 2000, стр. 154.

斯兰社会的归属感和穆斯林的认同感作为抵抗运动强大的动员和联合手段，在某种程度上统一了各方利益。反叛集团领导人寻求协调行动，经常召开会议，并试图形成共同行动的政治平台。1918 年的春天，叛军领导人会议选举毛拉埃尔加什（Эргаш）为唯一穆斯林领导人。同年秋天，这个位置由另一位有影响力的叛军领导人马达明别克取代。尽管叛军领导人相互之间存在矛盾和敌意，但马达明别克还是设法将各派叛军团结在一起。

各种反布尔什维克势力，如鞑靼和巴什基尔突厥民族主义分子、白匪军、哈萨克和布哈拉反叛分子，以及阿富汗和英国的反布尔什维克势力，也试图与费尔干纳叛军建立联系，为抵抗运动提供组织、军事和物质上的援助，并为叛军组织提出了思想纲领和行动口号。曾与布尔什维克在 1919—1920 年合作过的 A. З. 瓦里多夫离开了布尔什维克党的队伍，来到中亚，成立了“突厥斯坦民族联盟”（或称“突厥斯坦民族联邦”），使各派巴斯马奇首领之间的联系建立了起来。1921 年，许多布哈拉共和国的高级领导人都倒向巴斯马奇一边，其中包括中央执行委员会主席 У. 布拉特霍贾耶夫，国防部长 A. 阿里佛夫，布哈拉第一集团军司令 M. 库尔穆罕默多夫等。当地民族的一些最著名的共产党员：A. 穆合基诺夫、Ф. 霍贾耶夫、T. 雷斯库洛夫、M. 推内什巴耶夫、A. 布盖哈诺夫、A. 白杜尔苏诺夫也与 A. З. 瓦里多夫保持秘密联系，这些人在 20 世纪 20 年代在突厥斯坦和布哈拉都担任过高级职务。

1919 年秋天，虽然在费尔干纳盆地成立了临时自治政府，但此时的军事主动权已经开始转移到布尔什维克一边，突厥斯坦和俄罗斯中部之间的封锁已被打破，布尔什维克的军事力量得到了加强。包括伏尔加河沿岸鞑靼步兵旅在内的正规作战部队投入费尔干纳后，布尔什维克对叛军和农民军实施了大规模的作战行动。利用军事上取得的胜利，布尔什维克开始与一些叛军领导人就叛军投降和改编事宜进行谈判，这是布尔什维克新的战略方针的一部分。新的战略方针的主要内容是更积极地吸收当地干部加入布尔什维克党的行列。

1919 年，在莫斯科派出的突厥斯坦委员会的影响下，布尔什维克政权在塔什干宣布了新一届领导班子组成。成立了以由图拉尔·雷斯库洛夫（Турар Рыскулов）为局长的共产党边区穆斯林局，还在各地成立了党的穆斯林基层组织，各地吸收了许多穆斯林活动家、改革的拥护者参加共产党的基层组织。在随后通过的决议中，布尔什维克谴责了“亚美尼亚人挑衅行为”，并下令解散亚美尼亚人武装，将巴斯马奇分子称为“破产农民”，并宣布对参加抵抗运动的人员进行特赦。1919 年秋，穆斯林共产党员季尼扎米京·霍贾耶夫（Низамиддин Ходжаев）被任命为费尔干纳革命委员会主席，他积极支持与叛军谈判，取消曾造成苏维埃政权与农村居民关系紧张的征粮政策，允许伊斯兰教沙里亚法庭活动合法化，吸收有影响力的伊斯兰神职人员参加与叛军的谈判。

1920 年 1 月，雷斯库洛夫当选为中央执行委员会主席，该委员会为突厥斯坦正式的最高政权机构，这进一步推动了新政策的实行。在新的政策框架内，最大的事件是 1920 年 3 月 6 日在老马尔吉兰与马达明别克签署了协议。马达明别克承诺“全力保卫苏维埃政权免遭敌人的袭击”。作为交换，布尔什维克同意保护当地居民按照伊斯兰教法生活的权利。协议规定：“苏维埃政权在组织突厥斯坦公民日常活动时，遵守沙里亚法的基本原则，保护劳动人民的利益，向穆斯林居民提供按沙里亚法生活的权利，即要符合当地的条件和人民的风俗习惯。”①

1920 年 5 月，马达明别克在与叛军领导人库尔希尔玛特（Курширмат）和霍尔霍贾（Хол-Ходжа）进行投降谈判的过程中被打死。尔后，叛军领导人宣布成立突厥斯坦伊斯兰国家，并继续进行反对布尔什维克的斗争。库尔希尔玛特被选为叛军首领。与此同时，雷斯库洛夫及其穆斯林局中的追随者实际上被解除了职务。这个事件导致一些加入红军的原叛军退出红军队伍，返回抵抗运动组织。1920 年夏天，红军再次与叛军爆发了激烈战斗，但叛军

① Абдуллаев Р. М. Туркестан в начале XX века：к истории истоков национальной независимости. Ташкент，2000. С. 221.

力量较弱，士兵数量不足 6 000 人。1920 年秋，红军对叛军发动了大规模进攻。配备了炮兵甚至飞机的正规部队，在费尔干纳中部和东部对叛军实施了多次打击，此后，整个费尔干纳实际上处于苏维埃的控制之下。针对几股较大的叛军武装的战斗一直持续到 1921 年和 1922 年。

布尔什维克党还调动大量的军事力量与恩维尔—巴沙[①]做斗争：从俄罗斯调来新的军队和军事领导：Л. 特洛茨基，С. 卡灭涅夫，М. 布乔内伊，组织了大规模的反对巴斯马奇运动的军事战役。1922 年夏，恩维尔—巴沙在与红军的战斗中被击毙，之后土耳其人谢里姆—巴沙任叛军总指挥。1923 年，红军部队与巴斯马奇运动分子展开了激烈的战斗。虽然红军取得了胜利，谢里姆—巴沙逃往了阿富汗，但布尔什维克还是对所发生的事件有所忧虑。1923 年夏，莫斯科召开了几次会议，斯大林在会上谈到了巴斯马奇运动分子积极地与 Т. 雷斯库洛夫、Ф. 霍贾耶夫及 С. 霍贾诺夫[②]等领导人进行秘密联系。尔后，布哈拉政府进行了清洗，许多重要的扎吉德运动活动家——教育部部长 А. 菲特拉特、外交部部长 А. 布拉特霍贾耶夫、财政部部长 С. 霍贾耶夫等因此失去了自己的领导岗位。为了加强布哈拉政权，又派来了一些有经验的苏维埃领导干部，但就在这些人当中也有向往泛突厥主义的分子。比如，新一代“土生”布尔什维克党重要活动家之一 А. 拉希姆巴耶夫就曾经支持建立“资产阶级民主鞑靼突厥国家”。

① 恩维尔—巴沙（Энвер-Паша）（1881—1922），青年土耳其党领导人之一，1918 年离开土耳其，加入了巴斯马奇运动，在与苏联红军作战时被打死。

② С. 霍贾诺夫（1894—1938）1894 年出生于哈萨克斯坦大玉兹的一个官吏家庭。中亚著名的活动家。1917—1918 年在塔什干师范学校学习。1918—1919 年担任突厥斯坦执行委员会委员、锡尔河州革命委员会主席。1920—1924 年担任突厥斯坦共产党中央委员会委员、突厥斯坦中央执行委员会副主席、内务部人民委员、教育部人民委员。1924—1925 年任哈萨克斯坦边区委员会书记。1927—1928 年任联共（布）中央委员会中亚局宣传部副部长。1927—1937 年，曾任苏联人民委员部苏维埃检查委员会乌兹别克斯坦全权副代表、苏联农业委员部中亚全权代表等职。1938 年被处决，1957 年恢复名誉。

四、苏维埃政权实行建立联盟政策

20 世纪 20 年代初，布尔什维克党对其实行的政策进行了修正，从对抗转为与不同社会力量和团体结成战术和战略联盟。这一变化的明显标志是宣布实行了“新经济政策”，允许“非无产阶级”组织进入经济、行政和文化领域。布尔什维克开始在包括突厥斯坦在内的与俄罗斯族文化传统不同的边疆地区，实行类似的建立广泛联盟的政策。

毫无疑问，苏维埃政权能够在费尔干纳地区控制住局面，一方面，由于采取了更加积极主动的军事行动；另一方面，也是因为加强了与当地居民团体和社会力量的合作。布尔什维克党从刚性和暴力的政策转向更加灵活的策略，运用实行改革、反沙皇帝国的宣传，迅速从多方面恢复了与中亚精英的关系，吸收精英代表作为中间人与穆斯林社团进行交流。这些正式和非正式联盟的每一方都在追求自己的利益，但也都希望恢复稳定，停止军事行动。

苏维埃当局向布哈拉和突厥斯坦扎吉德运动、接受俄罗斯教育的哈萨克知识分子、拥护伊斯兰教改革的团体、民族主义者等发出合作信号，并做出了一些让步，增选精英代表进入政府机关和党的机构，并给予他们广泛的处理地方事务的权力。

苏维埃政权采取的一项安抚政策是承认伊斯兰教合法，给予宗教财产（土地和穆斯林机构不动产）、宗教学校和伊斯兰宗教法院以合法地位，团结愿意与当局合作的穆斯林保守派。苏维埃政权在这个方面继承了俄罗斯帝国的政策，以换取穆斯林精英对政权的拥护。苏维埃时期的创新是在费尔干纳盆地各个城市建立地方“宗教管理部门”，并通过其“全权代表”渗透到村庄，并试图控制清真寺。

第二节　费尔干纳盆地的民族划界

一、中亚民族划界及民族国家建立概述

（一）中亚民族划界及民族国家建立的准备工作

中亚民族划界是布尔什维克党巩固苏维埃政权在前俄罗斯帝国非俄罗斯地区地位政策的重要组成部分。

早在1920年雷斯库洛夫提议建立“突厥共和国”计划后，莫斯科就开始讨论将突厥斯坦划分为数个民族地区的问题。当时的中央或许认为，在一个辽阔、富饶的地区建立一个独立的国家体，存在着其退出统一的苏维埃联邦国家的危险。后来，这个提议成了“泛突厥主义”“泛伊斯兰主义”等概念出现的基础。[①] 莫斯科派来的，以伏龙芝为首的突厥斯坦工作委员会推翻了“突厥共和国”的方案。与“泛突厥主义”相对立的将突厥斯坦按民族地域划分的方案就在此时出炉。这是对穆斯林精英“危险联合”的一个应对措施。

但当时中央也考虑到，进行这种划分必须做好充分的准备，必须具备一系列的条件，首先要加强苏维埃政权，并将布哈拉和花拉子模改组成社会主义共和国。1920年2月，俄罗斯联邦全俄中央执行委员会建议其下属的突厥斯坦中央执行委员会和人民委员会提出划界方案。以伏龙芝和古比雪夫为首的全俄中央执行委员会突厥斯坦委员会和人民委员会，在深入研究突厥斯坦的政治、经济和文化形势之后得出结论：1920年进行突厥斯坦民族国家划界是不合时宜的。

① 在斯大林时期，该提议的始作俑者因此被判为民族主义分子。因宣传这种思想，苏丹格里耶夫作为“人民的敌人”被开除出党，1939年被处决。

列宁在审阅了全俄中央执行委员会突厥斯坦委员会和俄罗斯联邦人民委员会的材料之后指示，要详细地研究划界的具体条件并进行认真的准备。同时提出具体建议：

（1）绘制突厥斯坦民族志地图及其他地图，将突厥斯坦划分成乌兹别克、吉尔吉斯和土库曼三部分；

（2）详细阐述这三个民族融合与分化的条件。①

虽然当时还没做出民族国家划界的决定，但已经在基本的政府政权制度方面和所有管理层面上，建立了乌兹别克、吉尔吉斯（哈萨克）和土库曼这三个民族的党团。

此后，对"各民族的民族自决权"最佳形式及行政和经济活动的合理组织形式不断进行探索。在中亚地区先后成立了突厥斯坦、布哈拉和花拉子模共和国民族州和民族区，召开了土库曼、哈萨克、吉尔吉斯、乌兹别克民族代表大会及其他会议。1920 年 9 月，俄罗斯联邦同花拉子模苏维埃人民共和国，1921 年 3 月，俄罗斯联邦同布哈拉苏维埃人民共和国分别签署了"关于将原属俄罗斯联邦的土地、工厂及其他不动产无偿转交给花拉子模、布哈拉共和国的协议"，"关于帮助花拉子模、布哈拉共和国恢复和发展经济的协议"及"关于提高花拉子模、布哈拉共和国经济和文化水平的协议"。这是中亚各族人民民族国家建设过程中的重要阶段。

1922 年，制定了突厥斯坦共和国行政区划总体规划。在这一年，一些七河省和锡尔河省苏维埃和党的积极分子就"卡拉吉尔吉斯（吉尔吉斯）"人民的特别利益发表声明，提出了为"卡拉吉尔吉斯（吉尔吉斯）"人民建立一个独立的行政单位，即山地州的方案。经过激烈的讨论，决定暂停执行这个方案。1923 年，费尔干纳共产党员向塔什干提交了"将费尔干纳州变成突厥斯坦共和国一个独立的自治州"的方案。这个方案被苏维埃政权称为"政治错误"，遭到了拒绝。这个方案说明地方当局

---

① Гордиенко А. А. Создание советской национальной государственности в Средней Азии. Москва, 1959. С. 150.

并没有从民族划分的角度研究该地区的管理问题。

为了顺利地进行划界工作，突厥斯坦苏维埃自治共和国政府编撰了突厥斯坦民族志地图，成立了本地居民风俗习惯研究科学委员会，完成了大量划界准备工作。

如上所述，“民族划界”这个想法本身并不出自中亚，而是来自莫斯科，并于1923年年底提上了议事日程。苏维埃政府这次还把突厥斯坦、布哈拉和花拉子模共和国列入了划界进程当中。1924年的春天，中央政府说服地方精英必须进行这项改革。1924年6月12日，俄共（布）中央政治局通过了“关于中亚共和国国家划界”的决议，这标志着民族划界进程的开始。

最初的划界方案是：在现有中亚国家部分领土上成立一个大的乌兹别克民族加盟共和国，在部分领土上组建土库曼民族加盟共和国，再将部分领土划归作为俄罗斯苏维埃社会主义联邦共和国组成部分的吉尔吉斯（哈萨克）民族自治共和国（该自治共和国成立于1920年）。还计划成立3个自治州：隶属于乌兹别克斯坦的塔吉克自治州，隶属于吉尔吉斯（哈萨克）民族自治共和国的卡拉卡尔帕克自治州，隶属于吉尔吉斯（哈萨克）民族自治共和国或俄罗斯苏维埃社会主义联邦共和国的卡拉吉尔吉斯（吉尔吉斯）自治州。

为了确定新成立共和国的领土边界，在俄共中央委员会中亚局属下成立了领土委员会，由伊萨克·捷连斯基（Исаак Зеленский）担任主席。在莫斯科方面，由斯大林负责主持此项工作。该领土委员会是由乌兹别克局、土库曼局、吉尔吉斯（哈萨克）局和卡拉吉尔吉斯（吉尔吉斯）局等临时民族局（民族委员会），以及塔吉克分委会和卡拉卡尔帕克分委会组成。在激烈的争论过程中，俄共中央委员会暂停了所有官员的调动，在党的领导人没有协商解决出现的矛盾之前，严禁公开讨论矛盾分歧。

在苏联中央执行委员会第二次会议之后的很短时间内，中亚新共和国的建国程序实际上已经完成。1924年11月，突厥斯坦、布哈拉和花拉子模共和国中央执行委员会专门会议通过了该委员会自行解散的决议。在新建立的共和国内成立了革命委员会，领导新共和国及自治州苏维埃成立大会的准备工作。

20 世纪 20 年代后期，中亚各共和国均陆续完成了行政区划的调整，把原先的省（州）、县两级调整为州（专区）和区两级，区下面设村。

（二）中亚五个民族国家的建立

1. 乌兹别克苏维埃社会主义共和国的建立

1925 年 2 月 13 日，乌兹别克苏维埃社会主义共和国第一次代表大会在布哈拉城召开。2 月 17 日苏维埃代表大会通过了《建立乌兹别克苏维埃社会主义共和国宣言》。宣言从法律上确认了乌兹别克苏维埃社会主义共和国的成立，并宣布乌兹别克苏维埃社会主义共和国自愿加入苏联。

乌兹别克共和国是一个多民族的共和国。当时中亚地区总人口约为 813. 1 万，而乌兹别克共和国的人口数量达 396. 3 万。该共和国的乌兹别克人为 338. 1 万，约占该共和国人口总数的 85%。[①] 整个中亚的乌兹别克人当中 90%居住在乌兹别克共和国。

2. 土库曼苏维埃社会主义共和国的建立

1925 年 2 月 14—20 日，土库曼苏维埃第一次代表大会在波尔托拉茨克举行。大会通过了土库曼苏维埃社会主义共和国成立宣言和土库曼自愿加入苏联的决议。1925 年 5 月 13 日，苏联第三次苏维埃代表大会通过了接纳乌兹别克和土库曼两个共和国加入苏联的决定，乌兹别克和土库曼成为继俄罗斯联邦、乌克兰、白俄罗斯、外高加索联邦之后苏联的第五和第六个加盟共和国。

3. 塔吉克苏维埃社会主义共和国的建立

在以乌兹别克民族为主的中亚民族共和国的组建过程中，塔吉克民族共和国的组建历经周折。最初拟定成立塔吉克自治州，后改成塔吉克自治共和国，隶属乌兹别克苏维埃社会主义共和国。最后在塔吉克精英们的努

---

① Абдуллаев Р. М. Туркестан в начале XX века：к истории истоков национальной независимости. Ташкент，2000. С. 666.

力下，于1929年成立了塔吉克苏维埃社会主义共和国并加入苏联。

4. 吉尔吉斯社会主义共和国的建立

1924年12月，卡拉—吉尔吉斯（吉尔吉斯）自治州革命委员会由塔什干迁至比什凯克办公。1925年3月27日，卡拉—吉尔吉斯（吉尔吉斯）自治州第一次代表大会在比什凯克开幕。大会决定将“卡拉—吉尔吉斯”恢复为历史族名“吉尔吉斯”，吉尔吉斯自治州正式成立。

1926年2月1日，全俄中央执行委员会主席团决定将吉尔吉斯自治州升格为吉尔吉斯自治共和国。1927年3月7日，吉尔吉斯自治共和国苏维埃第一次代表大会在伏龙芝（1926年，比什凯克改名为伏龙芝）开幕，大会通过自治共和国成立宣言。4月，全俄苏维埃第十三次代表大会批准成立吉尔吉斯自治共和国，并接纳其加入俄罗斯联邦。1936年6月，吉尔吉斯自治共和国改为加盟共和国，12月，吉尔吉斯苏维埃社会主义共和国成立并加入苏联。

5. 哈萨克社会主义共和国的建立

通过民族领土划界，突厥斯坦共和国的七河州和锡尔河州的大部分领土划归吉尔吉斯（哈萨克）斯坦。从1924年11月起，这些州由共和国政府组建的革命委员会负责管理。这次对哈萨克土地的重新合并使哈萨克斯坦领土扩大了近70万平方公里，领土总面积达270万平方公里，人口增加了146.8万人，人口总数达523万人。1926年的人口普查结果表明，哈萨克人约占共和国人口总数的三分之二（63.%）。①

1925年4月，哈萨克斯坦第五次苏维埃代表大会将吉尔吉斯的族称恢复到历史上该民族的真正名称——哈萨克，并将吉尔吉斯苏维埃社会主义自治共和国改名为哈萨克苏维埃社会主义自治共和国。1936年12月，哈萨克苏维埃社会主义共和国成立并加入苏联。

此外，1923年2月，卡拉卡尔帕克自治州正式成立，隶属吉尔吉斯（哈萨克）自治共和国。1930年7月，卡拉卡尔帕克自治州划归俄罗斯联

---

① Рыспаев К. История Республики Казахстан. Алматы，2002. С. 219.

邦。1932 年 3 月，卡拉卡尔帕克自治州升格为自治共和国。1936 年 12 月，卡拉卡尔帕克自治共和国从俄罗斯联邦划归乌兹别克共和国。

中亚民族划界从本质上讲是布尔什维克党和中亚精英之间为了构建充满矛盾的“同盟”关系而进行的实际交锋，划分新的边界就是权力资源和各种象征性资源的重新分配。比如“乌兹别克斯坦”是在布哈拉和突厥斯坦（后来将花拉子模并入其中）的基础上建立的，某种程度上是对扎吉德运动——青年布哈拉党①人和很久以来就幻想建立“统一的突厥斯坦国”的突厥斯坦穆斯林的一种让步。乌兹别克斯坦共和国的首都不是“俄罗斯帝国”时代的塔什干，而是古都撒马尔罕，以此强调俄罗斯人到来之前的历史时代连续性，突出定居穆斯林居民双语（突厥语—波斯语）文化特征。与此同时，将居住着真正的游牧民族或者曾经的游牧民族的吉尔吉斯（哈萨克）和土库曼土地，从乌兹别克斯坦分离出去，限制了乌兹别克领导人的泛突厥野心，并为乌兹别克领导人建立了一种独特的政治和象征性“平衡”。在行政上将游牧文化与定居文化区分开来，很大程度上继承了以往俄罗斯帝国的传统，将游牧民族视为现代化和俄罗斯化更为合适的对象。

二、费尔干纳盆地的民族划界情况

费尔干纳在中亚民族划界中处于边缘地带，远离几个具有象征意义的中心。卡拉吉尔吉斯（吉尔吉斯）自治州的边界问题是费尔干纳盆地划界的焦点问题，原计划将这个游牧民族居住的州或者直接保留在俄联邦社会主义共和国的管辖内，或者归属吉尔吉斯（哈萨克）斯坦。卡拉吉尔吉斯（吉尔吉斯）族的活动家们积极在中央政府机关寻求思想上和领导人的支持，游说成立自己民族的行政单位，关于这个问题的争论一直持续到 1922 年。

乌兹别克方面在提出自己的民族国家划界观点的同时，不反对设立卡

① 青年布哈拉党是 1916—1920 年布哈拉汗国的资产阶级民族主义政党。

拉吉尔吉斯自治州的总体计划，并答应将费尔干纳的部分土地划归俄联邦社会主义共和国。显然，这是更复杂的关于塔什干归属问题较量的一部分，而吉尔吉斯（哈萨克）共和国一直希望得到塔什干。乌兹别克斯坦虽然牺牲了经济意义不大的天山山前地带和阿赖山谷，但作为回报，获得了对其他地区领土要求的政治优势。这样一来，就再也无法指责“乌兹别克人从不做出让步，要将所有领土置于其控制之下”①。

然而，尽管费尔干纳在划界过程中处于次要地位，但将费尔干纳分解成“乌兹别克”和“卡拉吉尔吉斯”两个部分还是引发了一系列直接涉及边界划分等有争议的问题。第一个问题是，如何划分“乌兹别克人”和“卡拉吉尔吉斯人”，如何划分语言和文化属性不太明显的族群。第二个问题，如何划分那些“乌兹别克人”和“卡拉吉尔吉斯人”混居在一起的地区，如何维持、使用这些地区的基础设施，如牧场、道路、灌溉系统等。第三个问题，卡拉吉尔吉斯自治州作为一个独立的行政单位，将如何建立自己赖以生存的经济发展潜力。1924 年夏天，乌兹别克和卡拉吉尔吉斯委员会的成员之间就这些问题进行了激烈的辩论，寻找不同观点和利益之间的平衡点。

在为非城市居民的游牧（山区）民族建立一个独立行政实体的方案中，已经考虑到卡拉吉尔吉斯的经济独立性问题。如果没有作为行政、文化和贸易中心的城镇，就无法实现“民族”经济生活的独立。然而，费尔干纳盆地各城镇居住的大多是乌兹别克人，以及其他无论如何也不能重新登记为“卡拉吉尔吉斯人”的定居族群。这意味着一些主要居住着乌兹别克人的费尔干纳城镇要归属于卡拉吉尔吉斯州，代表“未来的乌兹别克斯坦”的领土委员会也不得不在这个问题上做出妥协。最东部的县级中心——奥什市就属于这样一座城市，该市周围居住着很多游牧民。奥什虽然是个小城镇，但它拥有一座具有象征意义的圣山——“所罗门王座”

① Абашин С. Н. Национальное размежевание в Ферганской долине：как все начиналось. http：//islam-ca. com/2011-06-12-21-23-51/559-2012-10-05-10-27-21.

（塔赫特苏莱曼）山，是一个宗教中心，每年前往此地的朝圣者络绎不绝。

尽管如此，卡拉吉尔吉斯方面仍然坚持将盆地最大的行政和经济中心之一——安集延市划归卡拉吉尔吉斯。提出这个要求的卡拉吉尔吉斯代表强调这个城市对于居住在费尔干纳盆地东部的卡拉吉尔吉斯人的重要性，并指出将安集延市划归该州是建立经济基础的需要。乌兹别克方面在回应这个要求时，列举了民族学证据，并强调指出，乌兹别克族居民占这个城市人口的大多数，有必要进行民族自决。在这种情况下，“民族的证据”显然比“经济的因素”更具有说服力。

上述及其他有争议的问题于 1924 年 8 月 20 日提交领土委员会讨论。领土委员会决定，将浩罕县、纳曼干县和马尔吉兰县从前的游牧乡和一些独立农业村社划归卡拉吉尔吉斯州，而大多数定居村镇仍归属乌兹别克斯坦。奥什县除一些地区外，完全转交给卡拉吉尔吉斯。双方最终同意这个解决方案，两个共和国之间的边界问题得到解决，并将这个解决方案报告了斯大林。正如当时宣布的那样，剩下的有争议的问题可以继续讨论研究。

1924 年 10 月，苏维埃联盟做出最终决定，成立新的中亚民族共和国和民族州。1924 年年底，卡拉吉尔吉斯的代表从塔什干到达成为新成立的民族州行政中心的比什凯克。在 1924 年的冬季和 1925 年的春季期间，卡拉吉尔吉斯自治州完成了新机构和管理制度的建立工作，举行了政权机关选举。1925 年 5 月，卡拉吉尔吉斯州更名为吉尔吉斯州。

吉尔吉斯州各主要机构组建完成后不久，“确定乌兹别克斯坦和吉尔吉斯斯坦之间边界”的问题又凸显出来。吉尔吉斯方面提出了一揽子新的领土要求，该州行政区划委员会于 1925 年 11 月对这些领土要求进行了阐述。吉尔吉斯斯坦当局认为，应该将一些无人居住区、独立的村庄和乡镇移交给吉尔吉斯自治区。吉尔吉斯斯坦特别提出了移交给乌兹别克斯坦的原马尔吉兰县和奥什县一些地区的居民问题，还提出了原安集延县和纳曼干县新边界的划定问题，还要求更改原浩罕县的边界，例如，将索赫区的盆地村庄移交给吉尔吉斯斯坦。

吉尔吉斯斯坦游说者尽可能地采用民族学的证据。他们特别指出，在费尔干纳东部原安集延县、马尔吉兰县的许多村庄和奥什县的一些乡居住着“非乌兹别克居民”，主要有“突厥人”“吉普恰克人”“喀什噶尔人”和“塔吉克人”等。“突厥人”尽管在语言和许多生活习惯方面与乌兹别克人比较接近，但过着半游牧生活方式，并与吉尔吉斯人联系密切，按照划界的逻辑，完全可以将他们列为盆地“游牧民族”。“吉普恰克人”昨天还是游牧民族，也与吉尔吉斯人联系密切（部分吉普恰克人就是吉尔吉斯人的组成部分）。“喀什噶尔人”中的许多人已经用新的名称“维吾尔人”进行登记。塔吉克人是独立的民族，吉尔吉斯方面指出，像乌兹别克方面那样在确定在某一地区某个民族占多数时，自动将塔吉克人统计为该多数民族的做法是不合适的。①

考虑到这些主张打破了在早些时候达成的利益平衡，乌兹别克当局在回应中，重新提出了将乌兹别克人居住的奥什市和奥什县并入乌兹别克斯坦的问题。乌兹别克斯坦还对原阿拉万乡提出了要求，该乡从马尔吉兰县划归吉尔吉斯斯坦。此外，乌兹别克斯坦要求归还从安集延县划分出去的艾姆乡部分土地。乌兹别克方面提出这些要求的理由是，上述领土分割破坏了灌溉系统的完整性，因为灌溉“乌兹别克”土地河流源头成为吉尔吉斯州的一部分。为了纠正这种情况，建议将位于山前地区的几个乡，如喀什噶尔乡和哈纳巴德乡划归乌兹别克斯坦。

在 1924 年及 1925—1927 年的争论过程中，争议地区的当地居民到上级主管机关抗议和请愿，以这种方式施加压力，要求同意乌兹别克斯坦提出的上述要求。档案材料也证明，大多数的抗议和请愿都与许多乌兹别克斯坦居民不愿意加入吉尔吉斯州并要求留在乌兹别克斯坦有关。②

安集延县、马尔吉兰县和奥什县的居民也发出提出类似要求的信函。

---

① 参见 Абашин С. Н. Национальное размежевание в Ферганской долине: как все начиналось. http: //islam-ca. com/2011-06-12-21-23-51/559-2012-10-05-10-27-21.

② 参见 Абашин С. Н. Национальное размежевание в Ферганской долине: как все начиналось. http: //islam-ca. com/2011-06-12-21-23-51/559-2012-10-05-10-27-21.

这些居民在信函中指出，当地吉尔吉斯人和乌兹别克人和睦而居，很久以来就从事农业生产，而不经营游牧经济，因此想继续留在乌兹别克斯坦。

其他不想划归到吉尔吉斯斯坦的原因还有吉尔吉斯斯坦经济落后，中学必须学习不大普及的吉尔吉斯语等。很难说，这样的请求是乌兹别克斯坦方面授意的，还是当地居民确实对自己的未来担忧。

整个 1926 年，各个调解中亚各共和国之间边界争端的苏联中央特别委员会，专门研究相互之间提出的各种要求。莫斯科向该地区派出了专门代表团，就地研究边界争端和所提交的证据。虽然吉尔吉斯斯坦于 1926 年获得了俄罗斯联邦的一个自治共和国的地位，但其游说能力无法与乌兹别克斯坦相提并论，因为乌兹别克斯坦除了加盟共和国的地位外，还拥有强大的统计学家、经济学家队伍，对人们的态度具有很强的影响力，并与中央有着良好的个人关系。尽管如此，莫斯科一直试图找到一个折中点，并考虑处于弱势一方的证据。各委员会一项接着一项地做出决定，各种要求时而得到满足，时而又遭到否定。这种不确定性导致各种要求的再度升级和对问题的重新审定。[①] 1927 年 5 月，全俄中央执行委员会主席团做出决定，三年内不再审议任何与重新划分边界有关的申请。

除了两个共和国之间，即乌兹别克斯坦和俄罗斯联邦之间进行划界外，吉尔吉斯自治州（后来成为共和国）也参与到划界当中。20 世纪 20 年代中期，特别是在 1925 年至 1927 年期间，在每个“民族领土”上还进行了复杂的行政区划，在行政区划过程中也出现了一些经济和民族问题，不同势力之间为各自的利益进行了激烈的争论。

对于原费尔干纳省划归乌兹别克斯坦的这一部分地区，制定了两种方案：或者建立一个统一的区，即保持原来的地位，或者划分为两个区，即安集延区和浩罕区。最终选择了分为两个区的方案。在分为两个区的情况下，也有两种分区方案可供选择：（1）将原安集延县和马尔吉兰县自动划

---

① Койчиев А. Национально-территориальное размежевание в Ферганской долине（1924 - 1927 гг.）. Бишкек，2001.

归安集延区，纳曼干县和浩罕县划归浩罕区；(2) 将费尔干纳以农业为主的东部地区划归安集延区，将费尔干纳盆地中西部以“工业”为主的地区划归浩罕区。最后确定采用第一种分区方案。

费尔干纳盆地划归吉尔吉斯斯坦的这一部分成立了两个区，即奥什区和贾拉拉巴德区，1926 年更名为奥什州和贾拉拉巴德州。

按照布尔什维克党的设想，各共和国和自治州内部进行行政区划时，不仅应该符合经济需要，也要兼顾居民成分和要求拥有少数民族地位的各类族群。确定新的行政单位边界时还考虑了民族的地区分布情况。1923 年安集延县革命委员会代表在一份报告中对行政区划原则进行了说明，进行行政区划时，要尽量将同一个少数民族居民归类到同一个乡里，应设法避免将数量较少、无法组成一个独立乡的同一个少数民族居民分散到其他不同乡里去。按照这个原则，如果同一个少数民族居民不能组成一个独立的乡，就可以把他们合并到同一个农村社区里。

正确划分领土的基础是了解掌握民族分布地图和民族名录。在 1924 年至 1925 年的民族划界过程中，官员使用了不十分准确的 1917 年人口普查数据和当时的统计数据。1926 年进行了全苏人口普查，这次普查反映了科学家和政府官员对中亚居民的民族构成进行的激烈争论，并对重新建立该地区行政边界进程产生了影响。这次普查象征性地进一步确认了民族国家划界的结果。居住在各个共和国和州领土上的主要居民都拥有一个主体民族名称，即“哈萨克”“卡拉卡尔帕克”“吉尔吉斯”“塔吉克”“乌兹别克”“土库曼”。乌兹别克斯坦在这个方面变化最大，不仅原来的“萨尔特人”登记为“乌兹别克人”，撒马尔罕、布哈拉和费尔干纳一些村庄的大部分伊朗语居民也登记为“乌兹别克人”。

1926 年的人口普查在费尔干纳盆地划分出了一些人口数量较少，但可以成为正式的少数民族的族群：卡拉卡尔帕克人、突厥人、库拉马人、吉普恰克人、维吾尔人（喀什噶尔人）等。这些族群均有自己的社会活动家，要求在地方一级行政单位中拥有代表机构，并占有一定资源份额。

通过民族划界划归乌兹别克斯坦的费尔干纳伊朗语居民，即塔吉克人，也提出在一定程度上进行民族自治的要求。卡尼巴达姆地区居民在1925年2月会见参观费尔干纳盆地的全俄中央执行委员会主席米哈伊尔·加里宁时，表达了“将卡尼巴达姆设置为塔吉克自治区的愿望”。当局同意了这个请求，乌兹别克斯坦中央执行委员会于1925年4月15日宣布卡尼巴达姆地区为塔吉克自治区。此后，卡尼巴达姆的公文往来和教育改用塔吉克语。

1927年成立了苦盏区，其中包括原撒马尔罕州（苦盏市）和原费尔干纳州（伊斯法拉市、卡尼巴达姆市和阿什特村）的部分地区。根据1926年人口普查资料，这个区包括了塔吉克族占主导地位的地区。然而，由于行政区划在乌兹别克斯坦内部进行，并没有影响到共和国之间的关系，关于苦盏区行政边界的所有冲突和争端并没有造成政治方面和全联盟范围内的影响，只是一个共和国的内部事务。

其实，“塔吉克的问题”在1924年的民族划界过程中就出现了。最初计划在乌兹别克斯坦的框架内成立塔吉克自治州，其中包括原布哈拉东部地区和突厥斯坦共和国原撒马尔罕州的一些乡镇。结果成立了塔吉克自治共和国，并另外下设了戈尔诺—巴达赫尚自治州。在划界争论中还提到了费尔干纳西部土地问题。历次人口普查资料显示，这里居住着塔吉克人，但普遍的解决办法是将这片土地划归乌兹别克斯坦，这既是由于这里的塔吉克族与乌兹别克族和其他民族存在着严重的耕地交错分布现象，也是因为业已形成的经济关系无法分割。采取这种做法一方面反映了苏联国家领导人占主导地位的经济观点，另一方面也说明苏联当局将工作重点首先放在对游牧民族和定居民族区分上，而乌兹别克族和塔吉克族之间的矛盾就显得微不足道。虽然领土委员会中设立了塔吉克分委会，但其成员表现得非常被动，只是同意乌兹别克方面提出的路线。

然而，民族划界之后，乌兹别克和塔吉克双方之间的冲突开始加剧。自1926年以来，塔吉克斯坦自治区领导人及其精英，就乌兹别克斯坦针对塔吉克自治共和国、塔吉克民族及塔吉克语的总体政策不断提出抗议。塔吉克自治共和国领导人要求绕过乌兹别克斯坦，直接加入苏联，以确保该地区的正常发展和真正的文化独立性。由此要求将可能成为未来塔吉克共和国经济基础的地区并入该共和国。另一种解决问题的方案是，建立所有的共和国地位平等的中亚联邦，然后加入苏联。

苏联最高国家机关对这些呼吁进行了回应，根据内部和外部情况，原则上决定成立塔吉克斯坦加盟共和国。其中的一个原因，是出于对乌兹别克斯坦非常明确的地区霸权的担忧，所以必须对乌兹别克斯坦施加额外的限制。似乎也想利用成立“塔吉克民族国家”的事实来影响愈演愈烈的阿富汗内战，因为这里的塔吉克人（或伊朗语居民）积极参加阿富汗内战。与莫斯科有着良好关系的塔吉克新领导人，如阿卜杜卡迪尔·毛希丁诺夫的游说也发挥了作用。

1929 年，塔吉克斯坦和乌兹别克斯坦领土划界委员会开始工作。乌兹别克斯坦领导人很快同意将整个苦盏区划归塔吉克共和国，因此，所有的主要争论转移到关于撒马尔罕、布哈拉和苏尔汗达里亚的问题上来。领土委员会中的乌兹别克斯坦代表试图从经济上的考虑及费尔干纳西部地区与乌兹别克斯坦浩罕市的经济联系方面寻找理由，反击塔吉克对其他地区提出领土要求。塔吉克方面和领土划界委员会领导轻而易举地以民族优先原则，以及苦盏区已成为一个完整行政单位且乌兹别克斯坦自己同意将该区划归塔吉克斯坦等理由反驳了这些论点。

1929 年秋，独立的塔吉克苏维埃社会主义共和国成立。塔吉克领导人试图从乌兹别克斯坦获得苏尔汗达里亚的一些地区，并且几乎达到了这个目的，但 1930 年年初，关于这个问题所有的争论被由莫斯科做出的果断决定终止。

当地居民对待民族划界总体上是平静的。被划入这个或那个行政单位并不会立即改变人们的日常生活，也不会严重影响他们的利益。关于划界会破坏和改变正常的经济活动、个人交往、习惯的旅游线路等方面的担忧并没有成为现实，因为当时的边界没有实际意义，地方政府机构的作用较弱，决定权在莫斯科，莫斯科可以迫使或说服争论者达成妥协，也有权惩罚肇事者。

通过民族划界，费尔干纳盆地由乌兹别克斯坦、吉尔吉斯斯坦和塔吉克斯坦三个民族国家瓜分，在政治版图上作为一个独立的经济和文化整体已经彻底消失了，变成了三个苏联加盟共和国的边缘地带。

三、对中亚民族国家划界的评价

20世纪20年代中亚地区进行的史无前例的民族国家划界使中亚地区有史以来第一次出现了五个以民族名称命名的国家。不同立场的人对此事件有不同的评价。

斯大林曾对中亚的民族划界有过这样的评价：土耳其斯坦（突厥斯坦）不久前完成的民族划界，可算作这样接近群众的榜样。资产阶级的报纸把这种划界看作“布尔什维克的诡计”。然而，很明白，这里所表现的不是“诡计”，而是土尔克明尼亚（土库曼）和乌兹别克人民群众愿有他们所接近和所理解的自己的政权机关的深远意向。在革命以前的时代，这两个国度都被分裂成好多个不同的汗国和国家，是“有权者”的剥削阴谋捡便宜的场所。现在时机到了，这些分裂的小块可以重新联合而为独立的国家，以便使乌兹别克和土尔克明尼亚的劳动群众与政权机关接近而打成一片。土尔克斯坦的划界，首先是这些国家被分裂的各部分之重新联合而为独立的国家。如果这些国家后来愿意加入苏联而作为它的平等的一员，那么这只是说，布尔什维克找到了理解东方人民群众深远意向的一把钥匙……①

在原苏联的相关文献中，1924年的中亚民族国家划界大都被解释为中亚各民族的自由意愿和共产党民族政策的胜利。认为中亚民族国家划界、苏维埃民族共和国的建立以及自愿加入苏联使每个民族能够相对集中在各自的“政治实体”中，这样可以消灭民族不平等现象，能够取得与俄罗斯民族同等的地位，促进了中亚的劳动群众参与苏维埃建设，加强了中亚各

① 斯大林：《马克思主义与民族、殖民地问题》，人民出版社，北京，1953，第287—288页。

民族与俄罗斯及其他民族之间的友谊，为消除中亚各民族经济、文化的落后创造了有利条件，加快了这些民族聚合成社会主义民族的过程。

客观上讲，中亚民族国家的建立加强了这一地区居民的民族意识。在民族划界前，大多数乌兹别克人都没有意识到自己是一个统一的民族，费尔干纳乌兹别克人按汗国名称来称呼，通常被称为浩罕人；泽拉夫尚、喀什卡达里亚和苏尔汗达里亚乌兹别克人被称为布哈拉人。游牧的喀什卡达里亚和苏尔汗达里亚乌兹别克人不认为城市里的乌兹别克居民是乌兹别克人。花拉子模人将所有的来自乌兹别克斯坦其他地区的乌兹别克人称为塔吉克人，而俄国殖民者将他们称为萨尔特人。那时的民族认同处于次要地位，次于地域认同或氏族认同。划界后各民族的民族认同感和民族意识明显增强。到了20世纪五六十年代，大多数乌兹别克人在回答“你是什么人”问题时，都首先称自己是“乌兹别克人”，之后再说出自己的居住地。

民族划界和建立民族国家使中亚地区几个人口较多的民族能够相对集中地居住在本民族的“政治实体”中，使民族居住区域混杂的状况有所改善，促进了这些民族的聚合。按当时的统计，全苏联82.6%的乌兹别克人居住在乌兹别克共和国境内，同时该国居民的72.4%为乌兹别克人；全苏联94.2%的土库曼人居住在土库曼共和国，该国居民中71.9%是土库曼人；全苏联75.2%的塔吉克人居住在塔吉克自治共和国，该国居民总数的71.2%是塔吉克人；吉尔吉斯自治州居住着全苏联86.7%的吉尔吉斯人，自治州居民中吉尔吉斯人占66.2%；全苏联79.3%的卡拉卡尔帕克人居住在卡拉卡尔帕克自治州，自治州居民中卡拉卡尔帕克人的比例为38.1%；全苏联94%的哈萨克人居住在哈萨克自治共和国，哈萨克人占自治共和国总人数的53.4%。[①]

哈萨克斯坦共和国总统H. 纳扎尔巴耶夫在其著作《前进中的哈萨克斯坦》中对此事件也有评价，他指出：“……尽管如此，我们也不能抹杀哈萨克民族1917年以来的历史。别的不说，就在这一时期，我们这个在上

① 丁笃本：《中亚通史·现代卷》，新疆人民出版社，乌鲁木齐，2004，第159页。

个世纪被强行分为三个部分、失去了民族和领土的统一完整的国家成为一个共和国，恢复了过去的疆域，正式划分了边界，这一切正是在联盟政府最初执政的年代里实现的，这已经成为我们独立的自主的国家完全合法的唯一基础，我们怎么可以忽视这一点呢?”①

尽管如此，对此事件也有许多消极的评价。俄国著名东方学学家 B. 巴尔托里德院士认为，1924 年中亚民族国家划界时所采用的民族原则是按照 19 世纪西欧历史确定的，完全不符合中亚当地的历史传统，不符合中亚的历史发展。比如，花拉子模作为一个政治实体被消灭就完全违背了中亚传统。花拉子模语和花拉子模民族大概是十三世纪消失的，但花拉子模后来却坚强地保留下来，并在暂时的破坏之后，依靠自己与邻国完全不同的日常生活准则，迅速地恢复了自己的政治独立性。即使在乌兹别克人和土库曼人之间相互仇视的时候，也没有想过划分花拉子模。

巴尔托里德认为，布尔什维克过于急躁地进行中亚的民族领土划分。按民族特征所进行的划分在一定程度上加速了民族联合过程，但同时对中亚民族也有负面影响。希瓦、布哈拉以及后来的撒马尔罕和其他城市作为政治和文化中心的作用急剧下降，历史上形成的相互联系的整个体系被摧毁，民族干部政策被废弃。按欧洲模式建立的民族共和国打断了中亚的自然发展过程，产生了新的紧张和冲突根源，极大地减缓了公民社会的形成速度。②

还有学者认为建立新的民族国家的具体方案是在塔什干和莫斯科的办公室里秘密做出的，是出于政治目的。莫斯科想在俄国东方建立一个“试验地”，即建立能分化敌对力量，并将语言及其他民族特征相近的大的居民群体联合起来的民族国家，使其成为俄国在东方传播革命思想的前沿阵地。突厥斯坦是首选之地。按着斯大林的观点，突厥斯坦是使东方走上革命之路的最重要共和国，这不仅仅由于突厥斯坦是东方民族融合的地方，还由于其“东方腹地”的重要地理位置。因此，必须对突厥斯坦在提高群

① ［哈］努·纳扎尔巴耶夫著：《前进中的哈萨克斯坦》，民族出版社，北京，2000，第 15 页。

② 参见 В. В. Бартольд О национальном размежевании в Средней Азии. http：//www. ca－c. org/ datarus/st_ 13_ olimov. shtml.

众文化水平，加强国家机关民族化等方面予以高度重视。应该想方设法、不遗余力、不怕牺牲地去完成这项任务。①

同时，中亚还被视作与英国对峙的前沿阵地。在布尔什维克政策中，对外政策方面占据着非常重要的位置。布尔什维克期待着并竭尽全力促进那里的民族革命，民族思想成为输出商品，它帮助苏维埃俄国在全世界的舞台上进行表演。②

许多著作中都将1924年的民族划界评价为“克里姆林宫埋设的地雷”，“克里姆林宫绘图者的魔鬼计划”等。还有更形象的表述说中亚民族是“斯大林民族政策的大锤在被毁灭的文明残骸上打造出的新民族”。③

乌兹别克斯坦科学院历史所出版的《20世纪初的突厥斯坦》一书对此事件做了较为详细的评价。该书的主要观点如下：

1924年底，布尔什维克实行的中亚民族划界政策是一项精心构想出来的举措，是同主要的思想及政治敌人——民族解放运动做斗争的需要。在几十年时间里，民族解放运动一直是反沙皇和布尔什维克帝国图谋的重要因素，是整个中亚地区重要的聚合力量。

为了实现这个强加在中亚各民族身上的政策，需要投入大量的时间和精力。第一个阶段——从1920年民族划界设想的产生，到1924年这一设想的实现——为民族划界设想寻找思想、政治、精神文化依据，为下一步的行动做准备。在四年时间里，对突厥斯坦、布哈拉和花拉子模共和国各民族的民族意识进行大规模的压制，人工加快一体化进程，加速民族认同的形成。第二个阶段——1924年为民族划界的直接实施阶段。这一行动自始至终都是中亚党的工作人员在俄共中央及其全权代表的领导下进行的，缺乏考虑各民族意愿的机制。

民族划界设想的实现是布尔什维克成功的战术手腕。首先，民族解放

---

① 参见 Леонид Левидин Узбекистан на историческом повороте. Москва, 2002, стр. 109.

② С. Н. Абашин Зарождение и современное состояние среднеазиатских национализмов. http://www.nationalism.ru/articles/abashin.shtml.

③ 参见 Леонид Левидин Узбекистан на историческом повороте. Москва, 2002. С. 113.

运动不论是思想上，还是实践上都受到了明显的打击。随着民族国家的成立，中央将该地区民族的注意力从外部敌人转到内部问题，这对中亚的民族解放运动即刻产生影响。从 20 世纪 20 年代中期起，民族解放运动就开始消退。许多运动的思想家和领导者认为在当时那种情况下继续进行解放斗争没什么前景，就移居国外，将斗争转移到国际舞台上，期望吸引国际舆论来解决中亚问题。

但最主要的是，布尔什维克党借助这项举措在自己的地缘政治战略构想中取得了很大成就。不仅俄罗斯联邦的突厥斯坦自治共和国参与了民族领土划界，同时，法律上属于独立国家的布哈拉和花拉子模共和国也参加了民族领土划界。这两个国家经过重新划界，成立新的民族国家并加入苏联等过程永远地从世界的政治版图中消失了。布尔什维克再一次证明了其对沙皇帝国政策及对中亚地区地缘政治野心的忠诚。

将新成立的民族国家视为中亚各民族的“民族国家”也未必合理。因为随着这些国家加入苏联，签署加盟苏联协定，以及俄共中央委员会中亚局、中亚经济委员会和其他类似于全苏联制度的保留，所有国家所具有的政权功能和权利都受制于中央。它们完全没有主权和独立，实际上只相当于苏联行政经济区。这些民族国家从诞生之日起，其角色就已被确定为中央利益服务的原料供应地。①

（美）胡曼·佩马尼在其著作《虎视中亚》中说：“苏联并没有保持中亚作为一个完整的地区的形式，而是一再对这一地区进行划分，直到 1936 年将其划分为五个所谓的以民族为基础的共和国。建立这些共和国的目的在于消灭中亚人民之间的地区亲缘感，而代之以五个不同的民族统一体。尽管这一计划改变了某些地区特点，并为中亚各国的冲突埋下了种子，却并没有不可逆转地改变中亚的整体地区特征。”②

通过对中亚民族划界这段过程的研究可以看出，民族在某种条件下是

---

① 参见 Абдуллаев Р. М. Туркестан в начале XX века：к истории истоков национальной независимости. Ташкент，2000. С. 667－669.

② ［美］胡曼·佩马尼著，王振西主译：《虎势中亚》，新华出版社，北京，2002，第 42 页。

可以通过政治手段“人工”形成的。例如，在建立乌兹别克共和国时，为了保证乌兹别克人的主体民族地位，需要使乌兹别克人在所要建的共和国内占多数。实际上当时乌兹别克人只在原希瓦汗国、布哈拉埃米尔国以及撒马尔罕州占多数。在锡尔河州和费尔干纳州乌兹别克人在数量上少于萨尔特人。为了政治需要，在 1920—1924 年间，萨尔特人都更名为乌兹别克人。“萨尔特人”——一个特殊的居民范畴构成了“乌兹别克人”的主体。根据俄国的统计资料，萨尔特人占从前突厥斯坦边区居民的二分之一到三分之一。除了萨尔特人，“乌兹别克人”中还包括一些不大的民族集团——“库剌玛人”、“突厥人”、“喀什噶尔人”（一部分喀什噶尔人被登记为“维吾尔人”）、“阿拉伯人”、一部分“塔吉克人”等。当然，政权机关并没有提出立刻统一语言和文化的任务。当时的任务是，要加强“乌兹别克”民族认同并在此基础上形成对新的国家的忠诚。

苏维埃官员对一些东方学家反对人为鼓励乌兹别克民族认同是这样答复的：“民族意识，尤其是对民族自决的渴望，并不是说同一种语言，信奉同一种宗教，属于同一个部落或部落集团的人们共同生活这个事实的现成产品。”① 因此，“民族”的出现不仅是科学分析某些客观特征的结果，而且也是一种政治选择，这种选择是不受某些形式上的标准（比如，语言）的限制的。

中亚民族划界为日后苏联解体，五个加盟共和国独立埋下了伏笔，奠定了基础。通过民族划界、成立民族国家以及加入苏联等过程，中亚各民族走上了与苏联各民族族际一体化的社会主义发展之路。苏联把中亚各共和国的民族培养成了成熟的民族，唤起了他们的民族意识，促使各民族共和国民族主义情绪逐渐高涨并成为主权国家，最终导致苏联解体后，五个中亚国家相继独立。

通过对中亚现代民族过程，尤其是对 20 世纪 20—30 年代中亚民族划界及民族共和国建立这一史实的详细、深入的阐释与分析，可以看到民族

① Немченко М. Национальное размежевание Средней Азии. М. , 1925. С. 3.

形成的人为因素和民族国家形成背后主观构建的力量，也可以得出这样一种观点：民族边界的形成，既有历史和文化差别等客观原因，也有主观认同的原因。民族既是文化的，也是政治的；既是客观的，也是人为的；民族既承载着不同的文化认同，也承载着物质上的利益。但在实际的民族关系中，起更大影响的，或者说更难以突破民族界限的往往是其政治性和物质利益性的一面。总而言之，民族过程就是民族产生、发育、成熟的过程，这个过程可以是一个自然的过程，在一定程度上，也可以因人为的操纵而改变其过程和方向。

我们从中亚民族划界中可以吸取的教训是，应该尊重民族的自然发展规律和历史上形成的现状。人为地加速民族过程，过分强调民族意识，虽然能暂时促进民族发展，满足一时的政治利益，但最终会导致事与愿违的结果。苏联的解体就是最好的例证。

总之，通过对这一事件的研究，我们可以得出这样一个观点：民族过程就是民族产生、发育、成熟的过程，这个过程可以是一个自然的过程，在一定程度上，也可以因人为的操纵而改变其过程和方向。

第七章　费尔干纳盆地的飞地问题

第一节　费尔干纳盆地飞地的概况及由来

一、飞地的概况

飞地是一种特殊的人文地理现象，指隶属于某一行政区管辖但不与本区毗连的土地。通俗地讲，如果某一行政主体拥有一块飞地，那么它无法取道自己的行政区域到达该地，只能“飞”过其他行政主体的属地，才能到达自己的飞地。一般把本国境内包含的外国领土称为内飞地（enclave），外国境内的本国领土称为外飞地（exclave）。[①]

费尔干纳盆地是世界上飞地最多的地区之一，共有 8 个飞地，分属三个不同的独立国家。属于乌兹别克斯坦的飞地共有 4 个：南索赫、沙希马尔丹、北索赫和贾盖尔。属于塔吉克斯坦的飞地有 2 个：沃鲁赫和西卡拉恰。以上 6 个飞地均位于吉尔吉斯斯坦西部的巴特肯州，因此该州被称为“飞地之州”。此外，在乌兹别克斯坦费尔干纳州和塔吉克斯坦索格特州还有 2 个属于吉尔吉斯斯坦的飞地：巴拉克和萨尔瓦克。在这些飞地中，面积较大的有南索赫、沙希马尔丹和沃鲁赫。

索赫飞地。乌兹别克斯坦的索赫飞地位于吉尔吉斯斯坦巴特肯州，包括北索赫和南索赫两个独立的飞地。北索赫也叫乔卡拉，也称卡拉恰或下

---

① http：//www. hudong. com/wiki/%E9%A3%9E%E5%9C%B0.

游索赫，面积较小；南索赫也叫上游索赫，面积较大。两个飞地位于索赫河流域。索赫飞地是吉尔吉斯斯坦境内最大的一个飞地，面积为220平方千米，[①] 隶属于乌兹别克斯坦费尔干纳州，于1990年设立索赫区，是唯一一个成立独立行政区的飞地。

苏联时期飞地归属于哪个国家主要依据该地区居民所讲的语言，但索赫飞地的情况比较特殊。它地处吉尔吉斯斯坦境内，隶属于乌兹别克斯坦，但绝大多数居民为讲塔吉克语的塔吉克族人。这里共有19个居民点，总人口为5.89万人，其中99.4%为塔吉克族人，乌兹别克族人只占0.2%，还有少量其他民族的居民。[②]

沙希马尔丹飞地。该飞地隶属于乌兹别克斯坦费尔干纳州，位于吉尔吉斯斯坦巴特肯州阿赖山峡谷地带，距离乌兹别克斯坦费尔干纳市55千米，海拔1500米。面积90平方千米，人口约2—2.5万，其中91%为乌兹别克族人，9%为吉尔吉斯族人。[③]

沙希马尔丹飞地气候宜人，是一个很好的疗养地。此外，该地区有许多宗教名圣，最有名的当属伊斯兰世界公认的七大圣墓之一——阿里·伊本·阿比·塔利卜陵墓。这里还有乌兹别克斯坦著名诗人哈马扎·哈基姆扎捷·尼亚孜的陵墓及纪念他的博物馆。

沃鲁赫飞地。该飞地位于吉尔吉斯斯坦巴特肯州，隶属于塔吉克斯坦索格特州伊斯法拉区，距离塔吉克斯坦本土20千米，面积为130平方千米。这里是塔吉克族人聚居地区，约有4万塔吉克族人。[④] 该地区共有十二个村落，每个村落的居民在性格、言语文化、行为方式等方面都有各自的特点，甚至同一个村庄内的居民说两种不同的塔吉克语方言。这里有许多属于前伊斯兰教时期的名胜古迹、有名望的伊斯兰学者和伊斯兰教徒的陵墓，一些地方的地名就来源于古波斯语。

---

① Сох. http：//ru. ferghana. uz/soh.

② Сох. http：//ru. ferghana. uz/soh.

③ Шахимарданский эксклав. http：//ru. wikipedia. org/wiki/.

④ Ферганская долина：вызовы времени. http：//www. dolinamira. org，2005.

沃鲁赫飞地的地理位置非常重要，途经沃鲁赫的公路是连接吉尔吉斯斯坦巴特肯州梁良区与吉尔吉斯斯坦国内其他地区的唯一通道。

除了上述三个较大的飞地，其他几个飞地面积较小，人口较少。

巴拉克飞地位于乌兹别克斯坦安集延州，行政上隶属于吉尔吉斯斯坦奥什州卡拉苏区。面积大约 4 平方千米，常住人口约有 600—1 250 人左右，60%为吉尔吉斯族人，还有少量的乌兹别克族人。巴拉克飞地被一块宽约 1.5 千米的地带与吉尔吉斯斯坦本土分隔开，从飞地到吉国本土需要穿过一个吉国边境检查站，二个乌国边境检查站和一个海关。①

萨尔瓦克飞地位于乌兹别克斯坦纳曼干州帕珀区，行政上隶属于塔吉克斯坦索格特州阿什特区。萨尔瓦克地形狭窄，长 14 千米，宽 600 米，位于萨尔瓦克河沿岸，面积约为 8.4 平方千米，人口约 250 人，均为乌兹别克族人，其中一半左右的居民在二十世纪九十年代初已经领取了乌兹别克斯坦的身份证。飞地离塔吉克斯坦本土最近距离仅为 1.2 千主。②

西卡拉恰飞地位于吉尔吉斯斯坦的巴特肯州，隶属于塔吉克斯坦。是位于布尔卡巴什塞河中游的一小块塔吉克绿洲，面积不足 1 平方千米，被吉尔吉斯斯坦的梁良区所包围。③

贾盖尔飞地位于吉尔吉斯斯坦巴特肯州，行政上属于乌兹别克斯坦费尔干纳州费尔干纳区，领土不足 1 平方千米。④

二、飞地的由来

飞地的形成原因多种多样，大致可以归为两点：一种是自然和历史原因形成的，另一种是由外来侵略势力强加形成的。费尔干纳盆地的飞地有其独特的历史，它是 20 世纪 20—30 年代该地区民族国家划界的产物。

① Барак. http：//ru. wikipedia. org/wiki/.

② Сарвак. http：//ru. wikipedia. org/wiki/.

③ Западная Калача. http：//ru. wikipedia. org/wiki/.

④ Джангайл. http：//ru. wikipedia. org/wiki/.

20 世纪 20—30 年代，苏联政权根据以往的民族分类和当时的政治利益，在中亚地区进行了大规模的民族国家划界和建立民族国家工作，最终成立了哈萨克、乌兹别克、吉尔吉斯、土库曼、塔吉克五个以主体民族命名的社会主义加盟共和国，并全部加入了苏联。①

在这次民族国家划界过程中，费尔干纳盆地也进行了综合的边界划定工作，最后该地区被划分成三部分，分别属于乌兹别克社会主义加盟共和国、吉尔吉斯社会主义加盟共和国和塔吉克社会主义加盟共和国。

费尔干纳盆地三国边界在某种程度上是由当时的划界委员会确定的，它忽视了划界的基本原则，主要依据的是民族特征。在确定某个城市和经贸中心的归属时，没有考虑当地居民业已形成的经济社会生活实际，在一些地区，边界线贯穿村庄的中心，甚至将居民的住房和菜园子分隔开。还有一些地方，父母和子女的住房被国界线分割开，分属不同的共和国。划界忽视了民族国家地域的连续性，没有最大限度地取直边界线，从而不可避免地形成了一些飞地。盆地三国都有属于他国的飞地，这就使得该地区三国的边界错综复杂，你中有我、我中有你，众多民族跨界而居。

第二节　盆地三国对飞地所属权的争夺

索赫飞地由于其特殊的形成历史，成为费尔干纳盆地主权争议最大的飞地。20 世纪 30—50 年代初期的中亚行政地图标明，索赫最初并不是完全被吉尔吉斯斯坦领土包围的“小岛”，而是与乌兹别克斯坦费尔干纳州相连的“半岛”。中亚民族国家划界的有关材料也记载，索赫及与其毗邻的布尔干达地区都是隶属于乌兹别克斯坦的领土，但这些材料中同时还有

① 张娜：《中亚现代民族过程研究》，中央民族大学出版社，北京，2008 年，第 189—201 页。

一个附加说明：这是一条大致划定的边界，还有待于进一步勘定。[①] 1955年，乌兹别克共和国与吉尔吉斯共和国就有争议的划界问题达成了协议，按对等原则成立了联合勘界委员会，该委员会决定，将属于乌兹别克斯坦大约7万公顷的土地转交给吉尔吉斯斯坦，其中包括布尔干达和索赫地区。但要使该决定具有法律效力，必须得到乌兹别克和吉尔吉斯两个共和国部长会议和最高苏维埃主席团，以及苏联最高苏维埃主席团批准。乌兹别克和吉尔吉斯两个共和国部长会议分别于1955年8月3日、1956年10月22日批准了该决定。之后，两国政府将所有材料提交给各自共和国的最高苏维埃，以期得到最后核准。但乌兹别克共和国最高苏维埃主席团在研究所提交材料之后，不同意联合勘界委员会做出的将索赫部分地区转给吉尔吉斯斯坦的决定，否定了联合勘界委员会的决定。吉尔吉斯共和国最高苏维埃主席团在未获得乌兹别克斯坦及苏联最高苏维埃主席团最终批准的情况下，于1961年3月30日颁布法令，按照联合勘界委员会的决定确定了双方的边界。乌兹别克斯坦政府认为，既然乌兹别克斯坦及苏联最高苏维埃主席团没有批准该决定，那么按照当时的苏联法律，该决定是没有法律效力的。但吉尔吉斯斯坦政府却坚持认为，该地区应隶属于吉尔吉斯斯坦。[②] 在索赫飞地的所属问题上，吉、乌两国至今仍存在着很大的争议。

吉尔吉斯斯坦的巴特肯州在地理上处于封闭状态，对该地区而言，经过索赫飞地的对外交通运输通道具有非常重要的战略意义，因而吉尔吉斯斯坦一直要求乌兹别克斯坦归还索赫飞地，而乌兹别克斯坦则拒绝归还这个飞地。

沙希马尔丹飞地是吉、乌两国间仅次于索赫飞地的主权争议较大地区，该飞地有着滑稽可笑的形成历史。据1967年塔什干出版的《乌兹别克社会主义加盟共和国历史》记载，沙希马尔丹于1924年民族国家划界

① С. Самадов Кому принадлежит анклав Сох? http：//www. centrasia. ru/newsA. php? st = 1207062000，2008. 4. 1.

② С. Самадов Кому принадлежит анклав Сох? http：//www. centrasia. ru/newsA. php? st = 1207062000，2008. 4. 1.

后就归乌兹别克加盟共和国所有。书中有这样的描述：根据民族国家划界文件，以下区域属于乌兹别克社会主义加盟共和国：……安集延、浩罕、纳曼干费尔干纳县70个乡以及费尔干纳州7个专区（沙希马尔丹、乌阿吉尔等）。①苏联政府在民族国家划界后于1926年进行的人口普查资料中也有相关证明。根据这次人口普查资料，沙希马尔丹村属于乌兹别克加盟共和国费尔干纳专区阿尔第阿雷克区沙希马尔丹村委会。该村委会包括两个村子：沙希马尔丹村和亚尔丹村。沙希马尔丹村有290户，1 434人，都是乌兹别克族人。亚尔丹村共有134户，560人，也都是乌兹别克族人。②

但吉尔吉斯斯坦却对沙希马尔丹飞地的归属问题有另外一种解释，认为，苏联时期之所以将沙希马尔丹从吉尔吉斯共和国划给乌兹别克共和国，完全是为了给乌兹别克共和国领导人提供一个疗养的场所。③ 民间还有另外一种说法：20世纪30年代，当时的吉尔吉斯共和国中央执行委员会主席团主席阿卜杜克里木·奥罗兹别克在与乌兹别克共和国的领导人阿宏巴巴耶夫玩牌时，将沙希马尔丹输给了对方。吉尔吉斯斯坦认为，没有任何能够直接或间接证明沙希马尔丹属于乌兹别克斯坦的法律依据和法律文件。④ 因此，吉尔吉斯斯坦政府一直认为沙希马尔丹是吉尔吉斯斯坦的领土。但考虑到乌兹别克人强烈的宗教意识，以及本已紧张的两国关系，吉尔吉斯斯坦政府没有采取特别措施索要沙希马尔丹飞地，但在议会选举时这一问题经常会被提出来。

吉、塔两国对沃鲁赫飞地的主权也有争议。沃鲁赫飞地的地理位置非常重要，途经沃鲁赫的公路是连接吉尔吉斯斯坦巴特肯州梁良区与吉尔吉斯斯坦国内其他地区的唯一通道，因此，吉尔吉斯斯坦非常渴望获得沃鲁赫飞地

---

① История Узбекской ССР. Т. 3. Ташкент，1967. С. 397.

② Материалы Всесоюзной переписи населения 1926 г. в Узбекской ССР. Вып. 1，часть 7. Самарканд，1927. С. 209-210.

③ Даниил Кислов Анклав Шахимардан：большие проблемы маленького городка на юге Ферганской долины. http：//www. fergananews. com/article. php？ id=3445，2005. 2. 7.

④ Александр Князев Война，и не снившаяся исламским боевикам，может разразиться в Центральной Азии，если Узбекистан не изменит свою политику по отношению к соседям. http：//ctaj. elcat. kg/tolstyi/a/a003. htm，2001. 3.

的领土主权。而塔吉克斯坦也绝不会放弃这个具有战略意义的飞地。

但由于吉尔吉斯斯坦与塔吉克斯坦在对外运输和能源供给等许多方面均受制于乌兹别克斯坦，两国都希望摆脱受制于乌兹别克斯坦的状况，因而在共同利益大于分歧的情况下，吉、塔两国对飞地问题都持比较谨慎的态度，以保持彼此间良好的合作关系。

第三节 飞地问题对该地区产生的负面影响

苏联时期，三国在边界问题上虽然产生过一些摩擦，但这些边界只是苏联各加盟共和国的行政区界，还没有对业已形成的社会和经济模式产生很大的阻碍，费尔干纳盆地内部整体上还是一个开放的区域，共和国间的界限实际上没有太大意义。苏联政权在该地区进行基础设施建设的时候，并没有特别考虑各共和国的边界，该地区的灌溉、道路交通以及能源方面具有很强的相互依赖性。那时将一个加盟共和国的某些地区转给另一个加盟共和国也是一件比较容易的事情。比如从 1933 年至 1988 年苏联政府擅自将塔吉克斯坦 14.6 万公顷的土地划归吉尔吉斯斯坦；吉尔吉斯社会主义加盟共和国成立后，苏联政府将原来归属乌兹别克加盟共和国，并且自古以来就是乌兹别克族人居住的奥什州、贾拉拉巴德州划归吉尔吉斯加盟共和国管辖。从居民的日常生活来看，边界的影响也不是很大，因为那时该地区所有的居民——乌兹别克人、塔吉克人、吉尔吉斯人都是苏联公民。

苏联解体后，中亚地区原来的五个加盟共和国相继宣布独立。随着五个主权国家的出现，原本近乎虚设的行政区域界限几乎在一夜之间变成了实实在在的国界，成为独立国家的标志。吉尔吉斯斯坦与乌兹别克斯坦之间有 1 375 千米共同边界，其中大约 993 千米已经勘定，吉尔吉斯斯坦与塔吉克斯坦之间有 970 千米的共同边界，其中 560 千米已经勘定，还有 70 个有争议地段，乌兹别克斯坦与塔吉克斯坦之间有 1 500 千米共同边界，

85%已经勘定。[①] 目前，乌、吉、塔三国间所有没有勘定的边界几乎都集中在费尔干纳盆地，飞地成为勘界过程中最大、最棘手的问题，而三国边界的不确定性又给该地区带来一系列负面的影响。可以说飞地问题对费尔干纳盆地乃至整个周边地区的和平与稳定构成了严重威胁。

一、飞地为宗教极端势力从事跨境恐怖活动提供了有利条件

费尔干纳盆地自古以来就是受伊斯兰教影响最深的地区，这里的宗教上层历来都积极参与政治斗争，或凌驾于世俗政权之上，或充当反世俗政权的政治势力。沙皇俄国时期，这里就发生过多次大规模的反俄起义。十月革命后，费尔干纳的伊斯兰上层积极参加反苏维埃的巴斯马奇运动。苏联时期，尽管政府实行无神论政策，但该地区的宗教活动从未停止过，只不过由地上转入地下。苏联解体后，伊斯兰教在费尔干纳盆地的反弹势头很猛，出现了宗教狂热现象，现被认定为国际恐怖组织的“乌兹别克斯坦伊斯兰运动”，就是于 1995 年在费尔干纳盆地成立的，其头目塔希尔·尤尔达舍夫来自该盆地的纳曼干城。

费尔干纳盆地山高沟深，地理环境独特，同时又伴有民族众多、民族关系复杂的特殊人文环境。苏联解体后，独立的乌、吉、塔三国在该地区形成了错综复杂的边境格局，尤其是若干飞地的存在使该地区边境的许多地段成为三国边境管理的真空地带，为宗教极端势力进行跨国恐怖活动提供了有利条件。

1999—2000 年，“乌兹别克斯坦伊斯兰运动”恐怖组织在费尔干纳盆地索赫与沃鲁赫飞地之间的吉尔吉斯斯坦巴特肯地区制造了一系列恐怖袭击事件。1999 年 8 月，大约有 1 000 名“乌兹别克斯坦伊斯兰运动”恐怖组织武装分子从塔吉克斯坦出发，在袭击了一些吉尔吉斯斯坦军队的哨卡

① Курбанбай Искандаров：Большой проблемой для Кыргызстана является попытка Узбекистана оспорить приграничные участки по старым документам. http：//mirror24. 24. kg/parlament/121328-kurbanbaj-iskandarov-bolshoj-problemoj-dlya. html，2012. 2. 14.

之后，窜入吉尔吉斯斯坦的巴特肯州，占据了5个居民点，并劫持了20名人质，其中包括吉尔吉斯斯坦内务部队司令员沙姆盖耶夫少将和4名日本地质考察人员。武装分子要求为其提供从吉尔吉斯斯坦至乌兹别克斯坦的无障碍通道。在获得赎金之后，武装分子释放了人质。2000年，800余名“乌兹别克斯坦伊斯兰运动”的武装分子越过塔吉边界，再次进入吉尔吉斯斯坦巴特肯地区，企图取道进入乌兹别克斯坦境内。

在1999—2000年间，吉、乌军队与武装分子的冲突持续了数月之久。1999年8月22日至10月25日共造成27名吉尔吉斯人死亡。2000年约有100—120名武装分子被击毙，共有33名吉尔吉斯斯坦军人牺牲。[①]

仅在2005年，费尔干纳盆地乌、吉两国靠近边境的城市就发生了多起骚乱事件。2005年3月下旬，一些极端分子在吉尔吉斯斯坦城市奥什等地进行打砸抢，制造动乱。2005年5月12—13日，乌兹别克斯坦城市安集延发生了严重骚乱，武装骚乱者突袭当地军警岗哨和驻地，冲击监狱、放出囚犯，并一度占领安集延州政府和安全局大楼。2005年12月24日，奥什市发生了州政府礼堂爆炸案。极端势力进行的恐怖活动极大地影响了该地区的安全局势。

二、飞地严重损害了盆地三国之间的关系

1. 主权国对飞地的管理导致盆地国家间关系恶化

乌兹别克斯坦在1999—2000年费尔干纳盆地恐怖袭击事件期间，为了维护国家安全，派遣部队进驻索赫和沙希马尔丹两个飞地，加强对这两个飞地的安全管理，但恐怖袭击事件结束后也未撤出其部队。乌兹别克斯坦在吉尔吉斯斯坦领土内部的军事存在对吉国产生了很大的安全压力，引起吉尔吉斯斯坦政府极大的不满，吉政府认为这种行为违反了国际法准则。为了消除乌兹别克斯坦对本国的军事威胁，吉政府坚决主张飞地非军事

① Ферганская долина：вызовы времени. http：//www. dolinamira. org，2005.

化，除武装警察外，不允许任何军事力量存在。在吉政府的坚决要求下，乌兹别克斯坦才于 2010 年 6 月从索赫飞地撤出了重型坦克装备。[①] 这一事件对两国关系造成了严重的损害。

1999 年乌兹别克斯坦政府为了阻止伊斯兰武装分子侵犯领土，单方面在乌、吉和乌、塔边境埋设地雷，布雷区包括吉尔吉斯斯坦境内的索赫和沙希马尔丹飞地，对人畜的生命安全构成了极大的威胁，多次发生人畜触雷死亡事件。[②] 吉尔吉斯斯坦政府多次要求乌兹别克斯坦提供雷区位置图并排除地雷，但直到现在这一问题仍没有得到实质性的解决。两国在此问题上的争执也一直持续至今。

这一问题对吉、塔两国关系也有负面影响。1999 年费尔干纳盆地恐怖袭击事件之后，塔吉克斯坦加强了对沃鲁赫飞地边境的管理。2002 年 10 月，塔吉克斯坦开始在沃鲁赫边境上设立边境检查站并收取过境费，这引起吉政府和当地居民的强烈反对。作为报复，吉政府也在边境上设立边检站，并向飞地居民收取过境费。该地区经常发生当地居民互相捣毁对方边检站的事件。

2. 对飞地资源的争夺使盆地国家间关系恶化

吉、乌两国围绕着北索赫地下储气库以及北索赫油气田归属问题所产生的争执就是一个很好的例证。北索赫地下储气库是苏联时期在两个枯竭油气田设施的基础上建造的，苏联时期以及苏联解体之后一直为乌兹别克斯坦占有并使用。该设施由 3 个燃气分配站、152 口平衡增压井组成。其中 8 口增压井位于乌兹别克斯坦境内，其余的增压井位于吉乌边境的有争议地区。目前，北索赫地下储气库是“乌兹别克斯坦燃气运输股份公司”的主干企业，乌兹别克斯坦每年冬季正是通过这个地下储气库向其在费尔干纳盆地的工业设施和居民供应天然气。

---

① Узбекистан пустил граждан Киргизии на приграничные территории. http://www.newsru.com/world/02jun2010/kirg.html, 2010.6.2.

② Когда закончится минная война в Средней Азии? http://analitika.org/1743-20060312110325426.html, 2006.3.12.

多年来吉、乌两国围绕着北索赫地下储气库和周围气田开采问题摩擦不断，而且有愈演愈烈之势。吉尔吉斯斯坦政府在大众传媒上公开指责乌兹别克斯坦侵占并非法使用北索赫地区的石油天然气资源以及苏联时期建设的地下储气库设施。更有一些激进的议会代表要求乌兹别克斯坦对已经开发的能源资源进行补偿，并挑动巴特肯州的居民以武力占领一直被乌兹别克斯坦开发的油气田。

吉尔吉斯斯坦政府在争议地区设立海关，扣押专用设备，阻止乌兹别克斯坦专家对石油天然气设备的维修。当地居民将擅自建设的厂房和车间与地下储气库的输气管道和天然气井连接，抽取北索赫地下储气库的天然气。乌兹别克斯坦技术人员多次试图拆除非法连接的管线，均遭到该地区居民的威胁和暴力阻挡。居民们认为这些领土归自己所有，吉当局允许他们全权使用。①

三、飞地造成当地居民关系紧张，边境冲突频发

由于飞地内土地、牧场、水资源等缺乏，因而当地居民——主要是乌兹别克人和塔吉克人与邻近的吉尔吉斯人之间经常因资源利用而发生冲突，而这些冲突只能通过国家层面来解决，与国家关系交织在一起。

如 2010 年 5 月在索赫飞地就发生了乌兹别克人与邻近的吉尔吉斯人因为牧场而发生的冲突。乌、吉、塔三国曾经签订协议允许乌兹别克人和塔吉克人到吉尔吉斯人的牧场放牧。但这一协议 2007 年已经过期，新的协议又未签订。所以吉尔吉斯人禁止乌兹别克人到自己的牧场放牧，这严重影响了乌兹别克人的生活。作为报复，索赫飞地的一些居民打砸经过飞地的吉尔吉斯人汽车。而吉尔吉斯人则封锁了连接索赫与乌兹别克斯坦本土的交通干线，在索赫到费尔干纳州的路上设置了至少五个边境检查站。在双

① Жасур Юлдашев Будут ли расставлены все точки над i? http：//www. gorizont. uz/cgi-bin/main. cgi？ raz=4&id=940.

方政府的协调下，边检站被撤销，但牧场问题仍未解决。

2013 年 2 月，乌兹别克斯坦费尔干纳州索赫区的乌兹别克人与吉尔吉斯人因吉尔吉斯斯坦的边境建设而发生冲突。大约 1 000 名索赫飞地的居民拔掉电线杆，烧毁汽车，殴打吉国警察，多人受伤。2013 年 4 月，塔吉克斯坦伊斯法拉区沃鲁赫飞地的居民和吉尔吉斯斯坦巴特肯州的居民因一条在建的公路发生冲突。塔吉克人认为，吉尔吉斯人修建的公路“阿克塞—塔姆吉克”穿过了自己的区域。塔吉克人殴打了吉尔吉斯的筑路工人，毁坏设备，之后关闭了穿过飞地的公路。作为报复，吉尔吉斯斯坦的边境村民关闭了由该村进入飞地的入口。一万多人参与了此次冲突。在吉尔吉斯斯坦的军人和警察的维持下，冲突才得以平息。

四、飞地极大地妨碍了当地居民的正常交往

由于历史的原因，费尔干纳盆地居民之间的通婚现象比较普遍，相邻地区许多居民间存在着密切的亲属关系。但民族国家划界在该地区所形成的混乱国界，尤其是飞地，将这种关系人为地割裂开来。在乌兹别克斯坦的索赫飞地，甚至出现了父母和子女家庭被国界线分隔开，分属吉、乌两国的情况，该飞地的居民需要经常到属于他国的邻近地区探亲。还有许多居民在日常生活中不得不到离他们最近的属于吉尔吉斯斯坦的市场购物，或在农忙时跨境打短工。

自 20 世纪 90 年代中期费尔干纳盆地设立第一批边境检查站以来，该地区的居民开始感受到了过境的困难。他们有时甚至在一天之内要多次穿越国界，接受边检人员的检查。以往他们穿越国境不需要任何证件，因此他们将边境检查站视为多余的官僚主义障碍，并不认为这象征着国界，更意识不到边检站的工作人员是在保护国家的经济利益和安全。而边检站的工作人员在过境检查过程中也常常态度粗暴，将不带证件而强行过境的当地居民视为违法分子。因此，当地居民与边检人员之间经常发生冲突，彼此产生敌意。有些居民为了减少过境带来的麻烦，经常非法过境，逃避边

境检查。

飞地居民的对外交往又深受与他们相关的国家政局和国家间关系的影响。尤其是索赫飞地，特殊的状况使其居民受三个国家时局的影响。如果吉尔吉斯斯坦或乌兹别克斯坦出现紧张局势，或者相互间出现矛盾和冲突，两个国家就会关闭自己的边境，导致飞地居民长时间处于与外界隔绝的状态。在索赫飞地有几所用塔吉克语授课的学校，在几十年时间里，他们的毕业生都到塔吉克斯坦的大学深造并获得文凭。现在由于塔、乌关系不甚友好，乌兹别克斯坦不承认塔吉克斯坦大学的毕业文凭，因此，索赫的中学毕业生不得不到乌兹别克斯坦的大学学习。在与塔吉克斯坦文化、教育联系中断后，索赫的图书馆不再有来自塔吉克斯坦的塔吉克语书籍，新书也就越来越少。飞地的文化生活也相应地受到了影响。

时至今日，乌、吉、塔三国在费尔干纳盆地的飞地问题上仍争执不下，互不相让。作为临时的解决方法，塔吉克斯坦政府曾提出，在吉尔吉斯斯坦领土上建立地上走廊，将飞地与塔吉克斯坦本土连接起来，乌兹别克斯坦也要求以索赫飞地的部分土地换取连接乌与索赫飞地长约20千米的交通走廊，这些主张都遭到了吉尔吉斯斯坦的坚决反对。吉尔吉斯斯坦认为，这将妨碍吉尔吉斯斯坦公民的正常流动和交往。

如果目前的状况不能改变，飞地问题将成为未来该地区冲突的导火索以及盆地国家相互干涉内部事务的借口。乌、吉、塔三国只有充分认识到飞地问题的严重性，在国家的层面上借鉴国际经验，真诚协商，通力合作才能找到合理解决该问题的有效途径。尽管目前盆地三国都做出了积极解决这一问题的姿态，但该问题积累时间之长，其中所涉及利益关系之复杂，使得该问题在很长时间内仍将是“悬而未决”的问题，并成为三国政府进行政治游戏的筹码。

第八章　费尔干纳盆地的民族冲突问题

第一节　民族冲突理论概述

一、“民族冲突”概念的界定

冲突可以理解为人与人、群体与群体之间激烈对立的社会互动方式和过程，可以把它看作是人们之间的一种直接对立关系。[①] 而民族冲突作为冲突的一种，有各种各样的解释。

理解民族冲突的根本问题之一就是冲突与族性的关系问题。也就是说，民族冲突与构成人类民族多样性的基本族性之间是否有联系。如果承认二者之间有联系，那么阿拉伯人和犹太人，亚美尼亚人和阿塞拜疆人，土耳其人和库尔德人，塞尔维亚人和阿尔巴尼亚人，乌兹别克人和吉尔吉斯人就应该被认为是“不兼容”的。

如果从功能性的角度来理解民族冲突，那就可以认为，并不是族性构成了民族冲突的实质，族性只是民族冲突的一种表现形式，也就是说，在冲突中暴露出的矛盾是一些以民族为基础聚合而成的共同体之间的矛盾。远不是整个民族都参与到每一个冲突当中，而只是这个民族中感觉到或意识到存在能够引发冲突的矛盾的那一部分人，或者一伙人参与到冲突当中。就其实质而言，冲突是解决矛盾和问题的方法，而矛盾和问题可以是

① 《中国大百科全书》（社会学），中国大百科全书出版社，北京，1991 年。

各种各样的。

在俄罗斯，大多数研究民族冲突的学者都以功能的观点对待冲突。比如，B. 季什科夫（В. Тишков）认为，民族冲突是公民的、政治的或者武装的对抗，在对抗中，冲突的双方或者一方被按着民族特征动员起来，参与对抗并受到伤害。

Л. 德罗比日娃（Л. Дробижева）强调民族冲突的功能基础，这一基础是建立在民族群体之间出现的社会问题基础之上。

A. 亚姆斯科夫（А. Ямсков）认为，民族冲突是一个动态变化的社会、政治状况，其形成原因是一个或几个当地民族的成员不接受历史上形成的现状，以如下一种或几种行为表达自己的不满：1）开始有选择性地迁出所居住地区；2）建立政治组织，声明为了该民族的利益而改变现状的必要性；3）自发抗议另一民族侵犯自己民族的利益。

B. 西科维奇（В. Сикевич）将民族冲突从民族和政治两方面进行交叉分析。他认为，可以将民族冲突理解为一种社会状况，这种状况形成于一个统一民族空间范围内的单个的族群（为一方）与国家（为另一方）在民族和政治空间交叉时利益的不相符，表现在该族群竭力要改变在国家范围内的民族不平等或者政治地位。西科维奇的观点将冲突主体与其政治目的联系在一起，不论他们发表什么样的宣言，不论冲突以何种形式表现出来，这种冲突本身都不是纯的民族冲突。

俄罗斯学者 M. 达维塔泽（М. Давитадзе）认为，族际冲突作为一种社会现象是族际间不同层次利益的冲突，是一些民族共同体在社会经济、政治、历史、心理、领土、分离、语言—文化、宗教信仰及其他因素影响下，彼此关系方面形成的深刻、复杂过程的体现。

民族冲突是族际矛盾的最高表现形式，具有公开对抗的特点。俄罗斯的心理学词典对民族冲突给出了如下定义：“民族冲突是按民族特征划分的利益矛盾群体之间发生的一种冲突形式”①

在俄罗斯还存在另外的观点，认为民族冲突是两个或两个以上的民族之间的对抗，其特点是相互不满，而且这种不满具有不断扩大，直至发展成武装冲突的趋势。任何一个民族冲突在一定程度上都是社会解体，一个民族对另一个民族歧视，以及人们之间社会关系割裂的后果。

在人类发展的漫长过程中，民族冲突始终与其相伴。根据斯德哥尔摩国际和平问题研究所的数据，在 20 世纪 90 年代中期的所有暴力冲突中三分之二是民族冲突。

二、导致民族冲突的原因和影响因素

世界范围内民族冲突的频发促使人们更多地对导致民族冲突的原因及影响因素进行研究。导致民族冲突的原因是复杂的，多层次的。从总体上来讲，一个国家的民族政策是导致民族冲突的主观原因，而特定的民族状况则是导致民族冲突的客观原因。这里的民族状况是指一个国家内部各个民族的数量、力量、意识强度、跨国特征、统一类型、宗教信仰等状况的总和。容易导致民族冲突的特定状况主要有：

1）国内的民族多样化程度。民族冲突常常出现在按民族特征来划分社会共同体的地方，出现在社会矛盾的解决被民族化的地方。

2）国内各民族间的力量结构。主要由人口多少、居住状况、地理位置、经济发展水平、团结程度、受教育程度等因素决定。

3）多民族国家的形成类型。包括武力征服型，自然融合型等。

4）国内民族的跨国性。

导致民族冲突的因素可以概括为：

1）社会经济因素——生活水平差距大，各民族代表在国家政权和管

① Л. А. Карпенко， А. В. Петровский， М. Г. Ярошевский Краткий психологический словарь. Ростов–на–Дону：《ФЕНИКС》. 1998.

理部门、贸易、服务、物质资源分配、有名望的职业以及政府机构所占有的份额差别大；

2）政治因素——出现了新的少数民族的领导人，他们在中央和地方获得更多的权力，极力维护少数民族作为国际政治体系中平等的一员，以及作为多民族中一个平等民族的自主权；

3）文化和语言因素——在社会生活中少数民族不能充分使用自己的语言和文化符号；

4）民族人口因素——由于移民以及人口增长方面差异，相互交往的各个民族的人口比例关系变化较快；

5）生态因素——周围环境以及所使用的自然资源由于污染而恶化，或者被其他民族或与其他民族相关的国家使用枯竭；

6）民族领土因素——国界或者行政界限与各民族居住地不吻合；

7）历史因素——各民族过去的关系：战争，政治上的主从关系，被驱逐以及与其相关的负面历史记忆；

8）宗教因素——包括居民宗教信仰方面的差异；

9）文化因素——也就是广义上的文化差别，从日常行为特点到政治文化特点；

10）心理因素——社会群体和民族中的个体对暴力破坏已经习惯的生活方式和物质、精神文化的威胁，以及对价值体系和传统规范的侵蚀有不同的理解；总体上会引起防御性的反应，因为放弃已经习惯的价值体系就意味着要承认占主导地位民族的价值观的优越性，便会产生自卑感和民族不平等感。①

俄罗斯科学院社会学研究所的一些学者②还划分出了以下较为具体的可能发生民族冲突的影响因素：

---

① 参见 Козырев Г. И. Политическая конфликтология /Г. И. Козырев. -М.：ИД《ФОРУМ-ИНФРА-М》，2008. С. 167.

② Вилен Николаевич Иванов，В. Н. Иванов，А. В. Козина Центр социологии межнациональных отношений Института социально-политических исследований Российской Академии наук.

——在少数族群已经形成自己固定居住区的人口混合地区发生民族冲突的可能性高；

——在大中城市发生民族冲突的可能性高；

——在青少年比例高，流动性大并且难以控制的地区发生民族冲突的可能性高；

——民族冲突的可能性取决于（游离于正常社会生活的人）被边缘化的人在城市居民中所占的比例；

——在居民受教育水平低（首先是年轻人），社会文化组成部分薄弱的地区发生民族冲突的可能性增加；

——发生民族冲突的可能性与居民的极端思想倾向，政治观点和宗教信仰直接相关；

——在生活水平低，社会基础设施落后，犯罪率高（其中包括贩毒、贪污腐败等）的地区发生民族冲突的可能性高；

——发生民族冲突的可能性取决于宗教极端主义和分离主义的状况。

应该特别强调的是，在民族冲突的缘由当中，民族极端主义占有重要位置。民族极端主义者常常善于利用客观上存在的矛盾，经济、社会、生态、精神方面的困难，民族国家制度、公民荣誉和尊严法律保护方面的不完善，以及干部政策上的失误。他们将这一切涂上“民族”的色彩，将重心转移到民族之间的对峙上来，并将被煽动起来的民族感情搀和到现实存在的问题上，然后启动民族极端主义的机制。

民族冲突既可以由一般性的原因引发，也可以由具体的情境性的原因引发。比如民族之间对土地、水、矿产、物质和精神价值的分配与再分配的争夺。因此，民族冲突具有经济、政治、法律及其他测量范式。

三、民族冲突的形式

在全球范围内民族冲突具有各种各样的形式。最简单的确定民族冲突形式的方法就是将其划分为暴力冲突和非暴力冲突两种。但不论是暴力还是非暴力冲突都可以再划分成若干种。比如武装冲突，包括地区性的、时间较长的战争（一般不少于几个月），即有常规部队参与并动用重型装备的武装冲突；短期的持续几天并伴有伤亡的武装冲突等。

其他民族冲突可以被列入非武装冲突之列。在后苏联空间这样的冲突有 100 多起。其中最明显的是制度冲突形式，即冲突双方在实现意识形态因素过程中，宪法、法律规则发生矛盾时所发生的冲突。另一种形式是游行示威式的冲突表现形式，其中包括集会、游行、绝食等行为。

俄罗斯的著名学者 B. 季什科夫（В. Тишков）[①] 还划分出一种冲突形式，称为“暴乱型冲突”或“大屠杀型冲突”，并定义为还不是在老谋深算的情境下，或者还未组构成武装力量，或者还不是前线清晰的有组织长期战斗的那种冲突。[②] 比如 1990 年夏天，在吉尔吉斯斯坦奥什乌兹别克族与吉尔吉斯族之间发生的冲突。

四、民族冲突的类型

根据俄罗斯研究者的观点，最普遍的民族冲突类型是：

1. 国家—法律类冲突。其基础是没有自己的国家或具有不被公认的国家的民族对自己法律地位的不满。就其实质而言，这是这一民族与当局之间的冲突，比如，阿布哈兹—格鲁吉亚冲突，南奥塞梯—格鲁吉亚冲突，

① 瓦列里·季什科夫（В. А. Тишков）——俄罗斯科学院民族学与人类学研究所所长。20 世纪 90 年代初曾任俄罗斯国家民族事务委员会主任。1993 至 2003 年担任国际人类学与民族学联合会副主席。

② 瓦列里·季什科夫著，姜德顺译：《苏联及其解体后的族性、民族主义及冲突——炽热的头脑》，中央民族大学出版社，北京，2009 年，第 254 页。

车臣事件，德涅斯特河沿岸问题①等。

2. 民族—区域类冲突。在苏联，民族区域边界往往随心所欲，反复移动，许多民族的居住区非常广泛并且相互交错，所以发生这类冲突比较多。还有些民族被强制迁离自己的家园。围绕这些民族区域的冲突不仅发生在被强制驱逐民族②的新居住地，在其历史祖国，当被驱逐民族返回从前的居住地时，也同样发生这类冲突。在苏联有100多块这样有争议的区域。其中包括奥塞梯人与印古什人的冲突，印古什人与车臣人的冲突，克里米亚鞑靼人与乌克兰人的冲突，纳戈尔诺—卡拉巴赫与麦斯赫提土耳其人的冲突等。这种冲突往往是难以解决的。

3. 跨界民族冲突。跨界民族是指原来同一民族被现行国家力量分割到

① 德涅斯特河沿岸地区是指摩尔多瓦共和国德涅斯特河东岸地区，面积4 163平方公里，人口75万，其中摩尔多瓦族占65%，俄罗斯族、乌克兰族各占13%。在苏联时代末期，一些摩尔多瓦人开始倡导“复兴民族文化和自我意识”，要求把摩尔多瓦语定为国语，主张将摩尔多瓦与同宗同文的罗马尼亚合并。1990年6月，摩尔多瓦最高苏维埃通过共和国主权宣言。德涅斯特河沿岸的俄罗斯人反对摩尔多瓦共和国从苏联分裂，同年9月宣布成立“德涅斯特河沿岸共和国”，1991年8月，决定退出摩尔多瓦，并选举产生了总统，但未得到国际社会承认。

1992年年初，摩当局与德涅斯特河沿岸主张脱离摩尔多瓦的俄罗斯人发生武装冲突，驻扎在德涅斯特沿岸地区的俄罗斯第14集团军也参与其中。自此，同为苏联加盟共和国的俄摩两国关系一直发展不顺。1998年，摩尔多瓦、德涅斯特河沿岸地区、俄罗斯、乌克兰签署了《摩尔多瓦和德涅斯特河沿岸地区采取信任措施和发展关系协定》，1999年，俄摩签署了《伊斯坦布尔协议》。此后，俄摩关系逐渐缓和。

近年来，俄摩两国强调发展双边关系，主张通过谈判解决德涅斯特河沿岸地区纠纷问题。11月17日，俄罗斯就解决德涅斯特河沿岸问题提出一个新方案。根据这一方案，摩尔多瓦将成为一个由基希讷乌中央政府和两个联邦主体“加告兹”（摩南部土耳其族自治区）和“德河左岸”组成的联邦国家。新方案出台后，摩总统沃罗宁表示原则上接受，但摩反对党则认为它有利于德河沿岸分裂势力立足。

② “被强制驱逐”这个术语可以理解为强行地、一次性地、紧急地将一个民族的人从其永久居住地（聚居区）迁到该国偏远的、条件恶劣的地区。驱逐一般由内务部或其他授权的惩罚性机构在最短的时间内完成，完全剥夺被驱逐民族的个人和公共财产权。同时撤销原来的自治共和国和自治州的建制。这些移民的新居地被称为“特殊居住区”。在这里，这些民族要居住在一起，在5—20年内被作为不可靠分子，受行政部门的监视，丧失了公民权和人身自由。卫国战争期间，苏联政府以一些非俄罗斯民族中的少数人“背叛祖国并且与德国法西斯合作”为理由，借口维护“国家安全”，对相关的整个民族实行严厉的惩罚。先后被强制驱逐的民族有10个，它们是伏尔加流域日耳曼族、卡拉恰耶夫族、卡尔梅克族、车臣族、印古什族、巴尔卡尔族、克里米亚鞑靼族、希腊族、麦斯赫提土耳其族和库尔德族。这些民族被强行逐出自己的家园，迁到遥远的中亚和西伯利亚地区。它们的人数，连同另外一些被部分强行迁移的少数民族在内，总共达500余万。

两个或两个以上国家的民族。跨界民族并不必然导致跨界性民族冲突，但如果跨界民族的民族向心力大于对所处国家的向心力时，就容易发生与所处国家或所处国主体民族之间的冲突。中亚费尔干纳盆地的跨界民族①——乌兹别克人与吉尔吉斯人之间的冲突就是跨界民族冲突之一。

4. 有被融合威胁的民族与融合民族的冲突。这种冲突是指在另一语言居民迅速涌入，当地世居民族面临被融合威胁所发生的民族冲突。在这种情况下，保护当地民族权利、对外来民族进行各种限制成为首要需求。在拉脱维亚、立陶宛、爱沙尼亚、摩尔多瓦、乌克兰以及俄罗斯联邦几个共和国发生的冲突就属于这类冲突。

目前，在俄罗斯还有两类比较典型的民族冲突类型：

——进入俄罗斯的不同民族的劳动移民之间的冲突，比如乌兹别克人与吉尔吉斯人，塔吉克人和高加索人，亚美尼亚人和阿塞拜疆人等之间的冲突。

——移民与俄罗斯人之间的冲突。

第二节 费尔干纳盆地的民族冲突

费尔干纳盆地一直以来就是一个“冲突”之地。18 世纪这里曾是浩罕汗国的腹地，在 19 世纪沙皇俄国侵占中亚的过程中，浩罕汗国是中亚三个汗国（还有布哈拉、希瓦）中唯一一个被俄国用武力强征下来的汗国。19 世纪下半叶沙皇俄国统治时期，费尔干纳地区成为中亚抵抗俄国殖民主义统治的主要中心之一。1876—1894 年费尔干纳州爆发了普拉特可汗领导的人民起义。1895 年，在当时的汗王承认突厥斯坦为俄罗斯帝国的附属国时，在安集延地区引发了新一轮以普拉特可汗为首的起义。起义者占领了

① 二十世纪二三十年代，苏联通过行政命令方式，在中亚划分出 5 个共和国，形成了复杂的跨界民族问题。80 万乌兹别克人被划入吉尔吉斯斯坦，占该国总人口的 13. 8%，主要居住在吉国南部地区，占该地区人口的 30%多。他们逐渐掌控吉南部的贸易和服务业，拥有自己的 3 家电视台和多家电台、报纸，形成独立的社会文化活动圈。

浩罕、马尔吉兰，攻入了纳曼干县。1885 年夏天在费尔干纳地区，8 月在奥什县、安集延县、马尔吉兰县相继爆发了以杰尔维兹可汗为首的起义。1893 年纳曼干县和浩罕县宣布进行圣战。1898 年爆发了著名的安集延起义。这次起义从安集延地区开始，波及奥什和纳曼干以及整个费尔干纳盆地。起义的目标是从沙皇的殖民统治下解放出来，恢复费尔干纳的可汗政权。计划在安集延、新马尔吉兰、奥什同时组织起义，但这个计划没有完全实现。安集延地区的起义者多达 2 000 人。① 在苏维埃政权时期，费尔干纳地区也是动荡地区。1917 年末，在浩罕组建了第一批抵抗苏维埃政权的队伍，到 1919 年末，费尔干纳地区活动着 40 多支大的武装力量。敌对双方表现得都极其残忍，导致在费尔干纳州，1919 年人口与 1915 年相比就减少了 25 万。②

20 世纪 80 年代末，费尔干纳盆地又成为具有民族冲突性质的群体性骚乱的中心。在 1989—2012 年间，费尔干纳盆地共发生 10 多次大的民族冲突，已造成超过 873 人死亡，约 3 960 人受伤。其中 60 多万人，主要是乌兹别克族人迁移，暂时或永久放弃永久居住地。4 100 多座房屋、政府设施、车辆及其他物品被部分或完全毁掉。有关民族冲突的数据显示，共发生了 10 000 多起刑事案件。③

一、费尔干纳地区 1989-2012 年发生的几次大的民族冲突

（一）乌兹别克斯坦费尔干纳州乌兹别克族人与麦斯赫提土耳其族人的冲突（1989 年）

1. 1989 年费尔干纳州人口状况

费尔干纳州位于费尔干纳盆地南部，1989 年的人口为 214.2 万人。其

---

① 张娜：《中亚现代民族过程研究》，中央民族大学出版社，北京，2008 年，第 115—117 页。

② Сергей Лунев Ферганская долина как одна из моделей регионального развития. http：//www. ca-c. org/journal/09-1997/st_ 04_ lunev. shtml

③ 资料来源：费尔干纳州群体争斗事件调查材料。第 11 册，235—236 页。

中乌兹别克族人为 173.5 万人，占 81%，俄罗斯族人为 12.38 万人，占 5.8%，塔吉克族人 11.45 万人，占 5.3%，吉尔吉斯族人为 4.36 万人，占 2%，鞑靼族人 3.27 万，占 1.5%，克里米亚鞑靼族人为 2.28 万人，占 1.1%，土耳其族人 1.36 万人，占 0.6%。[①] 非乌兹别克族人主要居住在费尔干纳市和库瓦塞。乌兹别克族人主要居住在马尔吉兰和浩罕。

2. 麦斯赫提土耳其族人

麦斯赫提土耳其族人来自于格鲁吉亚南部麦斯赫提亚地区。根据 1989 年全苏人口普查资料，在苏联共有 20.75 万土耳其人，其中 90%以上是来自于苏联格鲁吉亚南部与土耳其相邻的阿哈尔茨赫地区的 5 个行政区。这些地区是历史上麦斯赫提亚地区[②]的组成部分。在 1576—1829 年格鲁吉亚处于奥斯曼帝国统治时期，麦斯赫提亚地区居民皈依了伊斯兰教，并掌握了土耳其语，因而这里的居民也被称为麦斯赫提土耳其人。1944 年，麦斯赫提土耳其人和居住在麦斯赫提亚地区的其他穆斯林群体（库尔德人，卡拉帕帕赫人）一起，被作为政治上不可靠分子，被斯大林一纸命令驱逐到中亚的乌兹别克斯坦、哈萨克斯坦和吉尔吉斯斯坦的农村地区。1956 年，他们从行政监督下解放出来，但格鲁吉亚苏维埃社会主义共和国断然拒绝他们返回故土，他们的土地已经被其他民族占领。

20 世纪 50—60 年代，一小部分麦斯赫提土耳其人迁到了阿塞拜疆和北高加索地区，大部分留在了中亚地区。至 1989 年，麦斯赫提土耳其人最大的一个地区群体居住在乌兹别克斯坦。根据 1989 年人口普查资料，在乌兹别克斯坦共有 10.67 万麦斯赫提土耳其人，其中塔什干州有 4.32 万人，撒马尔罕州有 1.85 万人，锡尔河州有 1.87 万人，费尔干纳州有 1.36 万人，安集延州

---

① Национальный состав населения СССР. По данным Всесоюзной переписи населения 1989 г. М.，1991. С. 22.

② 麦斯赫提亚（Месхетия）——是格鲁吉亚的一个历史文化区。目前麦斯赫提亚的绝大部分归属于格鲁吉亚，占据格鲁吉亚南部和部分西南地区，隶属于格鲁吉亚阿吉根区、阿哈尔齐赫区和阿斯宾基区，中心是阿哈尔茨赫市。一小部分归属于土耳其相邻的几个区。

约有 5 000 人，纳曼干州约有 3 000 人，布哈拉州约有1 500人。

麦斯赫提土耳其人主要居住在农村地区，但主要聚居在州和区中心周围的郊区。大部分（尤其是塔什干州和锡尔河州）都从事农业生产，工业和建筑业的工人所占比例在不断增长，尤其是在撒马尔罕州和费尔干纳州。知识分子所占比例较小，麦斯赫提土耳其人的知识分子主要是教师、医生和工程技术人员，几乎都是第一代迁移过来的人。在许多地区，麦斯赫提土耳其人与乌兹别克斯坦其他民族的居民一样都从别墅区获得很高的收入。

费尔干纳州的麦斯赫提土耳其人大多数都分散居住，居住地主要是市郊。最大的地区群体集中在库瓦塞，大约有 5 000 多人。在费尔干纳州中心地带有 7 000 多人，少数居住在费尔干纳市，马尔吉兰市郊等地。在浩罕有 2 000多人。麦斯赫提土耳其人主要工作在工业企业、交通运输以及建筑等领域。农村地区的麦斯赫提土耳其人，首先是妇女，她们主要从事植棉业。

3. 库瓦塞简介

库瓦塞是 1989 年乌兹别克族人与麦斯赫提土耳其族人发生冲突的起点。库瓦塞是 1954 年在工人村的基础上建立的，离吉尔吉斯斯坦边境 3 千米，离费尔干纳市 19 千米，离塔什干市 256 千米。人口大约 7. 5 万人，主要是乌兹别克族人，还有吉尔吉斯族人、塔吉克族人以及斯大林时期被驱逐来的麦斯赫提土耳其人、鞑靼人等。

4. 冲突发生的背景

这次冲突的发生是有一定背景的。1985 年戈尔巴乔夫上台后即开始进行各方面的改革。1988 年，这股“改革之风”吹到了乌兹别克斯坦，在乌国内，尤其是知识分子阶层引起了强烈的反响。在自由、民主、公开的气氛下，媒体开始谈论腐败、滥用职权、生态等问题，谈论中亚地区居民的贫困生活。各共和国要求成为主权国家，重新审视苏联内部关系，重视主体民族需求的呼声越来越高。而对大众意识产生很大影响的是苏联政府对教徒和宗教组织的松绑。在乌兹别克斯坦宗教生活开始活跃起来，其中包括一些与官方对立的宗教组织的活动。

对乌兹别克共和国知识分子影响最大的是波罗的海地区出现的“人民阵线”组织及其所提出的“赋予主体民族语言国语地位”等口号。那时，在乌兹别克斯坦也出现了一些独立于国家的社会政治组织。塔什干知识分子的一些代表进入了“拯救咸海”社会委员会。1988 年 11 月 11 日，该委员会的一些成员成立了乌兹别克斯坦人民运动的首创团体“统一”组织，其性质和宗旨类似于波罗的海地区的人民阵线。[①] 该组织与克里米亚鞑靼人运动组织在塔什干及其他城市举行了一系列群众集会。

5. 冲突事件过程简介

根据一些媒体的报道，在“费尔干纳事件”之前已经发生了几次严重的事件。1988 年 2 月 4 日，在塔什干的坦西科巴耶夫地段举行了群众集会，游行者打出了“反俄罗斯人”、“反鞑靼人”的标语牌。1988 年 12 月 14 日，在安集延有人散发用乌兹别克语书写的反俄传单。根据乌兹别克共和国内务部的资料，1989 年 2 月 18—23 日，在塔什干乌兹别克族青年和非乌兹别克族青年之间发生了几次集体冲突事件，而 4 月 22 日在塔什干的大学城还发生了群殴事件。[②]

1989 年 5 月 16—18 日，库瓦塞的乌兹别克族与塔吉克族青年为一方，与麦斯赫提土耳其族的青年为另一方发生了群殴事件。在随后的一周，事件并没有平息下来，乌兹别克族青年之间谈论着要教训教训土耳其族人。5 月 23 日，两个民族的青年又开始群殴，并演变成大规模的、持续了两天的冲突。各方都有几百人参与其中。冲突人群试图闯入麦斯赫提土耳其族人和其他少数民族聚居的街区并在那里制造骚乱。当局一面劝说，一面用武力驱散冲突人群。在其他区和州的增援警察（约 300 人）到来后，骚乱被制止。骚乱致 58 人受伤，其中 32 人住院治疗，一个 26 岁的塔吉克族青

① 参见 Брусина О. И. , Осипов А. Г Об изучении межнациональных отношений：проблемы Узбекистана // Этнограф，обозрение. 1993. № 3. С. 15-27.

② 参见 Головков А. Ранение // Огонек. 1989. № 29. С. 28-31.

年伊克拉姆·阿卜杜拉赫马诺夫在医院不治身亡。[①]

当地执法机构没有特别重视这一事件。当时，库瓦塞市内务局的人员编制约有30名军官和军士，而费尔干纳州内务厅是乌兹别克斯坦编制最多的内务厅之一。但警察们受阿塞拜疆、亚美尼亚、格鲁吉亚和苏联其他地区的事件[②]影响，士气低落。内务厅的技术装备水平低下，没有针对群体事件的反应工具，没有人员保护工具（头盔，盾牌，警棍，催泪弹，电击枪，通信设备以及其他装备），专用车辆（警车）缺乏。

当时关于乌兹别克族与麦斯赫提土耳其族青年之间的争斗没有及时地向内务厅领导通报，只作为一件小的流氓事件记录在日常罪案报表中，也没有指出争斗参与者的民族所属，更没有向塔什干通报此事。

当时，在费尔干纳州流传一些有关麦斯赫提土耳其族人横行霸道，欺负乌兹别克族人的小道消息，说土耳其族人强奸乌兹别克族妇女，杀害幼儿园里的乌兹别克族儿童等。

1989年6月3—12日，库瓦塞的群殴事件蔓延到其他地区并演变成暴力冲突事件。6月3日早晨，在塔什拉克镇，乌族青年冲入土耳其族人聚居的街区，烧毁房屋，屠杀房屋主人。然后又来到共青团村，摧毁并焚烧该村土耳其族人的房屋。一部分暴乱分子又返回到塔什拉克，继续进攻土耳其族人，并打死一些人。逃出来的土耳其族人在警察的保护下，聚集在区党委会办公大楼。傍晚，300—400名乌兹别克族人在马尔吉兰施暴并烧毁土耳其族人房屋。[③] 在费尔干纳市也发生相同的情况。

在随后的4—12日，在马尔吉兰市、费尔干纳市、塔什拉克镇、别什波拉镇、央吉阿雷克镇、共青团镇、浩罕、基洛夫以及其他几乎所有有土

① 参见 Ферганская правда. 1989. 9 июня; Правда Востока. 1989. 11 июня.

② 1987年10月起在阿塞拜疆共和国的纳戈尔诺—卡拉巴赫自治州发生了阿塞拜疆人与亚美尼亚人之间的冲突。1988年2月阿塞拜疆苏姆盖特发生了针对亚美尼亚人的大屠杀。1989年4月8—9日，格鲁尼亚共和国首都第比利斯市几千人上街集会，示威者高喊“俄罗斯人滚出去!”，“取消格鲁吉亚苏维埃政权！成立共和国临时政权和退出苏联，成为独立共和国!”等口号。当地苏军奉命平息骚乱，造成20多人死亡，数千人受伤。

③ Лурье М., Студеникин П. Указ. соч. С. 58-59.

耳其族人居住的地方都发生了暴力冲突，造成大量人员伤亡，房屋被毁，还发生大量的劫掠、哄抢事件。许多土耳其族人被疏散到各地区党委会办公楼内。在许多地方，暴乱分子举行集会，提出要求，冲击州、区党委会办公楼，包围市内务局办公楼，与警察发生冲突，抢劫警察的枪支，要求交出被保护的土耳其族人，释放被关押的乌兹别克族人。6 月 4 日，在塔什拉克就有 15 名警务人员受伤，1 人死亡。[①] 在浩罕，暴乱分子还占领工厂、火车站，抢劫物品。

在 1989 年 6 月冲突发生之初，乌兹别克斯坦政府已经考虑将采取实际措施，遏制冲突的发展。但没有莫斯科的指示，塔什干是不能采取措施的。而莫斯科当时正忙于处理其他问题：亚美尼亚与阿塞拜疆的冲突；格鲁吉亚的大规模反俄游行；波罗的海沿岸国家、摩尔多瓦以及其他地区局势的失控，等等。遥远的中亚地区的问题远远地排在其他地区问题的后面。因此，苏联政府没能及时采取强硬措施，虽然在冲突过程中也动用了 1.2 万内务部队，但费尔干纳流血冲突一直持续了十多天，大规模的冲突直至 1989 年 6 月 12 日才被制止。

6. 冲突事件的后果

这次冲突造成了严重的后果。根据官方公布的数据，在费尔干纳“六月冲突事件”中，共有 103 人死亡，其中 52 名麦斯赫提土耳其族人，36 名乌兹别克族人，1 011 人伤残，137 名内务部队军人和 110 名警察受伤，757 座住宅、27 座政权机关办公设施被烧毁、洗劫，275 辆交通工具被毁。[②]

1989 年 7 月底，调查小组确定了 2 000 多参与犯罪的人，其中大约 600 为“积极分子”。到 1989 年 10 月初，有 225 人被捕，其中 41 人为蓄意谋杀罪。到 12 月，共有 238 起刑事案件被诉讼。[③] 至 1990 年底，364 人

① Ферганская правда. 1989. 5 июня.

② Правда Востока. 1989. 30 июля.

③ Аргументы и факты. 1989. № 47.

被追究刑事责任[1]，408 人遭行政拘留。[2] 到 1991 年，约 100 人被法院定罪，两人判处死刑。在“六月冲突事件”过后的五年时间内，共有 250 件刑事案件被送到法庭，420 人被证明有罪。[3]

1989 年事件后，居住在费尔干纳盆地约 1.8 万麦斯赫提土耳其人被迁到俄罗斯联邦社会主义共和国的中部地区——库尔斯克州、贝尔格罗德州、沃罗涅日州、奥尔洛夫州、斯摩棱斯克州以及加里宁格勒州等。到 1991 年初，共有 9 万多土耳其族人离开乌兹别克斯坦，迁到俄罗斯、阿塞拜疆、哈萨克斯坦和乌克兰。

1989 年 6 月 23 日，在乌兹别克共产党中央委员会第十四届全会上，乌兹别克斯坦共产党中央委员会第一书记 Р. 尼尚诺夫被解职，由 И. 卡里莫夫接任。124 人受到党内严重处分，其中乌兹别克斯坦内务部部长 У. С. 拉西莫夫被解职，费尔干纳州安全局局长 Н. Г. 列斯科夫被解职，费尔干纳州内务局局长 С. Ю. 布尔哈诺夫被解职。[4]

（二）吉尔吉斯斯坦吉尔吉斯族人与乌兹别克族人的冲突（1990 年）

1990 年的“奥什事件”是苏联解体前夕发生在费尔干纳盆地的重大民族冲突之一，冲突双方是吉尔吉斯族人和乌兹别克族人，冲突地点主要是奥什和乌兹根。

1. 奥什简介

奥什市位于吉尔吉斯斯坦南部费尔干纳盆地的东南端，是中亚的一个古老城市，至今已有 3 000 多年的历史，是古丝绸之路的重镇。现代奥什是吉尔吉斯斯坦第二大城市，面积 1.85 万平方公里，是吉尔吉斯斯坦南部最大的政治、经济和文化中心，常被称为共和国第二首都。

奥什是吉尔吉斯斯坦人口第二多的城市，根据 2009 年城市的人口普查数据，奥什市拥有 25.81 万人，仅次于首都比什凯克。在奥什的总人口中，

---

① Турки из Месхетии. С. 132.
② Ферганская правда. 1989. 19，23，28 июля.
③ Известия. 1994. 11 января.
④ Аргументы и факты. 1989. № 47.

男人占48%，女人占52%。在年龄结构上，15岁之前人口达到7.87万人，16—59岁之间的人口达到16.86万人，60岁以上人口达到1.08万人。劳动力年龄的人口有18.49万人。有经济活力人口达到9.35万人，其中就业人口为8.27万人，失业人口为1.08万人。①

奥什是一个多民族混居的城市，共有40多个民族，包括吉尔吉斯族、乌兹别克族、俄罗斯族、土耳其族、鞑靼族、维吾尔族、塔吉克族、阿塞拜疆族、乌克兰族、朝鲜族、哈萨克族、东干族、德意志族等。1989年奥什市的民族构成是：乌兹别克族占总人口的40.9%，俄罗斯族占总人口的18.4%，吉尔吉斯族占总人口的29.1%，其他民族占总人口的11.6%。2009年奥什市乌兹别克族占总人口的48.3%，俄罗斯族占总人口的2.7%，吉尔吉斯族占总人口的43.0%，其他民族占总人口的6.0%。②

2. 乌兹根简介

乌兹根市是吉尔吉斯斯坦奥什州乌兹根区的行政中心，位于奥什和贾拉拉巴德之间。是一个拥有2 000多年历史的古城。现代乌兹根镇建于1927年，1990年获得城市地位，成为区中心。人口约5.03万人，其中90.67%是乌兹别克族人，此外还有吉尔吉斯族、维吾尔族、俄罗斯族、土耳其族、鞑靼族等。③

3. 冲突事件背景

20世纪80年代末，戈尔巴乔夫上台，对苏联的内外政策进行调整与改革，在公开性、多元化、民主化的思想指导下，确立了多党制原则，苏联的各种党派团体迅即增多，1990年8月达到9万多个，其成员上千万人。许多党派组织都在进行反对社会主义和挑起民族纷争的活动。在这种大气候下，在吉尔吉斯斯坦出现了几个非正式组织，他们要求政治和社会改革。这个时期被称为民族意识高涨时期，在吉尔吉斯斯坦南部地区，有两个组织保持强势劲头，一个是乌兹别克族人成立的组

① http：//www. oshcity. kg/ru/about. html.

② http：//baike. baidu. com/view/886839. htm. .

③ http：//www. citykr. kg/yzgen. php.

织“阿达拉特（公正）”，一个是吉尔吉斯族人成立的组织“奥什联盟”（土地）。

当时在奥什乌兹别克族人在人数上占多数，乌兹别克族人一直以来就对苏共中央将奥什划给吉尔吉斯斯坦不满，一直为乌兹别克族的自治进行努力。1989 年，在苏联国内高涨的民族主义思潮影响下，吉尔吉斯斯坦的乌兹别克族人组织“阿达拉特”也开始行动，要求莫斯科给予奥什地区的乌兹别克族人自治权并考虑将该地区与乌兹别克斯坦合并。1990 年 3 月，奥什市的 23 名乌兹别克著名人士给吉尔吉斯斯坦共产党第一书记玛萨利耶夫、最高苏维埃民族事务委员会主席尼夏尼夫联名写信中说：“奥什是我们乌兹别克人的地盘，奥什居民的 50%是乌兹别克人”①。这些有名望的乌兹别克族人代表请求吉政府研究在吉尔吉斯斯坦的乌兹别克族人自治的问题，但要求未得到满足。

20 世纪 80 年代末，在吉尔吉斯苏维埃社会主义共和国，大量的农村移民涌入城市，其中大多数人没有住房，没有专业和固定工作，是被边缘化的一个群体。来到城市的吉尔吉斯族年轻人，要求分给他们住房或者划分给他们土地自己建房，一部分激进青年还擅自占领了多少年来用于作物轮作的土地。1990 年 5 月 7 日，奥什吉尔吉斯族人组织“奥什联盟”成员要求将奥什郊区列宁集体农庄的土地提供给他们作为建房用地，在这一农庄工作的大部分都是乌兹别克族人。政府不顾这个集体农庄乌兹别克族成员的反对，答应了吉尔吉斯族人的要求，将列宁集体农庄的 80 公顷土地划拨给吉尔吉斯族人作为建房用地，解决了吉尔吉斯族的建房用地问题。这引起了乌兹别克族人的极大不满。他们认为吉政府 60 年来实行的政策就是对乌兹别克族居民权利的压制和歧视。

1990 年 6 月，吉尔吉斯斯坦的乌兹别克族人与吉尔吉斯族人就建房用地问题产生了争执，最后酿成流血事件。

---

① Azattyk Radio 1998 年 10 月 8 日报道。转引自艾莱提·托洪巴依“吉尔吉斯斯坦奥什骚乱评析”。http：//wenku. baidu. com/view/b041f45bf01dc281e53af0a6. html.

4. 冲突事件过程简介

1990 年 6 月 4 日，吉尔吉斯族人和乌兹别克族人聚集在列宁集体农场。吉尔吉斯人大约有 1 500 人，乌兹别克人大约有 9 000 人。年轻人试图突破警方的警戒线，并开始投掷石块和瓶子。两名警察被劫持为人质，警察果断开枪。一些数据显示，6 名乌兹别克族人被杀害。此后参与骚乱的人来到奥什市中心，捣毁房子。动乱蔓延到乌兹根及农村地区，在乌兹根镇，有四分之三房屋被烧毁。在几个吉尔吉斯族人的村庄，也出现了动乱，发生了针对乌兹别克族人的暴力行为。在乌兹别克斯坦的安集延州、纳曼干州和费尔干纳州流传一些挑衅性的消息，乌兹别克斯坦的军队和警察付出了很大的代价才使乌兹别克斯坦边境地区的居民没有卷入吉尔吉斯共和国的冲突当中。在实行国家紧急状态并由苏联政府派遣军队进入冲突区域后，局势才得以控制，暴乱才被平息。

5. 事件后果

这场冲突造成了严重的后果：在 6 月 4 日至 10 日这一星期内，有 120 名乌兹别克族人，50 名吉尔吉斯族人和 1 名俄罗斯族人死于非命。根据调查委员会的报告，发生了 5 000 多起犯罪事件（杀人、强奸、袭击和抢夺）。[①] 在阿哈迈德·拉什德所著的《中亚的复兴》一书中写道：“这次骚乱中几个警察所被烧毁，数千名乌兹别克人开始迁往乌兹别克斯坦寻求保护。在奥什市以北的乌兹根镇，骚乱非常严重，有四分之三的房屋被烧毁。吉尔吉斯人搞了个录像带，上面有乌兹别克人被杀后挂在肉铺吊钩上的情景，而乌兹别克人也犯下了同样的罪行。令人发指的暴行在双方都不断增加，官方报道死亡人数已达 200 人，而非官方估计数字已超过 1 000 人”[②]。

奥什事件给吉尔吉斯族和乌兹别克族的民族关系涂上了一层永远无法抹去的阴影。20 年过后，2010 年 6 月，奥什的吉尔吉斯族人和乌兹别克族人又重复了悲剧性的民族冲突。

---

① 瓦列里·季什科夫著，姜德顺译：《苏联及其解体后的族性、民族主义及冲突——炽热的头脑》，中央民族大学出版社，北京，2009 年，第 257 页。

② 阿赫迈德·拉什德：《中亚的复兴》，兰州军区政治部联络部，1997 年，第 149 页。

（三）塔吉克斯坦伊斯法拉区塔吉克人与吉尔吉斯斯坦巴特肯区[①]吉尔吉斯人的冲突（1989 年）

1. 伊斯法拉区概况

伊斯法拉区位于粟特州的东南部，在乌兹别克斯坦和吉尔吉斯斯坦交界处。伊斯法拉区成立于 1927 年 1 月 31 日，起初隶属于乌兹别克苏维埃社会主义共和国，1929 年 10 月划归塔吉克苏维埃社会主义共和国所属。伊斯法拉区位于费尔干纳盆地突厥斯坦山脚下。北部与乌兹别克斯坦费尔干纳州交界，南部和东部与吉尔吉斯斯坦巴特肯州相连，西部与塔吉克斯坦粟特州卡尼巴达姆区相连。面积 880.9 平方千米，全区总人口为 187 597 人（2011 年）。包括 1 个市——伊斯法拉市，2 个城镇，9 个农村社区。

伊斯法拉区不仅是粟特州，也是整个塔吉克斯坦人口最稠密的地区之一。该地区由于地质条件限制，人口分布不均匀，表现在绿洲人口稠密。这种居住原则使得在沿伊斯法拉河狭窄地段历史上形成了三个大的居住点，居民主要集中在此地。和 100 前一样，现在该地区的居民也集中居住在 3—4 个大的居民点。

2. 冲突的历史背景

（1）固定的生产生活格局被打破。伊斯法拉区居住着三个大的民族：塔吉克族、乌兹别克族和吉尔吉斯族。塔吉克族中的原住民，最初生活在伊斯法拉河的上游和中游，从 18 世纪下半叶至 19 世纪上半叶，开始生活在伊斯法拉河下游盆地，并在沿伊斯法拉河一带形成一些村落。这个时期还有一个大的来自于马特恰河上游和中游的塔吉克族移民群体，在这个比较空旷的土地上建立新的村落：马特恰村、皮尔杰瓦克村（现在的涅夫捷阿巴德村）、扎尔得霍克村等，或者住在该地区已有的村落里。乌兹别克族是 18 世纪末至 19 世纪从浩罕汗国几个大的中心地带的周边地区亚班、拉普坎迁来的，在伊斯法拉河下游建立一些村落。伊斯法拉

① 巴特肯区成立于 1964 年，原为奥什州的一部分，1999 年 10 月 13 日独立出来，成立巴特肯州。

区境内的吉尔吉斯族人数不多，主要集中在伊斯法拉城西北的马特帕里村。因此，在不太久远前的历史时期，该地区就形成了几个大的民族群体在居住地、土地分配以及相应的土地和水使用权方面的格局。而且当地居民已经习惯了这种分配格局并产生了某种习惯法。20 世纪 70—80 年代，这种比较固定的格局以及形成的习惯法被打破，这成为该地区社会紧张的第一个因素。

（2）人口的高自然增长率。这对该区的社会经济发展产生了负面的影响，这也是该地区紧张的另一个因素。从 1870 年到 1990 年，也就是在 120 年的时间内，该区的居民增长了 10. 9 倍，而且主要是依靠内部的人口过程。该地区最近几十年的移民不太多（13 580 人），主要集中在矿工村舒拉博（8 470 人）、伊斯法拉市、吉姆村和涅夫捷阿巴德村。在这一时期，原有的几个大的居民点的居民数量增加很快。例如，沃鲁赫的人口增加了 19 倍以上，伊斯法拉市增加了 22 倍。这样就导致社会基础设施，尤其是传统农业设施无法承受如此快的人口增长。

（3）邻近的巴特肯区吉尔吉斯人数量的急剧增加。从地理上可以看出，伊斯法拉区被吉尔吉斯斯坦巴特肯州所包围，这一新的大的民族群体——吉尔吉斯人的出现使该地区的资源利用趋于紧张。

在吉尔吉斯人从事自然传统的畜牧业，其区域的划分在部落内进行，或者吉尔吉斯人与塔吉克人的区域划分靠习惯法来解决的时候，巴特肯的吉尔吉斯人与伊斯法拉的塔吉克人之间还不存在导致族际冲突发生的实质性原因。相反，从事农业活动方法上的不同促使他们友好相处，以满足各自的经济需求，实现各自生产产品的交换。

现存的有关当时的巴特肯区的信息表明，在 20 世纪初，这里的人口并不是很多，经济方面处于游牧业向放牧业的过渡时期。牧业活动决定了居民点的不稳定性和分布的不均匀性。20 世纪这一居住原则被彻底改变。

20 世纪 30 年代这一过程发展得尤其迅速。当时开始实行牧民向定居生活方式转变的政策。行政部门所采取的措施根本没有考虑经济条件和可能发生的后果，这为日后的社会紧张的加剧创造了条件。

考虑到巴特肯因缺水而缺少适宜居住的地方，一部分吉尔吉斯人开始向伊斯法拉地区进军，来到塔吉克人自认为的传统居住地，来到从前一些游牧民族冬天的宿营地。

巴特肯区成立于1964年，但直到20世纪50年代末才开始改善该区的基础设施，转向大量出产农产品并带有一定的牧业专业化的定居农业经济类型。在这一时期，吉尔吉斯人不断地迁移到适合从事农业的地区，建设灌溉土地用的水库，为旧的村落更名，减少没有发展前途的村落的建设，在区内建设集体农庄和国有农场。

那时巴特肯区和伊斯法拉区一样，积极地增加本民族的人口。仅仅从区成立开始，其农户已经增加了1.5倍，到1990年，居民数量已经达到约5.9万人。同时，应该指出的是，几乎所有的增长都是靠人口自身因素实现的。巴特肯区在很短历史时期内的这些变化两次破坏了传统畜牧业社会发展的自然历史过程，导致民族内部紧张局势的形成。比如，卡拉波克村的吉普恰克人和诺古特人之间就出现过紧张气氛，原因是农业土地的重新分配，以及由此导致集体农庄每个民族以及部落各个级别首领经济状况的变化。经济方式的根本改变以及该地区套尔特库尔水库建设而引发的无法估量的破坏性后果（大规模的土壤盐渍化）使这些消极现象变得更加严重。

伊斯法拉区和巴特肯区发展过程的综合因素使该地区的紧张局势上升。在伊斯法拉区人口过多的情况下，塔吉克人自然认为吉尔吉斯人是自己生活困难的罪魁祸首，因为他们认为吉尔吉斯人是生活在传统的塔吉克人的土地上，并使用塔吉克人的水。

3. 冲突概述

从20世纪80年代起，塔吉克斯坦伊斯法拉区的塔吉克居民与邻近的吉尔吉斯斯坦巴特肯区的吉尔吉斯居民就开始为土地和水资源的分配问题发生冲突。最初的冲突是1982年发生在沃鲁赫—丹吉村和1988年发生在马特恰—阿克塔提列村的吉尔吉斯人和塔吉克人之间的冲突。1989年这些冲突演变成了族际冲突。1990年才得以解决。1991年春，冲突又再次发生，而且塔吉克人还提出了将1万公顷的吉尔吉斯土地转给塔吉克人长期使用的要求。

在冲突过程中，两国总统互相指责对方不想解决问题。因此，当时的局势完全超出了经济要求的范围，在某一地区具有族际冲突或者地区冲突的形式，具有政治事件的特点，因为涉及的实际上是两个共和国国界的重新划定。所以冲突几乎成为吉尔吉斯斯坦和塔吉克斯坦两个国家之间的冲突。而引发此次冲突的原因直到现在仍在发酵。1998年巴特肯区的吉尔吉斯人与塔吉克人又发生了争夺水资源的冲突，之后两国成立了水资源分配合作管理机构。

（四）塔吉克斯坦甘钦区塔吉克族人与乌兹别克族人的冲突（1989年）

1. 甘钦区概况

甘钦区位于突厥斯坦山脉和费尔干纳盆地之间。北部与粟特州的扎法拉巴德区和斯皮塔门区相连，西部与伊斯塔拉夫尚区和沙赫里斯坦区相连，南部与爱宁区和山地马特恰区相连，东部与吉尔吉斯斯坦巴特肯州梁里亚克区交界。全区面积为158.87万平方千米，人口11.15万人。

2. 冲突的历史背景

19世纪末，在冲突地区有两个居民群体，一个是塔吉克人：共有227户，约1 235人，另一个是乌兹别克人。乌兹别克人中的一部分，约有10—15户居住在阿夫恰村，约占该村居民的一半，但那个时候基本上被塔吉克人同化。还有几户乌兹别克人居住在拉瓦特一个单独的街区卡里米尔卓拜村，后来归属于加里宁纳巴德镇。山前地带的土地由塔吉克人和几个不大的乌兹别克牧民群体共同使用。其中有一个乌兹别克牧民群体共17户，在达赫卡特村周围过冬。19世纪末至20世纪初，这些乌兹别克人逐渐定居下来。到1885年时，他们在这一地区建了几个小村子。到1920年，由这些村子形成了库奇卡纳和穆里亚克两个村落。

因此，20世纪前15年是塔吉克人和乌兹别克人之间重新分配土地的时期。而且这一过程的特点是，所分配的土地不是水浇地，而主要是山前牧场。因为当时塔吉克人村落由于依靠高山雪水灌溉渠和部分坎儿井不缺水浇地，乌兹别克人对水浇地的需求也不是很大。而牧场不论是对突厥牧民，还是塔吉克人而言都是非常重要的，即使是塔吉克人，牧业在其经济中也占 16.7%至 40%多的份额。那时的形势还不是特别严峻，因为突厥人的主要牧场并不在山前地带，而是位于饥饿草原。

但是，到 20 世纪下半叶，情况发生了根本性的改变。和整个中亚地区一样，上述地区的人口也急剧增加，到 20 世纪 60 年代末已经达到了 1.02 万人。这使该地区的经济条件极度恶化，导致基本生活条件——土地和水几乎完全耗尽。此外，在饥饿草原也完全无法从事传统的经济活动——畜牧业。在 20 世纪 80 年代初，这里还可以沿着主干渠道的边缘放牧，但到了 20 世纪末，这已经是不可能的事情了。因此，山区牧场以及山麓牧场成为这里的主要放牧场，这使得这些牧场迅速退化。

3. 冲突概述

1989 年，这些情况使塔吉克斯坦甘钦区的塔吉克族人和乌兹别克族人之间发生了激烈的冲突。为了消除冲突，甚至动用了列宁纳巴德州（现在的粟特州）的内务部队。在内务部队制止冲突过程中，乌兹别克族妇女甚至冲进警察局，撩起衣服下摆，露出腹部。按照传统，这是对敌人的最高程度的蔑视，表现自己的大无畏精神和不惜生命捍卫自己利益的决心。

（五）吉尔吉斯斯坦吉尔吉斯族人与乌兹别克族人的冲突（2010 年）

1. 贾拉拉巴德市概况

贾拉拉巴德市始建于 1877 年，位于吉尔吉斯斯坦南部，是贾拉拉巴德州首府。根据吉尔吉斯斯坦 2009 年人口普查资料，该市的人口为 89 172 人（加上农村地区人口则为 97 172 人）。城市人口中吉尔吉斯族人为 48 655，占 54.7%，乌兹别克族人 33 847 人，占 38%，俄罗斯族人 2 993 人，占 3.4%，鞑靼族人 1 033 人，维吾尔族人 556 人，土耳其族人 471 人。①

---

① http：//ru.wikipedia.org/wiki/%C4%E6%E0%EB%E0%EB-%C0%E1%E0%E4.

2. 冲突事件背景

2010 年 4 月，吉尔吉斯斯坦爆发了独立后的第二次政变，反对派围攻议会大厦、焚烧车辆商铺，首都比什凯克一度陷入混乱，总统巴基耶夫匆忙中逃往白俄罗斯寻求政治庇护，反对派领导人奥通巴耶娃随后宣布组建临时政府。

在随后的两个多月时间内，吉国内的局势一直不稳定。在属于巴基耶夫传统势力范围的贾拉拉巴德州和奥什州，其支持者们一直没有停止斗争。5 月 13 日，巴基耶夫的支持者们占领了奥什的政府大楼，夺取了机场，要求巴基耶夫返回，并且迫使奥什州长逃走，前奥什州长马萨迪克·巴基罗夫重新担任州长一职。

5 月 19 日，在人口不到 10 万人的贾拉拉巴德吉尔吉斯族人和乌兹别克族人发生了冲突。冲突的重要原因之一是吉尔吉斯斯坦民族友谊大学校长、“故乡党”领导人乌兹别克族人 K. 巴提洛夫（K. Батыров）[①] 领导乌兹别克族人在倒巴基耶夫政府浪潮中支持临时政府。5 月 14 日，巴基耶夫位于贾拉拉巴德市近郊杰伊特村的祖宅被一伙不明身份者烧毁。当地吉尔吉斯族居民认为，这是乌兹别克族人所为，双方随即发生了激烈冲突。根据吉尔吉斯斯坦卫生部的数据，5 月 19 日的冲突导致 2 人死亡，71 人受伤。烧毁 170 座设施，包括居民住宅、饭店、咖啡馆。[②]

5 月 20 日上午，几千名巴基耶夫的支持者在贾拉拉巴德市举行集会，要求追究巴提洛夫的刑事责任，并殴打代理州长阿萨诺瓦，要求其辞职。

---

① 卡德尔江·阿利姆扎诺维奇·巴提洛夫（Кадыржан Алимжанович Батыров）（1956 年 3 月 9 日出生）——吉尔吉斯斯坦著名的企业家，前吉尔吉斯斯坦议会代表，乌兹别克族人，吉尔吉斯斯坦乌兹别克族人社区领袖。吉尔吉斯斯坦乌兹别克民族文化中心副主任，贾拉拉巴德州乌兹别克民族文化中心主任。自筹资金在贾拉拉巴德建立了民族友谊大学并任校长。巴基耶夫统治时期，他曾遭到当局和吉尔吉斯民族主义分子的强力压制。因在 2005 年选举时反对巴基耶夫而遭到巴基耶夫兄弟的报复，巴提洛夫的企业及企业所属的土地和住房被强占。在 2010 年反巴基耶夫的浪潮中，巴提洛夫又促使贾拉拉巴德转向临时政府。2010 年 5 月 19 日，为了报复巴提洛夫支持临时政府，巴基耶夫的支持者组织一伙具有民族主义思想的吉尔吉斯青年攻击民族友谊大学。吉执法机构指控巴提洛夫犯有煽动民族仇恨的刑事罪。现在瑞典获得政治庇护。

② 吉尔吉斯斯坦南部大规模骚乱。http：//ria. ru/spravka/20100611/245118780. html.

3. 冲突事件过程简介

2010年6月10日，一群吉尔吉斯族青年与乌兹别克族青年在奥什市一家赌场发生群殴，随后演变成市内各区的大规模骚乱。① 大量人群聚集在奥什市中心的“阿莱”宾馆附近，他们焚烧汽车、砸毁商店和网吧，奥什市局势失控。当晚，暴力活动即充斥整个奥什市和周边地区，枪声不断。参与冲突的人数接近3 000人，冲突双方均试图占领奥什州、市政府，但遭到赶来维安的防暴警察的阻止，没能成功。

6月11日吉尔吉斯斯坦临时政府宣布，从即日起至20日在奥什及周边三个地区：乌兹根区、卡拉苏区、阿拉万区实行紧急状态。吉临时总统奥通巴耶娃还发布告全国人民书，称上述事件绝非偶然，是当地长时间民族矛盾激化的必然结果。奥通巴耶娃表示，临时政府将尽一切努力尽快恢复南部秩序，决不允许任何不希望吉稳定的势力，通过上述事件达到其不可告人的目的。

6月12日吉尔吉斯斯坦临时政府总统奥通巴耶娃承认，吉尔吉斯斯坦第二大城市——奥什州首府奥什市的局势已经失控。吉临时政府12日深夜决定，向骚乱地区派遣预备役部队。在实行紧急状态的地区，授权安全部队在保护平民、自卫、遭受大规模袭击或武装袭击时，可以开枪射击。命令即时生效，直至紧急状态结束。

然而，暴乱分子无视宵禁令，仍在制造冲突。奥什市当晚枪声不断，但与前一天相比，激烈程度趋缓。在持续三天的骚乱中，奥什市的不少建筑都被焚毁，很多商店遭到哄抢。

6月13日，在吉南部另一个主要城市，贾拉拉巴德州首府贾拉拉巴德市，冲突仍在继续。上千名当地居民开始逃离住所，到邻国乌兹别克斯坦避难。

4. 事件后果

根据国际调查小组的数据，在冲突过程中至少有470人死亡，1 900多人受伤。有2 800座设施被烧毁或严重损坏，包括私人住宅、商店、饭店

① 这只是其中一个说法，还有其他关于冲突直接原因的说法。

以及社会文化设施。11 万人迁离吉尔吉斯斯坦，30 万人迁到吉国其他地方。[①]

（六）吉尔吉斯斯坦巴特肯州安达拉克村塔吉克族人和吉尔吉斯族人冲突（2011 年）

2011 年 12 月 29 日，在巴特肯州莱列克区阿纳达拉克村发生了吉尔吉斯族人和塔吉克族人的大规模冲突。由于历史原因，莱列克区成为吉尔吉斯族人和塔吉克族人冲突频发地区。20 世纪上半叶之前吉尔吉斯人主要从事游牧业，因此，他们与乌兹别克人、塔吉克人没什么可争的。苏联时期，情况发生了变化：一方面，由于苏联时期的现代化，吉尔吉斯人开始转向定居生活。另一方面，该地区人口急剧增加，而资源贫乏。所以，对资源的争夺使吉塔两个民族的居民积怨越来越深，一些日常缘由便能引发上千人的冲突。

2011 年 12 月冲突的起因是在阿纳达拉克村塔吉克人居住的地区，几个塔吉克族青年殴打路边的几个吉尔吉斯族学生，致使其中一人被送入医院。在执法人员赶到现场处理此事时，大约 150—200 名塔吉克人将打人的塔族人解救出来并带回去。这引起吉族人强烈不满。12 月 29 日 18 时 30 分，200—300 名塔族人和 100 多名吉族人来到区内务处，准备解决问题。之后两个民族聚集来的人越来越多。到夜里，聚集来的塔吉克族大约有 1 000人，吉尔吉斯族大约有 500 人，两个民族之间便发生了冲突。吉尔吉斯人放火焚烧了塔吉克人的商店，砸毁汽车和住宅玻璃。12 月 30 日早上，局势得以控制。巴特肯州的州长阿尔吉别克·布尔卡诺夫亲自来到村里解决问题。三个塔吉克族肇事者被拘。

二、费尔干纳盆地民族冲突原因综合分析

从客观条件看，费尔干纳盆地人口稠密，民族众多，充满了许多问

① Отчет международной независимой комиссии по исследованию событий на юге Кыргызстана в июне 2010г. KIS. С. 2.

题：失业，生活水平低，被边缘化，缺乏土地，劳动强度大收入低，犯罪率上升，毒品走私活跃，恐怖主义和伊斯兰极端主义活跃。同时，未解决的边境问题常常引起该地区的居民为争夺土地、水、森林、牧场及其他资源而发生冲突。但通过对苏联解体前夕到现在费尔干纳盆地一些大的民族冲突的分析可以看出，在许多情况下，这些客观条件只是冲突发生的直接原因，其背后还包含一些或者清晰，或者不完全清晰的原因。可以说，费尔干纳盆地民族冲突的原因是综合的、多层次的、复杂的。总体上可以概括出如下几个引发该地区冲突的主要原因或者主要因素。

（一）受苏联解体前夕国内总体局势的影响

在苏联时期，虽然局部地区也发生一些民族矛盾和冲突，比如，1975年，阿塞拜疆共和国纳戈尔诺—卡拉巴赫自治州[①]的亚美尼亚族人因不满主体民族阿塞拜疆族人的歧视态度，要求脱离阿塞拜疆加入亚美尼亚共和国，并因此与阿塞拜疆族人发生冲突。1978年，在格鲁吉亚共和国阿布哈兹自治共和国，阿布哈兹族人举行群众集会，反对格鲁吉亚共和国政府把格鲁吉亚语规定为国语而强制他们学习格鲁吉亚语言，要求发展阿布哈兹语言文化。但总体上来说，社会冲突具有潜伏的特点，直至1986年，苏联公民的任何群体行为、非法言论都要受到强大的国家惩罚机构的严厉镇压。

1985年3月戈尔巴乔夫上台后，对苏联的内外政策进行调整和改革，开始了所谓的“改革与新思维”时期。戈尔巴乔夫试图从根本上重建社会主义的价值观念和政治体制，彻底摈弃斯大林主义留下的政治体制遗产。在公开性、多元化、民主化的思想指导下，提出了“人道的民主的社会主义”理论，不再把马克思列宁主义作为党的指导思想，政治上搞多党制和

① 纳戈尔诺—卡拉巴赫自治州在苏联外高加索阿塞拜疆共和国境内，面积4 400多平方公里，二十世纪80年代末的人口约18万，80%左右是亚美尼亚人，信奉基督教。1923年7月，在成立自治州之前，该地区属亚美尼亚管辖，叫汉肯德村。1923年7月7日成立自治州，并由苏联中央政府决定划归阿塞拜疆管辖，当时该州居民90%为亚美尼亚人。斯大林的这一决策完全违背了该地区人民的愿望，引起亚美尼亚人的强烈不满，为日后阿塞拜疆人和亚美尼亚人之间的冲突埋下了伏笔。

议会政治，以所谓的多党制取代共产党的领导，以议会制度取代苏维埃制度。改革经济体制，实行完全的市场经济。

戈尔巴乔夫的改革给苏联国家的各个方面都带来了混乱。经济方面，改革不仅未能使苏联经济取得成效，反而带来了社会生产的严重衰退和经济危机，人民生活水平急剧下降。经济由低速增长变为负增长，财政赤字、货币发行、通货膨胀失控，内外债务大幅度增加。政治方面，各种党派团体迅速增加，1990 年 8 月达 9 万多个，其成员上千万人。许多党派组织都在进行反对社会主义和挑起民族纷争的活动。在这种混乱的形势下，长期被掩盖的民族问题便浮出了水面，民族问题日益尖锐，民族冲突迭起，否定了戈尔巴乔夫在苏共二十七大上曾做出的“苏联各族人民的友谊是十月革命的最伟大的成果之一”的结论，打破了苏联已经成功解决了民族问题的神话。

同时，在戈尔巴乔夫公开、民主的改革时期，中央政府与各民族加盟共和国达成一致，在后者在重大问题上要支持中央的条件下，中央不干涉加盟共和国的内部事务。这导致地方政治精英们积极争夺权力，各个民族争相扩大民族资源。其结果就是地方精英们怂恿当地居民反对“外来者”，于是，这些“外来者”在社会经济形势恶化的时候，就很容易成为众矢之的。

1986 年 12 月，在同属中亚国家的哈萨克斯坦首都阿拉木图发生了戈尔巴乔夫执政后苏联发生的首起最为严重的民族抗议活动，一般被称为“阿拉木图事件”。这一事件拉开了苏联民族矛盾和民族问题大爆发的序幕。事件的直接起因是，哈共中央全会决定解除由哈萨克族人 Д. 库纳耶夫长期担任的哈共中央第一书记的职务，由从俄罗斯联邦调来的俄罗斯族人 Г. 科尔宾接任，引起当地人强烈不满。主要冲突群体为哈萨克族大学生。整个事件由抗议演变为骚乱，有 2 人被打死，近 200 多人受伤。除了阿拉木图，在杰兹卡兹甘、卡拉干达、塔尔迪库尔干、阿尔卡雷克、科克奇塔夫、萨雷奥兹克、塔尔加尔、巴甫洛达尔、奇姆肯特及其他城市也举行了示威和抗议。

而1988年在阿塞拜疆共和国爆发的阿塞拜疆族人和亚美尼亚族人的大规模冲突对中亚地区的民族主义运动具有一定的示范作用和影响。

这次民族冲突的直接导火索应是1987年发生的事件。1987年10月初，阿塞拜疆共和国地方当局决定收回位于纳戈尔诺—卡拉巴赫自治州1个亚美尼亚人的国有农场的一部分土地，并把这部分土地转交给相邻的1个阿塞拜疆人国有农场。亚美尼亚人国有农场场长因表示反对这一决定而被撤职，这引起当地亚美尼亚人的强烈不满。他们与地方当局派来的民警人员和克格勃分子之间展开了搏斗。结果，1个克格勃人员受伤。此后，亚美尼亚人农场所在的村庄被派来的士兵包围。10月18日，亚美尼亚共和国首都埃里温市有1 000多名亚美尼亚人示威者集会，声援他们在阿塞拜疆的同胞。①

1988年2月11日，在苏联阿塞拜疆共和国纳戈尔诺一卡拉巴赫自治州州中心斯捷帕纳克特市的公共场所，一些亚美尼亚族市民张贴传单、呼吁书和公开信，要求把该自治州划归亚美尼亚共和国。2月13日，该市举行群众大会，一些学校停课。20日，该自治州一批苏维埃代表集会并通过决议，要求将自治州并入亚美尼亚共和国。亚美尼亚人的要求遭到苏共中央的反对，这更激起了阿塞拜疆共和国境内亚美尼亚人的不满情绪。

1988年2月底，在同纳戈尔诺一卡拉巴赫自治州相毗邻的阿塞拜疆共和国阿格达姆地区，亚美尼亚人和阿塞拜疆人发生了冲突，有两名阿塞拜疆人被打死。2月28日在阿塞拜疆共和国首都巴库以北18公里的苏姆盖特市，愤怒的阿塞拜疆人同亚美尼亚人又发生了冲突。结果，197人受伤，32人丧生。在死亡者中，26名是亚美尼亚人，6名为阿塞拜疆人。许多亚美尼亚人的住宅遭洗劫，不少人遭殴打、强奸。形势曾一度紧张，社会动荡，秩序混乱，不得不实行“宵禁”。苏军的出动暂时制止了事态的扩大。1988年亚美尼亚和阿塞拜疆两个民族间的冲突造成了大量难民，从亚美尼

① 参见刘庚岑：“苏联纳戈尔诺一卡拉巴赫自治州民族抗议活动及有关事件的始末”，载《苏联东欧问题》，1988年第3期。

亚迁至阿塞拜疆的难民有 16.5 万人，从阿塞拜疆迁至亚美尼亚的有 14 万人。①

费尔干纳盆地在苏联解体前后发生的冲突，比如 1989 年乌兹别克斯坦费尔干纳州乌兹别克族人与麦斯赫提土耳其族人的冲突，1990 年吉尔吉斯斯坦吉尔吉斯族人与乌兹别克族人的冲突都与这个大背景有直接关系。当然，这些冲突是长期以来民族之间的矛盾不断积累的结果，是由主体民族与非主体民族之间对各种利益、资源的争夺而引发。但是，完全可以说，戈尔巴乔夫上台后实行的一些政策，以及苏联各地爆发的民族主义浪潮加快了这些冲突爆发的速度，加深了冲突的程度，加重了冲突所造成的后果。

（二）社会经济原因

费尔干纳盆地的民族冲突是慢慢累积而成的。许多专家认为，费尔干纳盆地 20 世纪 80 年代末民族关系尖锐化的重要原因之一是居民社会经济状况的急剧恶化。

这里土地奇缺，严重盐渍化，可耕地面积急剧减少，而人口的快速增长又使这一问题尖锐化。苏联时期中亚国家人口增长率最高，其中乌兹别克斯坦和塔吉克斯坦的人口增长速度又是中亚五国中最快的。与此同时，这里的世居民族，首先是农村地区的世居民族人口增长快。因此，在以农业为主的费尔干纳盆地，在土壤最肥沃的地区每个人只能摊得 0.6 公顷的土地②，农业人口过度密集的问题就显得非常突出了。

在费尔干纳盆地，农业结构不合理，棉花种植占据了整个种植面积，挤占了花园、种植园和果园的面积。为了完成中央提出的棉花生产计划，农民甚至要在不适合棉花生长的土地上种植棉花，几乎在房子的门廊旁都要种植棉花。而其他共和国，首先是俄罗斯联邦、乌克兰、波罗的海国家

---

① 参见刘庚岑："苏联纳戈尔诺一卡拉巴赫自治州民族抗议活动及有关事件的始末"，载《苏联东欧问题》，1988 年第 3 期。

② 参见 Национальная Стратегия устойчивого развития Республики Узбекистан. Ташкент, 1999, C. 48.

却没有履行为换取棉花所应提供的食品和工业品的义务。棉花定价不合理，棉纤维由国家以最便宜的价格收购。几乎所有的集体农庄和国有农场经济方面都没有盈利，有巨额欠款。

农业生产力的分布不平衡，原料加工能力低。盆地各州具有完整制造周期的制造业份额很低。增值产品的生产非常少，整个工艺过程就是原料的初加工和半成品，盆地绝大多数农村地区连一个工业企业都没有。

1970—1980 年农业生产的长期停滞以及粮食问题的尖锐化加剧了费尔干纳盆地农工企业所经历的结构性危机。由于农业生产不能满足居民快速增长的需求，因而该地区的粮食问题日益尖锐。从 1980 年开始，盆地各州的肉、油、粮食、面粉、大米及其他日用品供应便大幅减少。在 1985—1990 年间，到处都缺少像面粉、盐、油、药品、医疗产品、病床、服装、鞋子、住房、建材等生活必需品。

粮食以及居民生活和健康必需品的奇缺，使得贪污、贿赂、投机行为盛行，物价上涨，绝大多数居民生活水平下降。乌兹别克斯坦的生活水平低于苏联大多数其他共和国的水平。官方资料显示，1988 年乌兹别克斯坦农村居民的人均收入比加盟共和国平均水平低 39.1%（为 70—115 卢布）。[①] 1989 年，费尔干纳州农村地区人均收入为 60—64 卢布[②]，全苏联的平均工资和福利每人 554 卢布，而乌兹别克斯坦这一数字为 375 卢布，45%的乌兹别克斯坦居民生活在贫困线以下。[③]

随着苏联的解体，中亚各国失去了已形成的经济联系和传统销售市场。吉尔吉斯斯坦和塔吉克斯坦是苏联最贫穷的加盟共和国。1990 年，塔吉克斯坦是苏联人均国内生产总值最少的共和国，47%财政收入依靠苏联中央财政拨款。中央直接财政补贴占吉尔吉斯斯坦国内生产总值的七分之一，这还不算通过价格政策上的隐性补贴。

随着苏联的解体，各种中央补贴和拨款也随之停止，这对中亚各国的

① Правда Востока. 1989. 14 ноября.

② Правда. 1989. 14 октября.

③ Правда Востока. 1989. 13 января.

经济打击很大。失业率达到了很严重的程度。费尔干纳盆地的乌兹别克斯坦所属部分劳动能力年龄的居民失业率达到了35%，其中很大一部分是25岁以下的青年。①

在费尔干纳盆地，由于经济、社会和精神联系被割裂，存在一些被边缘化的居民。从农村来到城市的移民似乎成为从农村到城市寻找工作的"跨界"个体。他已经不是农民，但也不是工人。农村亚文化的一些规范被破坏或者逐渐消失，而城市亚文化还没有被掌握。这个"跨界"个体虽然还属于原来的阶级，但自身的主体特征已经失去，心理上已经不属于原来的阶级。比如，吉尔吉斯斯坦的吉尔吉斯族人，尤其是吉南部地区的吉族人。与乌兹别克族人不同，吉尔吉斯族人传统上主要从事牧业，没有农业技能。在苏联时期实现现代化的大背景下，吉尔吉斯族人，尤其是年轻人试图改变生活方式，因此，大规模地向城市流动。到20世纪80年代末，在吉尔吉斯苏维埃社会主义共和国，大量的农村人迁移到城里，在那里，他们没有自己的住房和适应城市条件的专业，没有固定的工作。为了生存，他们就要向那些他们认为不是该地区主人的居民要资源。

吉尔吉斯斯坦独立以后经济发展一直相对滞后，特别是金融危机发生以后，吉尔吉斯斯坦的经济也受到了很大的冲击，民众生活比较困难，通货膨胀也比较严重。在吉南部地区，主要从事农业的乌兹别克族人占有较多的土地资源，乌兹别克族人又善于做生意，掌控了当地的贸易和服务业，生活比较富裕。而作为主体民族的吉尔吉斯族人生活贫困，主要靠去俄罗斯或哈萨克斯坦打工挣钱。金融危机之后，很多在国外打工的吉尔吉斯族人失去了工作，又回到了国内，增加了当地失业人口的压力。吉尔吉斯族人认为乌兹别克族人占领了吉国的土地，并导致吉尔吉斯族人丧失了大量就业机会，对乌兹别克族人产生了不满。

（三）对主体民族地位的强化

苏联解体后，独立的中亚各国都奉行民族复兴政策，各国政府都制定

① Ферганская долина：вызовы времени. http：//www. dolinamira. org，2005.

了确保“主体民族”优先发展的方针。所有国家都开始执行有计划地替代国家管理、工业、教育、军队指挥等部门非主体民族人员的政策，将主体民族的语言确定为国语，积极发展主体民族文化。

比如在吉尔吉斯斯坦，根据吉尔吉斯斯坦2009年居民人口普查资料，国内共有5百万人口，90多个民族，有12个民族人口在2万以上，吉尔吉斯族占71%，乌兹别克族占14.3%，主要居住在南部，俄罗斯族占7.8%，主要居住在北部，其他民族占6.9%。但在国家职员中，非吉尔吉斯族人，其中包括乌兹别克族只占9%，而在执法部门只占5.1%。①

吉尔吉斯斯坦的乌兹别克族一直致力于民族自治、提高在国家权力部门的地位和赋予乌兹别克语官方语言地位，但不论是在苏联，还是在独立后的吉尔吉斯斯坦一直都没有成功。乌兹别克语的地位不升反而下降。比如，2002年在吉尔吉斯斯坦的奥什州、贾拉拉巴德州和巴特肯州共有141个教授乌兹别克语的学校，在之后10年时间里，乌兹别克族居民的数量增加了12—13%以上，但到了2012年教授乌兹别克语的学校却减少了50个，只剩下91个，减少了36%，学生人数从106 577人减少到40 833人，即减少了62%。② 这些事实被一部分乌兹别克族人解释为国家对乌兹别克族人的歧视和实行强制同化政策。

（四）边界问题

在世界银行2004年的报告中，列出了中亚各国边境地区发生的66起地区冲突的研究结果。报告指出，大约50%的边境冲突都是由共同的水和土地利用问题以及各国边境地区居民过境问题引发。③

由于吉尔吉斯斯坦、乌兹别克斯坦和塔吉克斯坦三国在费尔干纳盆地的边界错综复杂，又存在多个飞地，因此，三国之间的边界划分问题至今

---

① Национальной переписи населения Кыргызской Республики 2009 года. URL：www. welcome. kg/ru/. kyrgyzstan/population/sostav/（дата обращения：28. 08. 2011）.

② В Кыргызстане продолжают закрывать узбекские школы. http：//ca-snj. com/v-kyrgyzstane-prodolzhayut-zakryvat-uzbekskie-shkoly.

③ Доклад от человеческом развитии в ЦА. Региональное бюро ПРООН по станам Европы и СНГ. 2005. С. 45.

未能得到解决。

历史上，在中亚范围内不存在社会普遍认可的单纯民族国家。苏联时期根据列宁对该地区民族问题的理解，在相当随意理解民族界线的基础上进行了民族国家划界。民族分布的自然界线被行政界线破坏，而行政界线在苏联解体后又成为国界线，这成为之后该地区民族冲突的原因之一。

边界因素是综合的，因为边界问题的未解决可以自动地引发许多问题，其中每一个都可以独立地构成民族形势恶化的原因。边界问题作为引发民族冲突的因素在塔吉克斯坦伊斯法拉区的塔吉克居民与邻近的吉尔吉斯斯坦巴特肯州吉尔吉斯居民之间的冲突中得到充分体现。两个民族冲突的历史持续了60多年。目前，在乌兹别克斯坦与吉尔吉斯斯坦交界的费尔干纳区、利什坦区、索赫区、卡桑塞区、杨吉库尔干区都存在着两国居民争夺土地、水、能源、通信、过境等资源的问题。费尔干纳盆地边界问题的核心是飞地问题，若干飞地的存在是该地区冲突的根源。

（五）受政治斗争影响

这在2010年吉尔吉斯斯坦南部乌兹别克族人和吉尔吉斯族人的冲突中体现最为明显。由于乌兹别克族在吉尔吉斯斯坦占据除吉尔吉斯族之外第二大民族的地位，而且都集中居住在吉国南部地区，在有些地方甚至超过吉尔吉斯族人的数量，因而他们争取政治权利的愿望一直很强，一直希望能在吉国内的政治生活中占据应有的位置。

众所周知，在吉尔吉斯斯坦，南部和北部不仅是地域之分，也是部落之争。长期以来，北部吉族部落与南部吉族部落因各种利益关系一直对立。在苏联时期，为缓和南北地区之间的矛盾，共和国最高领导人通常由南北方人轮流担任。吉尔吉斯斯坦独立后，来自于北方的阿卡耶夫执政十五年后于2005年被来自于南方地区的巴基耶夫通过“颜色革命”赶下了台，而上台执政刚五年的巴基耶夫于2010年又被北方人通过“颜色革命”赶下了台。

政治上长期被忽略的乌兹别克族为了使自己能够在国家的政治生活中

占有一席之地，他们也比较积极地参与到吉国内部的政治斗争中，比如在2005年的总统选举中，乌兹别克族人在领袖巴提耶夫的领导下反对巴基耶夫，由此遭到巴基耶夫当局的压制。在2010年反巴基耶夫的浪潮中，巴提洛夫又率领贾拉拉巴德的乌兹别克族人转向临时政府，旗帜鲜明地站在反巴基耶夫一方，与临时政府合作将巴基耶夫的支持者赶走，使南部巴基耶夫支持者欲夺取南部地区政权的行动未能成功。长期以来，乌兹别克族人过多地卷入吉内部的政治斗争使南部的吉族人十分不满。但临时政府上台后，很快任命新政权的吉族人士出任奥什和贾拉拉巴德州长，这也使乌族人大为不满。所以掺杂着政治因素的吉乌两族关系变得越来越尖锐，冲突也就越来越激烈。

（六）薄弱的国家权力和管理机构

薄弱的国家权力和管理机构。在中亚的所有国家都形成了国家政权的垂直管理体系，这一体系在某些地方比较牢固、强大，有些地方比较薄弱。国家政权地方机构的权力是受限制的。他们的权力，其中包括在经济、财政金融、税收等领域的权力被削减很多。这种管理制度不能使政府及时发现和快速消除骚乱及群体性的反社会行为。在很多问题上，地方当局，比如城镇或村庄的行政机关，在解决主要问题时，都需要等待上级机关的决定。而做决定的各级机关一般从7个到10个不等。

（七）历史因素

这个因素是建立在过去复杂的，有时甚至是悲剧性的关系基础上。这一点在吉尔吉斯斯坦南部吉尔吉斯族和乌兹别克族2010年的冲突中得到充分体现。2010年吉乌两族大规模冲突的直接原因至今都没有一个明确的说法，存在多种版本，比如乌兹别克族人强奸了吉尔吉斯族女大学生；在吉南部奥什市的一家赌场内，一些吉尔吉斯族青年同一些乌兹别克族青年发生了口角，彼此矛盾很快激化成为群殴事件；有某种势力雇用了一些塔吉克人，驶车向车外的乌兹别克人和吉尔吉斯人开枪，挑起两族冲突；等等。吉临时政府从骚乱伊始便认定流亡白俄罗斯的前总统巴基耶夫是骚乱事件的幕后策划者。

尽管如此，此次冲突的主角是明确的：乌兹别克族人和吉尔吉斯族人。许多冲突参与者在不清楚冲突原因的情况下就积极参与其中，并造成如此严重的后果，其主要原因之一就是吉乌两个民族的历史积怨。1990年的冲突使吉乌两族人彼此怨恨，甚至仇视，乌族聚居区与吉族居住区之间有清晰的界线。双方有时只隔一条小街，但很少来往。而在之后的二十年时间里，脆弱的吉政府连本民族问题尚无能力解决，就更无能力解决少数民族问题，致使吉乌两族关系愈加尖锐。如此一来，不断积累的矛盾便仅仅是在等待一个爆发的时机，一个火花便能引爆一场大规模的冲突。

第九章　费尔干纳盆地的伊斯兰极端主义问题

第一节　相关概念阐释

2001 年 6 月 15 日，上合组织签署了《打击恐怖主义、分裂主义和极端主义上海公约》，首次对恐怖主义、分裂主义和极端主义做了明确定义。2001 年“9. 11”袭击事件发生后，以美国为首的国际社会一方面严词谴责国际恐怖主义，同时发誓要在全球范围内打一场长期的反国际恐怖主义战争，应对非传统军事威胁被提到了议事日程。从此，“民族分离主义”“宗教极端主义”和“恐怖主义”等词汇被广泛应用于全世界的新闻媒体当中。而在谈及包括费尔干纳盆地在内的中亚问题时，使用频率较高的词汇莫过于“瓦哈比教派”“伊斯兰原教旨主义”“伊斯兰极端主义”等。但需要指出的是，许多学者、媒体记者对这些术语的使用比较混乱，有的甚至出现了误用、错用现象。至于普通读者，则根本无法弄清这些术语之间的异同，造成许多误解。近年来，一些学术著作专门对这些“术语”进行研究。虽然有了许多共识，但还未达成完全一致。

一、宗教极端主义、民族分离主义、恐怖主义及其相互关系

（一）宗教极端主义

《现代汉语词典》对“极端”一词的解释是：“事物顺着某个发展方

向达到的顶点”，或“达到极点的”状态，则出现“极端”的现象。[①] 极端主义通常表现为倾向于极端观点和行动，彻底否定社会中现行的标准和规则。极端主义表现在政治领域就叫作政治极端主义，表现在宗教领域就叫作宗教极端主义，以此类推，还存在着经济极端主义、民族极端主义、文化极端主义等不同类型。任何宗教（不仅仅是伊斯兰教）都潜存着一些极端主义的现象。宗教为抗议和抵制所谓的“不公正的行为”提供了依据。因此，在人类发展的不同时期、不同的国家、不同的信仰中都曾出现过宗教极端主义现象。

目前，国内外学者对“宗教极端主义”这一概念给出了多种解释。吴云贵先生认为，“宗教极端主义是个泛称，它所指的是各种宗教内部的极端主义倾向，或假借宗教名义进行违法犯罪活动”[②]。陈联璧先生认为，“一般说，宗教极端主义是打着宗教旗号出现的一种极端主义，实际上是属于政治范畴，其目的是要恢复神权统治国家和人民”[③]。金宜久先生认为，“宗教极端主义是‘宗教’与‘极端主义’的复合概念，可以理解为‘宗教的极端主义，或宗教中的极端主义’，指宗教中含有极端主义的成分或因素，是宗教性的极端主义”。或者是“在宗教名义下的极端主义”，即“为达到一定目的而以宗教名目活动的极端主义”[④] 吉尔吉斯斯坦该问题研究专家努·纳马托夫给宗教极端主义下的定义是“宗教极端主义是指以宗教名义或披着宗教外衣，旨在改变国家制度、夺取政权、破坏国家主权和领土完整，以及为达到这些目的而煽动宗教对立和仇恨的暴力恐怖活动。宗教极端主义的核心是利用蛊惑煽动手段挑起的极端残忍暴力活动和侵犯行为。”[⑤]

通过这些国内外学者对“宗教极端主义”的表述，可以概括出以下构

---

① 《现代汉语词典》，商务印书馆，北京，1996，第589页。

② 吴云贵：《当代伊斯兰教法》，中国社会科学出版社，北京，2003年，第375—376页。

③ 陈联璧：“三个极端主义与中亚地区安全”，《东欧中亚研究》，2002年第5期。

④ 金宜久：“宗教在当代社会的蜕变”，《世界宗教研究》，2002年第2期。

⑤ 参见 Нурлан Наматов Религиозный экстремизм в Центральной Азии. http：//www. ca-c. org/datarus/namatov. shtml.

成“宗教极端主义”概念内涵的要素：第一，它打着宗教旗号或披着宗教外衣，与宗教有关，但不是宗教；第二，它将宗教异化、极端化，改变宗教教义，强调宗教至上，用宗教神学排斥世俗文化；第三，它具有建立一个国家或改变国家制度等特定的政治目的；第四，在行动上煽动宗教对立和仇恨，采取暴力恐怖活动排除异己。

产生宗教极端主义的社会原因通常有以下几种：发生社会经济危机；政治结构出现变革；大多数居民的生活水平下降；当局镇压异己思想和反对派；存在民族压迫，政党和宗教团体的领袖为寻求快速实现其既定目标而刚愎自用，等等。宗教极端主义盛行的原因有时也可能是由于民主改革过程中实行的信仰自由政策，如苏联后期的自由化政策。信仰自由是现代法治国家公民的一项重要而珍贵的权利，但可能被宗教组织（包括国际的宗教组织）理解为放任自流，从而为社会极端思想的产生创造了条件。①

产生极端主义的群众基础是边缘化人群，民族和宗教运动的人士，部分不满现行制度的知识分子和大学生群体，以及某些军事团体等。

宗教极端主义反对破除宗教神化或迷信现象，要求服从于神圣经文（圣经、基督圣经、古兰经）中圣谕的绝对权威，或者遵循其他宗教经文（犹太法典、圣父经文、教皇圣谕、沙利亚的法律条文）。要一字不差地遵守宗教条文首先必须对经文要有统一的理解，要摒弃诠释，因为只要诠释，就会对同一经文做出不同解释。换言之，宗教极端主义提出了不用解释的信仰，事实上就要求接受其领袖的解释为唯一的正确的说教。因此，宗教极端主义者反对观点的多元化，他们认为多元化不可避免地会导致相对主义。

现代宗教极端主义大多具有“暴力改变国家制度或者暴力夺取政权，破坏国家主权和领土完整的行为”的政治目的。因此，有的学者引入了“宗教政治极端主义”这一概念。引入“宗教政治极端主义”这个概念首

① 参见 Нурлан Наматов Религиозный экстремизм в Центральной Азии. http：//www. ca-c. org/datarus/namatov. shtml.

先是能够把发生在宗教领域里的现象与政治领域内的有宗教动机的和宗教伪装的行为区别开来。该观点认为，宗教政治极端主义是一种违法的政治形式，宗教公理或者口号是其动机的掩饰。这是它区别于民族、生态和其他极端主义的标志。政治目的的迫害是宗教政治极端主义与一般宗教极端主义区别标志。宗教政治极端主义拒绝任何谈判，妥协，尤其是协商的途径来解决社会政治难题。用武装斗争的手段来实现自己的目标是政治宗教极端主义的特征。宗教政治极端主义者极端不能容忍与其持不同政见的人，包括那些与其信仰相同但政见不同的人。对他们来说不存在“政治游戏的规则”，没有允许和不允许的界限。“中庸”和“己所不欲，勿施于人”等世界宗教共有的基础，他们都全部加以拒绝。他们采取的主要手段就是暴力、极端残忍和侵略，还有与之有关的煽动与蛊惑。①

冒险家们常常利用宗教思想和口号来实现自己违法的政治目的，他们知道宗教学说和象征是吸引人和刺激他们加入不妥协斗争的重要因素。

(二) 民族分离主义

民族分离主义，有的学者也称为民族分裂主义或民族分立主义，一般是指“居住于主权国家的一部分领土上的某一群人单方面要求脱离现属国家，而谋求新的政治身份的政治诉求，其手段包括了暴力恐怖甚至武装对抗行为”②。民族分离主义的理论依据为“单一民族国家”和“民族自决权”理论，主张是“每个民族都有建立自己民族国家的权利，即每个民族有权通过自决方式与其他民族分离来实现建立自己独立国家的政治目标。”③

“单一民族国家”和“民族自决权”理论出现在17—19世纪西欧资产阶级民主革命时期，在历史上曾起到过积极作用。1789年，法国大革命通过的《人权宣言》就曾提出民主主义、民族主义、民族自决权等口号，

① 参见 Нурлан Наматов Религиозный экстремизм в Центральной Азии. http：//www. ca-c. org/datarus/namatov. shtml.

② 杨恕：《世界分裂主义论》，时事出版社，北京，2008年，第5页。

③ 参见陈联璧：“三个‘极端主义’与中亚安全”，《东欧中亚研究》，2002年第5期。

反对封建专制的王权和罗马教皇的神权，要求通过民族自决方式建立单一的现代民族国家。20 世纪初，当时许多国家和民族受到单一民族国家理论的影响，以“民族自决权”为指导原则，进行了反对帝国主义压迫和殖民统治的民族解放斗争。第二次世界大战后，殖民地半殖民地国家人民在亚洲、非洲、拉丁美洲等地区通过民族自决方式建立了 100 多个新独立民族国家，不过这些国家大都是多民族国家。①

然而，这些民族解放运动都不是我们当今国际社会所说的民族分离主义。本书涉及的民族分离主义是指少数民族或族群针对其所居住的主权国家单方面提出分裂分离的要求，采取暴力恐怖甚至武装对抗手段，从现存的多民族主权国家中分离出一部分领土，建立自己独立的单一民族国家的行为。

“冷战”结束后，民族分离主义正成为当前局部和地区冲突的主要原因之一。当前民族分裂主义势力为了达到破坏国家统一，煽动民族分裂目的，常常使用暴力和恐怖主义手段，煽动民族对立，进行民族清洗和仇杀，甚至打起宗教旗帜作为鼓动和争取国际支持的手段。现在最常见的是以伊斯兰教为旗帜的民族分离主义运动。

（三）恐怖主义

2001 年“9. 11”恐怖袭击事件后，国际社会和学术界对恐怖主义所下的定义虽不完全一致，界定的标准也不完全相同，但达成了许多共识。美国国务院 2003 年公布的《2002 年全球恐怖主义形势报告》把恐怖主义定义为“次国家集体或秘密代理人攻击非战斗人员的有预谋的、具有政治动机的暴力行为，这种行为通常是为了影响公众。”② 再一次强调了恐怖主义的政治性、暴力性和非国家行为体性。卡尔·多伊奇（Karl W. Deutch）认为，“广义地说，恐怖主义是对个人或集体使用暴力行动或威胁以改变某

① 参见陈联璧：“三个‘极端主义’与中亚安全”，《东欧中亚研究》，2002 年第 5 期。
② 张贵洪主编：《国际关系研究导论》，浙江大学出版社，杭州，2005 年，第 236 页。

些政治进程结局的策略。”[①] 胡联合教授认为，当代世界和未来社会的恐怖主义概念是“指一种旨在通过制造恐怖气氛、引起社会注意以威胁有关政府或社会，为达到某种政治或社会目的服务的，无论弱者或者强者都可以采用的，针对非战斗目标（特别是无辜平民目标）的暗杀、爆炸、绑架与劫持人质、劫持交通工具、施毒、危害计算机系统以及其他形式的违法或刑事犯罪性质的暴力、暴力威胁或非暴力破坏活动。”[②]

从上述“恐怖主义”的定义中，我们可以归结出恐怖主义的以下最基本的特征：针对的目标为平民和民用设施；采用的主要手段包括暗杀、绑架、炸弹爆炸、劫机、恐吓等；带有某种政治动机或目的。本书所涉及的恐怖主义是指带有明显政治目标的恐怖主义，它们有组织、有计划地不惜采用爆炸、暗杀、绑架、劫机、投毒、自杀性人体炸弹等方式袭击国家首脑和政府要人、伤及无辜百姓，以此制造社会恐怖气氛，从而将政治信念传播到广大人民群众中去，以实现自己的政治目标。

自 19 世纪末以来，国际社会已经历了四次恐怖主义浪潮：19 世纪末到 20 世纪初的无政府主义浪潮，20 世纪 20—60 年代的反殖民主义浪潮，20 世纪 70—80 年代盛行的意识形态浪潮，以及肇始于 20 世纪 80 年代，以“9. 11”事件为高潮的宗教极端主义浪潮。[③] 当前许多恐怖组织都是由原来的伊斯兰极端组织发展演变而来的。

中亚地区的恐怖主义一般具有浓厚的“伊斯兰原教旨主义”色彩，与中东、南亚和西亚一带恐怖主义组织有联系，基本思想是鼓吹“圣战”，宣传“圣战”乃是穆斯林的一项神圣义务，穆斯林人人都要上前线作战，不参加“圣战”是败类；为了“圣战”要不怕杀人，为“圣战”而死可上天堂。塔吉克斯坦伊斯兰复兴运动、乌兹别克斯坦伊斯兰运动就是这一类的恐怖主义组织，它们与国际恐怖主义头目本·拉登和伊斯兰极端主义

---

① ［美］卡尔·多伊奇著，周启朋等译：《国际关系分析》，世界知识出版社，北京，1992 年，第 224 页。

② 胡联合：《当代世界恐怖主义与对策》，东方出版社，北京，2001 年，第 28 页。

③ 参见张家栋：“现代恐怖主义的四次浪潮”，《国际观察》，2007 年第 6 期。

政权塔利班有组织联系，在塔吉克斯坦、乌兹别克斯坦、吉尔吉斯斯坦制造了一系列恐怖活动，其最终目标是推翻这些国家执政的世俗化政权。①

（四）三者相互关系

奉行民族分离主义、宗教极端主义和恐怖主义的三种社会反动势力即是国际社会所称的"三股势力"。从当今世界发生的恐怖事件和局部地区冲突的情况来看，"三股势力"并非孤立存在，往往是某个地区的其中某一股势力占着主导地位，但其背后有其他两股势力在支持。在某个地区兴起的某种政治运动可能是民族分离势力，又与宗教极端势力相结合，而且又常常以恐怖活动作为实现其政治目标的手段。在一定条件下，宗教极端主义与民族分离主义、恐怖主义之间往往是相互利用关系，并以此作为基础谋求共同发展和扩大生存空间。孤立开展反政府和反社会的活动难以得到民众的同情和支持。因此，民族分离主义总是打着宗教的旗号，煽动一些人参与反对政府的活动；而宗教极端主义又以民族独立为口号，鼓动宗教复兴运动。为实现政治目标，民族分离主义和宗教极端势力往往又借助于恐怖活动来显示其在社会上的存在和影响。②

在中亚地区，特别是费尔干纳地区，伊斯兰极端主义、民族极端主义和恐怖主义交叉存在，以伊斯兰极端主义为主要表现形式。伊斯兰极端势力打着宗教旗号，以建立哈里发国家为政治目标，与国际恐怖主义相联系，恐怖活动成为其实现政治目标的主要手段。中亚伊斯兰教极端势力与民族分裂势力及国际恐怖主义势力相结合，已威胁到该地区及周边地区的安全和稳定。

二、"伊斯兰原教旨主义"

美国宣布"9.11"恐怖袭击事件是伊斯兰极端分子所为之后，"伊斯

① 参见陈联璧："三个'极端主义'与中亚安全"，《东欧中亚研究》，2002年第5期。
② 参见陈联璧："三个'极端主义'与中亚安全"，《东欧中亚研究》，2002年第5期。

兰原教旨主义”便成了所有大众传媒关注的焦点。但是较短时间内对伊斯兰极端主义高强度的报道，使人们形成了这样一种印象，好像“伊斯兰原教旨主义”成了潜在的恐怖袭击者或自杀式袭击者，甚至成了所有宗教极端主义的代名词。实际上，原教旨主义并非伊斯兰教所独有，各种宗教派别或多或少地都存在着原教旨主义成分。

原教旨主义这个概念最初来自基督教，原来指的是基督教中“严格遵循基督教信仰中原初的、基本的、正统的信条”的派别。[①] 现在该词已被用指各种宗教中要求返回初始原典教义的派别和主张。原教旨主义是指这样一种宗教现象：当感到传统的、被人们理所当然地接受了的最高权威受到挑战时，对这种挑战毫不妥协，仍反复重申原信仰的权威性，对挑战和妥协予以坚决回击，一旦有必要，甚至用政治和军事手段进一步表明其态度。所以，原教旨主义有极强的保守性、对抗性、排他性及战斗性。[②] 原教旨主义理论上的共同点就是反对现代主义、自由主义和世俗主义。

原教旨主义概念虽然源于西方，却不局限于西方国家。它以各种形式出现在世界各地。基督新教原教旨主义在美国占有非常重要的地位。《消失的伟大行星》一书的作者——基督新教原教旨主义信徒哈尔·林赛在美国的知名度很高，他预言俄罗斯—阿拉伯联盟与美国—以色列联盟之间将会发生一场战争，这场战争结果是阿拉伯人、俄罗斯人及地球三分之一人口将会灭亡。有趣的是，罗纳德·里根总统是一位哈尔·林赛的热心支持者，甚至邀请他去五角大楼给战略家讲学。美国还有大量的右翼基督教原教旨主义者，鼓动激进的反犹太主义。阿利安民族基督教教会是最明显的例子，这是一个最大的白人种族主义者组织，极端恶毒地对待黑人和犹太人。该组织的政治目标是在美国西北五个州建立一个“阿利安白人基督徒

---

① 刘靖华、东方晓：《现代政治与伊斯兰教》，社会科学文献出版社，北京，2000 年，第 303 页。

② 参见 Нурлан Наматов Религиозный экстремизм в Центральной Азии. http：//www. ca-c. org/datarus/namatov. shtml.

国家”，消灭有色人种和犹太人。①

爱尔兰共和军也是一个原教旨主义组织，由天主教原教旨主义者组成。属于原教旨主义派别的还有犹太人中的强硬正统派、锡克教中的分裂主义和民族主义、斯里兰卡泰米尔的解放运动和印度反对外国传教势力的印度教组织。这个尚不完整的原教旨主义组织的名单清楚地表明，所有宗教都有极端主义的流派，他们以对自己有利的形式歪曲宗教教义的精髓。②

“伊斯兰原教旨主义”是指主张复兴伊斯兰教，使其回到最初的原始教义，履行先知穆罕默德的遗训，恢复《古兰经》、圣训的真正精神的宗教神学思潮。最早兴起于18世纪，后来被立为沙特阿拉伯王国国教的瓦哈比派教义是“伊斯兰原教旨主义”的早期形态。现代原教旨主义兴起于20世纪20年代，埃及穆斯林兄弟会是20世纪和20世纪最有影响的“伊斯兰原教旨主义”派别组织，巅峰时曾拥有百万信徒。

当代“伊斯兰原教旨主义”运动有较系统的政治理论和主张。“伊斯兰原教旨主义”的基本主张是“必须以伊斯兰法作为国家和社会的基础，除真主之外没有别的政治合法性根源。真正的穆斯林必须以行动‘信主独一’，而不仅仅在精神上信仰伊斯兰”③。它的真正目的是要在一个国家或各个国家实行伊斯兰教法，也就是建立宗教政权，实现宗教的统治。它号召穆斯林通过“圣战”解除伊斯兰教的困境。要求穆斯林为“主道而奋斗”，并规定穆斯林有义务拿起武器同异教徒战斗，用生命和财产为真主而奋斗。

从“伊斯兰原教旨主义”的发展历程、主张和目的，我们可以了解到，“伊斯兰原教旨主义”运动并不是作为道德精神或社会生活的伊斯兰教，不是单纯的宗教运动，它已经成为一种政治运动。为了实现其政治主张，采取的手段是夺取政权，通过国家机器全面推行伊斯兰化，实现伊斯

① 参见 Нурлан Наматов Религиозный экстремизм в Центральной Азии. http：//www. ca－c. org/datarus/namatov. shtml.

② 参见 Нурлан Наматов Религиозный экстремизм в Центральной Азии. http：//www. ca－c. org/datarus/namatov. shtml.

③ 蔡佳禾：《当代伊斯兰原教旨主义运动》，宁夏人民出版社，银川，2003年，第24页。

兰的“法治”。

“伊斯兰原教旨主义”有合法的温和派、非法的激进派和极端派三种形态。而极端派即是伊斯兰极端主义。从时间上可分早期原教旨主义和现代原教旨主义。

“伊斯兰原教旨主义”与宗教极端主义既有联系，又有区别，二者之间首先是部分与整体的关系。所谓伊斯兰极端主义不过是对“伊斯兰原教旨主义”派别组织中激进派或极端派的思想观点、政治与社会主张的一种概括和界定。[①] 可以说，伊斯兰极端主义是“伊斯兰原教旨主义”的一种最极端化的形式。

三、瓦哈比教派

瓦哈比教派是伊斯兰教早期的原教旨主义派别。瓦哈比教派的创始人为出身于宗教世家的穆罕默德·伊本·阿卜杜里·瓦哈比（1703—1792），他出生于阿拉伯半岛纳季德地区，该教派的名称即源于创始人的名字。

瓦哈比教派兴起于18世纪阿拉伯半岛的纳季德地区。它是借助沙特家族的力量推行其教义的，因此与沙特阿拉伯的历史密不可分。19世纪初，沙特家族从土耳其手中夺取了内志省，建立了瓦哈比国。至1811年，瓦哈比国的领土已扩展到北起叙利亚，南至印度洋，东起伊拉克，西至红海沿岸，形成了一个自先知穆罕默德逝世以来阿拉伯半岛上最强大的国家。1818年，奥斯曼苏丹下令埃及总督派兵对瓦哈比国和瓦哈比教派进行讨伐，瓦哈比国的统治者纷纷被处死，残部被迫退至科威特，瓦哈比教派运动陷于低潮。20世纪初，沙特家族重整旗鼓，历经多年征战，最终以武力重占阿拉伯半岛大部分地区，并统一了各部族，于1932年创立了沙特阿拉伯。伊本·沙特成为开国国王和教长，瓦哈比教派随之振兴，并成为该国

① 参见吴云贵：“伊斯兰原教旨主义、宗教极端主义、国际恐怖主义辨析”，《国外社会科学》，2002年第1期。

占统治地位的教派，其教义亦被奉为国教。[①]

瓦哈比思想来源于伊本・太米叶和罕百里教派的传统学说。该派以原始的《古兰经》和圣训为其理论基础，宣传唯一神论思想，反对具有多神崇拜倾向的行为和言论。严禁人们瞻仰圣墓以祈福，并捣毁了一些圣徒的坟墓；对日常生活中的某些习惯也加以禁止，认为有损伊斯兰信条。瓦哈比教派的主要信条可以归纳为两点：一是强调信仰唯一神论；二是反对异端行为。首先，瓦哈比教派认为伊斯兰教法中的合法与非法的依据是安拉降示的《古兰经》，除此之外，就是先知的圣训。只要不是取自《古兰经》和圣训文字内容的，都不能成为论据。反对参拜先知灵墓，因袭古老的习俗，向灵墓捐钱、食物和宰牲以乞求幸福、驱避邪恶。瓦哈比教派认为，信徒们只能在圣先知的坟墓前进行训诫和说教，以表达敬意而不是为了诉说和祈求。为了实现这一信条，瓦哈比派所到之处，拆毁陵墓及其附属的清真寺。其次，瓦哈比派反对异端行为，如生日聚会、妇女在灵车后行进、对天房帷幕的典礼及举行有苏非派歌咏和舞蹈的纪念活动。此外，人们日常的生活习惯，如吸烟、喝咖啡、男子着丝缎衣服及染须、佩带戒指也被视为异端行为。瓦哈比派还查禁那些有多神崇拜倾向内容的书籍。总之，瓦哈比派信条的核心是遵循伊斯兰正统的教法和教义，其来源为《古兰经》和圣训。瓦哈比运动属于带有暴力色彩的宗教运动。尤其是这一运动中的某些做法，在当时有悖于穆斯林的宗教情感，如毁坏令人敬仰的先知门弟子的灵墓，使得许多穆斯林对瓦哈比教派怀有敌意。

瓦哈比派在近代伊斯兰史上影响深远。声势浩大的北非赛努西运动、苏丹的马赫迪运动、印度的瓦哈比运动、帕达里派运动及泛伊斯兰主义和伊斯兰现代主义的某些人物皆直接或间接地受过其影响。[②] 进入 20 世纪后，特别是随着沙特阿拉伯的崛起，瓦哈比教派在世界范围内得到更为广泛的传播。沙特阿拉伯凭借其国家政权和石油经济实力，以及它在伊斯兰

① 参见邓浩："伊斯兰瓦哈比教派与中亚政局"，《现代国际关系》，1999 年第 2 期。

② 参见邓浩："伊斯兰瓦哈比教派与中亚政局"，《现代国际关系》，1999 年第 2 期。

教中的特殊历史地位（为伊斯兰教的发祥地、使者穆罕默德的故乡、伊斯兰教的两大圣地——麦加和麦地那的所在地），向伊斯兰世界大力传播其信奉的瓦哈比主义和“沙特阿拉伯模式”。瓦哈比派至今仍有很强的活力，对全世界穆斯林依然具有巨大的影响力。其信徒除沙特外，还分布在苏丹、印度、独联体国家和中国新疆等地。

瓦哈比派于19世纪中叶通过印度传入中亚。现在主要在乌兹别克斯坦境内活动，影响波及吉尔吉斯斯坦和哈萨克斯坦南部地区。瓦哈比派在中亚是人数居于少数的一个伊斯兰教派。苏联解体后，伊斯兰教瓦哈比派势力首先渗透到费尔干纳盆地，然后在中亚迅猛发展。皈依瓦哈比派的人数迅速上升。如乌兹别克斯坦纳曼干、安集延等地的瓦哈比信徒已占当地居民的10%。其影响日趋扩大，干政意识强烈，谋求执掌政权，建立伊斯兰国家。乌兹别克斯坦瓦哈比分子公然要求在费尔干纳盆地实行穆斯林自治，企图建立一个政教合一的浩罕汗国。乌兹别克斯坦瓦哈比派极端分子秘密建立了“宗教狂”武装组织——伊斯兰卫队，1997年年底在不到10天的时间内，在纳曼干地区连续策划了一系列暗杀当地官员及警察的事件，并将头颅悬挂示众，手段极其残忍。深受瓦哈比派思想影响的吉尔吉斯斯坦伊斯兰极端组织在1997年年底和1998年年初制造多起针对国家安全官员的凶杀案，气焰十分嚣张。① 该教派进行的恐怖主义活动直接威胁着中亚地区的世俗政权，对中亚国家的稳定构成严重威胁。

四、伊斯兰极端主义

学术界目前对伊斯兰极端主义尚没有统一的概念界定。陈联壁先生认为，“伊斯兰极端主义”是伊斯兰原教旨主义中的一个极端派别，属于非主流的原教旨主义，其宗旨是：“建立完全由伊斯兰教法统治的、政教合一的神权制度，通过鼓吹‘圣战’或恐怖主义来实现建立神权统治的国

① 参见邓浩：“伊斯兰瓦哈比教派与中亚政局”，《现代国际关系》，1999年第2期。

家。为此，伊斯兰极端主义提出的口号是，既不要西方的资本主义，也不要东方的社会主义，只要伊斯兰教。”① 还有的学者对伊斯兰极端主义的基本特征、产生原因和政治目的等做了描述。如“伊斯兰极端主义……一般认为它至少具备以下两个特征：第一，改变伊斯兰教义，提出缺乏权威认定的新思想、新主张，并把新的主张、思想的实现与政治权力的获得联系起来；在政治、文化、宗教和社会生活的多方面表现出强烈的排他性和不妥协性；第二，采取激烈的手段，特别是暴力以达到目的。”② 伊斯兰极端主义“产生于极端坚定的信念和对其他宗教的藐视，同时它也反对伊斯兰教的正统教义。伊斯兰极端主义总是受政治动机驱使，算不上纯净的宗教运动”③。“今天的伊斯兰极端主义是几个不同派别的融合体，他们企图使整个当代社会变成神权社会，法律则被明文废除……尽管操作方式上有所不同，但他们的基本目标仍然是通过暴力获取政治权利。”④

根据上述对“宗教极端主义”概念的阐述及学者们的观点，可以对伊斯兰极端主义做以下概念阐释：“伊斯兰极端主义”是假借伊斯兰教之名，以暴力恐怖等极端手段达到建立伊斯兰教法统治下的伊斯兰政权的政治观点和行为。其内涵包括以下几个方面：第一，它是一种与伊斯兰教有关的极端主义，它是打着伊斯兰教旗号，但从本质上讲，伊斯兰极端主义不具有宗教属性，但它利用宗教所特有的道德约束力来支配盲目信教者的精神世界；第二，它将伊斯兰教异化、极端化，对某些伊斯兰教义、教旨断章取义，它反对一切外来的非伊斯兰教的思想、信仰、文化，故意渲染和扩大伊斯兰教中激进和暴力成分；第三，它是一种社会—政治运动，其目的是建立完全由伊斯兰教法统治的、政教合一的“伊斯兰国家”，使社会生活全面伊斯兰化；第四，在行动上煽动暴力恐怖，鼓吹“圣战”，排除异

---

① 陈联璧：“三个极端主义与中亚安全”，《东欧中亚研究》，2002 年第 5 期。

② 杨恕、林永峰：“中亚伊斯兰极端主义”，《俄罗斯中亚东欧研究》，2008 年第 5 期。

③ 杨恕译：《中亚和南亚的恐怖主义和宗教极端主义》，兰州大学出版社，兰州，2003 年，第 34 页。

④ 杨恕译：《中亚和南亚的恐怖主义和宗教极端主义》，兰州大学出版社，兰州，2003 年，第 35 页。

己，消灭异教徒。

第二节　伊斯兰教在中亚的传播与发展

苏联解体、中亚五国独立前后，中亚伊斯兰复兴运动蓬勃发展，这个过程中间衍生了伊斯兰极端主义。中亚伊斯兰极端主义的出现，既有复杂的现实原因，也有深刻的历史背景。

一、伊斯兰教早期在中亚的传播

在公元6—7世纪前，包括费尔干纳盆地在内的中亚地区主要受印度文化、中国文化和波斯文化的影响，历史上该地区曾经是多种宗教汇合之地，先后信仰过萨满教、祆教（拜火教）、佛教、景教和摩尼教等。

伊斯兰教起源于7世纪的西亚阿拉伯半岛。公元632年伊斯兰教创始人穆罕默德逝世后，阿布·巴克尔作为继承人担任了哈里发，从此，阿拉伯人开始了对外扩张的历史。649年，为掠夺财富并获取更大的经济利益，阿拉伯军队占领了现今土库曼斯坦东南部的马雷地区，开始了对中亚的入侵。伊斯兰教也随着军队的占领而传入，早期在中亚的传播范围主要局限于萨珊王朝和贵霜王朝统治的一些地区，信徒也大多为阿拉伯人。

7世纪末8世纪初，阿拉伯军队在20多年间，先后征服了布哈拉、花拉子模和撒马尔罕。713—715年攻占了费尔干纳盆地，到达了锡尔河流域。伴随着武力征服，阿拉伯人开始强迫当地居民皈依伊斯兰教，以巩固自己的统治。在这个过程中，包括撒马尔罕在内的许多历史名城都被洗劫一空，大批佛教、祆教及其他宗教的庙宇和神像被损毁，取而代之的是伊斯兰教的清真寺，大量宗教文献也被强行焚毁，在被占领地区强行推行伊斯兰法律。这些措施大大促进了伊斯兰教在当地的传播。

8世纪后半期到9世纪70年代是伊斯兰教在中亚得到巩固和发展的阶

段。中亚当地居民逐步接受了伊斯兰教，布哈拉、撒马尔罕和花拉子模成了中亚地区的伊斯兰文化中心。费尔干纳地区虽然直到 9 世纪才被穆斯林最后征服，但一些穆斯林圣迹在此之前就已经出现在这里：贾拉拉巴德附近有先知艾卜尔的坟墓，卡桑-萨伊德河畔有传说中先知与异教徒作战殉难的圣墓，浩罕有伊玛目侯赛因之孙阿卜都拉的圣墓，安集延有伊玛目谢赫库泰巴圣墓，即 715 年在征服中亚过程中战死的阿拉伯统帅屈底波坟墓。最先接受伊斯兰教的为平原地区的定居居民，之后进入河中地区游牧的“突厥人”也先后接受了伊斯兰教，并建立了一些伊斯兰王朝。“突厥人”皈依伊斯兰教成为中亚地区伊斯兰化的重要标志之一。

经过 9—12 世纪的传播和扩张，伊斯兰教在当地民众中留下了深刻的烙印，逐步成为他们的日常生活方式，而不是意识形态。费尔干纳盆地南部地区受到伊斯兰文化的不断渗透和影响，当地居民的伊斯兰特征逐步形成并得到强化，并成为伊斯兰教向东部山区扩张的重要通道。

13 世纪初期，逐渐强大起来的花拉子模军队打败了西辽王朝的军队，取得了对中亚的统治权，并在中亚推行伊斯兰化政策，使伊斯兰教再次成为中亚的主要宗教。

在 14—15 世纪长达近两个世纪的时间里，中亚的突厥人被帖木儿王朝所占领。帖木儿帝国时期，中亚曾有过经济、科学、文化艺术繁荣的“黄金时代”，当地居民，特别是在乌兹别克斯坦，至今一直缅怀着昔日的荣耀。14 世纪，苏非传教士首先成功说服了征服中亚的蒙古可汗皈依伊斯兰教。蒙古统治者们发现伊斯兰教比其原先信奉的宗教更有利于巩固其统治，于是下令自己属地内的居民皈依伊斯兰教。世俗权贵与伊斯兰教的结合，大大推动了中亚伊斯兰化进程。从此之后，苏非传教士持续不断地深入中亚的草原牧区，逐步将伊斯兰教推广到中亚各个地区。苏非传教士对伊斯兰教在中亚传播推广起了很大作用。伊斯兰教在中亚的发展是非常不平衡的，费尔干纳盆地的奥什、贾拉拉巴德、纳曼干、安集延地区均为伊斯兰教信仰最为强烈的地区，也是伊斯兰文化的中心。

经过若干个世纪的传播，伊斯兰教已深刻地改变了中亚的文化格局，成为中亚文化的重要组成部分，和当地居民的生活习俗融为一体。

二、沙俄统治时期中亚的伊斯兰教状况

19 世纪 60—80 年代，沙俄以武力征服中亚地区，对该地区实行殖民统治。在宗教方面实行的政策是，一方面，不断限制伊斯兰教的影响，另一方面，不断使伊斯兰教“俄罗斯化”。

沙俄征服中亚初期，沙俄当局对伊斯兰教实行支持和安抚政策，尽可能地尊重当地穆斯林居民的风俗习惯，不改变当地居民的社会宗教生活。允许当地伊斯兰教神职人员主持伊斯兰宗教事务，伊斯兰教教会甚至还拥有对穆斯林民众的司法权力和民事审判权力。但到了 19 世纪 80—90 年代，随着殖民统治的巩固，沙俄政府开始不断限制、削弱伊斯兰教教会的权力，开始建立以“帝国法律”为基础的审判机关。颁布了一些新法令，在突厥斯坦总督省建立了两套系统，即帝国法院和传统民族法院。沙俄政府设立的帝国法院依据沙俄政府的法律审案，而传统的民族法院则依据当地居民的风俗习惯和伊斯兰教法典审案，并且还颁布了新的法令，对隶属于伊斯兰法典职权内的一系列问题做了一些限制，属于毛拉管理的只是一些婚丧嫁娶方面的事务性工作，对传教士数量也进行了限定。

沙俄政府除派出各级官吏对中亚进行殖民统治外，还采取各种政治、经济和文化措施，削弱伊斯兰教的作用，不断扩大东正教的影响。19 世纪 80 年代，沙俄当局为了加强其殖民统治，开始在中亚各地开办俄语学校，从而打破了中亚地区只开设伊斯兰经文学校的局面。在俄罗斯人开办的学校学习的学生大多为沙俄官员和当地贵族子弟。俄语学校一方面向中亚普及俄语、传播先进的科学技术和文化知识，另一方面对当地居民的生活方式、风俗习惯和宗教信仰均产生了巨大影响，逐步使伊斯兰教“俄罗斯化”。

三、苏联时期中亚针对伊斯兰教的政策

从1917年十月革命胜利到1991年8月苏联解体，苏维埃政权的宗教政策根据国内外形势的变化而不断变化。针对伊斯兰教的政策在不同时期呈现出不同的特点。

（一）苏维埃政权初期实行“相对宽松的政策”

十月革命胜利后，布尔什维克党和苏维埃政府在列宁的领导下实行了“政教分离、废除宗教特权、信仰自由”的宗教政策。1917年11月8日颁布的《土地法》规定教会和寺院的土地收归国有、交给全体劳动者，从而结束了教会的经济特权。同年的11月15日颁布了《俄罗斯各族人民权利宣言》，宣布废除宗教特权，取消东正教对其他宗教的特权地位。1918年1月23日苏维埃政府颁布了《关于教会同国家分离和学校同教会分离的法令》，确定了苏维埃国家和教会之间相互关系的原则，即政教分离，国家机关和其他社会权力机关在进行活动时，不得举行任何宗教仪式，任何国立、私立学校不得开设宗教课程，禁止干涉公民信仰自由。该法令成了苏联信仰自由方面的立法基础。

除东正教外，伊斯兰教是苏联最大的宗教，在中亚等地具有广泛的影响和深厚的群众基础。1917年12月3日，苏维埃政府发布的《告俄罗斯和东方全体穆斯林劳动人民书》郑重宣布：“今后，你们的信仰和习惯，你们的民族机关和文化机关都被宣布为自由的和不可侵犯的。自由地、无阻碍地来安排自己的民族生活吧！你们有权利这样做。要知道，你们的权利和俄国所有民族的权利一样，都会受到革命和革命机构——各级工农兵代表苏维埃的全力保护。”① 这份文件确认中亚各族人民传统的宗教信仰和风俗习惯受到保护，对穆斯林群众产生了一定的积极影响，也在某种程度上确立了布尔什维克党在中亚的执政地位。

① 《苏联的建立（1917—1924年文件汇编）》，莫斯科，1949年，第21-22页。

1917年11月，突厥斯坦苏维埃共和国成立，1918年4月突厥斯坦苏维埃社会主义自治共和国宣告成立，1920年布哈拉和花拉子模人民共和国成立。在十月革命胜利的初期，中亚苏维埃政权不顾中亚地区的民族与宗教特点，照搬俄国中部地区的做法，对当地民族的宗教采取了较激进的措施，如废除当地的宗教法庭和宗教学校，没收寺院（清真寺）的土地等。这些措施触动了当地居民的宗教感情，不仅遭到巴依、穆斯林僧侣上层的反抗，也引起了穆斯林群众对苏维埃政权的疑虑。针对这一情况，苏维埃政府及时调整了宗教政策，采取了一系列有别于俄罗斯联邦的比较宽松的宗教政策和实际措施。列宁在《在全俄东部各民族共产党组织第二次代表大会上的报告》中明确指出："你们面临着全世界共产党人所没有遇到过的一个任务，就是你们必须以共产主义的一般理论和实践为依据，适应欧洲各国所没有的特殊条件，善于把这种理论和实践运用于主要群众是农民、需要解决的斗争任务不是反对资本而是反对中世纪残余这样的条件。"① 列宁考虑到宗教的作用，教育党员、干部要尊重中亚群众的民族感情和宗教信仰，不能操之过急。1922年5月，俄共（布）中央委员会在《关于突厥斯坦—布哈拉事务》的决议中，建议突厥斯坦、布哈拉政府把没收的土地归还给寺院，使地方民族法院合法化。宗教学校继续普遍地与苏维埃学校平行存在。一些伊斯兰节日被列入休假日。在布哈拉，当地苏维埃政权非常重视做穆斯林僧侣的工作，邀请穆斯林头面人物参加群众代表会议，向他们解释苏维埃政权的性质、任务和计划。1923年12月25日，在布哈拉召开的代表大会上，参加会议的毛拉们引证《古兰经》论述道："苏维埃政权是安拉的安排，因为它的建立代替了对人民不公正的政权。"② 由于对宗教采取了一系列宽容措施，当地苏维埃政府与宗教界的矛盾大为缓解，因而争取到了中亚宗教界人士对土地改革及其他苏维埃建设事业的支持，也争取到了中亚广大穆斯林群众对苏维埃政权的拥护。

① 《列宁全集》，第37卷，人民出版社，北京，1985年，第323—324页。

② ［苏］伊诺雅托夫：《中亚各族人民反对干涉者和内部反革命的斗争》，莫斯科，1984年，第40页。转引自邓浩："苏维埃时期的中亚民族宗教问题"，载《世界民族》，1997年第4期。

（二）斯大林时期的"限制和打击政策"

列宁逝世后，苏联政府在中亚实行的比较宽容的宗教政策开始发生明显变化。在"宗教在任何条件下只能是麻醉人民的鸦片"观点的影响下，联盟中央只强调宗教的消极作用，看不到宗教能够适应社会发展变化而发生改变的特点。这样就使宗教信仰自由政策失去了理论根据，也失去了与宗教力量在政治上团结的基础。其结果是，联盟中央把宗教看作是可以依靠主观努力在短期内消除的孤立现象，对宗教采取了根本违反意识形态领域斗争规律的方针、政策，如瓦解宗教组织、捣毁宗教设施、镇压宗教人员等。

在这种意识形态思想的影响下，中亚当地民族信奉伊斯兰教在斯大林时期遭到了限制和打击。从20世纪30年代开始，在中亚的广大群众中开展了大规模的反宗教运动。各地党组织进行反宗教宣传，举行反宗教讲座，出版各种无神论刊物，发表各种反宗教文章。联盟中央提出要消灭伊斯兰教的痕迹，打击目标是伊斯兰教上层、伊斯兰教制度和伊斯兰教徒。反伊斯兰运动一直持续到1941年卫国战争前夕。这一运动使中亚的伊斯兰教组织和设施遭到了严重破坏，如中亚地区的撒马尔罕原有清真寺和宗教学校150座，塔什干有300座，布哈拉有430座，安集延有387座，在反伊斯兰运动中全部关闭，宗教组织受到严格控制，穆斯林的正常宗教活动也受到限制。[①] 虽然反伊斯兰运动确立了科学的唯物主义世界观、共产主义的意识形态和道德的统治地位，但伊斯兰教在中亚当地居民中并未完全失去其影响与作用。卫国战争时期，在国家和民族危难之际，宗教界人士和穆斯林群众表现出高涨的爱国热情，为前线捐款捐物，帮助军人家属，集资建立坦克纵队。在这种情况下，苏联政府放松了对宗教限制，停止反宗教宣传，允许重新开放清真寺，伊斯兰教活动在中亚得到了恢复。1945年，一批穆斯林还获准去沙特阿拉伯的麦加朝觐。当然，对伊斯兰教打击的一时放松并不意味着联盟中央已完全改变了对伊斯兰教的看法。当然，

① 《世界宗教资料》，1993年第2期，第19页。

正如有的学者指出的那样，卫国战争时期苏联政府对伊斯兰教管理的放松，并不意味着它完全改变了针对伊斯兰教的政策。1953 年出版的《苏联大百科全书》仍强调："像所有的宗教一样，伊斯兰教作为剥削阶级手中的一种武器，作为外国殖民主义者对工人们进行精神压迫、对东方人进行奴役的一种工具，始终起着反动的作用。"①

（三）赫鲁晓夫执政后掀起了一场反宗教（包括伊斯兰教）的运动

1954 年 7 月 7 日，苏共中央通过了《关于科学无神论宣传中的重大缺点及其改进措施》的决议，掀起了战后无神论宣传的第一个高潮。决议要求坚决改变在反宗教宣传方面的被动局面，揭露宗教的反动本质及其危害性，批评那种认为随着宗教阶级基础的消失没有必要进行积极无神论宣传等错误思想。各级党组织改变和结束反宗教工作的无人管理状态，强调要继续"揭露宗教的反动本质"及其对人民和社会主义的危害。1959 年，赫鲁晓夫在中亚等地开始发起了大规模的反伊斯兰教运动。到了 20 世纪 60 年代，为了落实赫鲁晓夫提出的"20 年建成共产主义社会"的奋斗目标，苏联政府采取了一系列对居民进行无神论教育和宗教管理工作的措施：在人民群众中大张旗鼓地进行科学无神论宣传，加强共产主义思想教育，力图将伊斯兰教从思想和意识形态领域中彻底排除出去；加紧培养进行无神论教育和工作人员；设立神论科研机构，负责研究解决有关无神论教育中出现的迫切问题；督促检查国家关于宗教法律的执行情况；中亚各共和国还分别通过了相关法律，对违反宗教法律的犯罪分子及其活动进行惩处。1959—1964 年，苏联先后关闭了城乡大部分清真寺，致使全苏清真寺数量由约 1 500 座急剧下降到 300—400 座了。②

这个时期掀起反对宗教（包括伊斯兰教）的运动及采取的措施是为了尽快实现各民族思想、文化上的统一，消除宗教在民族精神生活中的影响。然而，采取强制的行政命令方式是难以彻底改变人们的宗教信仰的，

---

① ［美］希克・R・阿里著，陈德仁译："苏联的穆斯林少数民族问题"，《民族译丛》，1981 年第 4 期。

② ［美］S. E. 温布什：《苏联伊斯兰教与民族》，《民族译丛》，1980 年第 6 期。

联盟中央对中亚民族宗教和建立在宗教基础之上的民族传统文化不加区分地一律给予限制和打击，不可能不伤害当地居民的宗教和民族感情。它不仅达不到尽早消除伊斯兰教影响的目的，相反，只能增强当地人民的抵触情绪和逆反心理。

（四）勃列日涅夫时期的“限制”政策

勃列日涅夫上台后，为适应国内外的政治需要，在宗教政策方面做出了一些调整，对宗教团体和宗教活动的限制有所放松。清真寺数量、宗教信徒人数有所增加。1976 年，中亚有 143 座清真寺供 2 700 万穆斯林使用。1979 年 4 月，中亚地区有 200 座大清真寺和为数众多的小清真寺，宗教活动场所有所增加。为了在国外尤其是在保守的伊斯兰国家（沙特阿拉伯、约旦、摩洛哥等）树立一种正确对待伊斯兰教的形象，勃列日涅夫时期开放了一些清真寺。还允许穆斯林上层参加世界性的伊斯兰教活动，如中亚的大穆夫提（解释伊斯兰教教规的官员）就参加了 1975—1979 年的各次伊斯兰教会议。1977 年在塔什干举行了纪念《穆罕默德言行录》作者阿勒-布哈里教长逝世 1200 周年的会议，世界各伊斯兰国家前来参加这次会议的代表达 1 000 人。[①] 但是在国内，联盟中央依然把反对伊斯兰教作为一项政治斗争任务来进行，仍大力宣传科学的无神论，揭露和批判伊斯兰教的“虚伪”和“偏见”，严格限制民间伊斯兰教的活动。纳扎尔巴耶夫曾回忆道：“不久前一个共产党员仅参加了一次宗教葬礼或降生仪式便被视为反党行为。”[②] 联盟中央对伊斯兰教的严加防范由此可见一斑。

在勃列日涅夫时期，虽然为了对外宣传的需要，苏联对伊斯兰教的限制有所松动，但是包括中亚在内的全苏范围内的无神论和反伊斯兰教的宣传教育并未有丝毫放松，而是比以往更坚决、更激烈。正如亚历山大·本尼森所说：“勃列日涅夫时期，反对伊斯兰的斗争被看作是哲学领域里的

---

① ［法］亚历山大·贝尼格桑：“苏联的穆斯林与阿富汗危机”，《民族译丛》，1980 年第 4 期。

② ［哈］H. 纳扎尔巴耶夫：《探索之路》，新疆人民出版社，乌鲁木齐，1995 年，第 53 页。

最高境界。"① 但是，由于急于将中亚当地民族的文化统一到苏维埃文化体系之中而采取了对伊斯兰教的高压政策，致使当地民族在宗教和民族感情上都受到了严重伤害。随着当地民族文化教育水平的提高和民族意识的增强，当地民族反而更增添了对伊斯兰教的认同和归附心理，这是联盟中央所始料不及的。

(五) 戈尔巴乔夫时期实行"宗教信仰自由"政策

1985 年戈尔巴乔夫执政后，推行新思维，提倡"民主化"、"公开性"，导致苏联国内共产党执政地位遭到极大削弱，各种政治势力空前活跃，各种政治思潮泛滥，先后出现了包括宗教政党在内的数以万计非官方组织。1990 年 10 月 1 日，苏联最高苏维埃通过了《关于信仰自由和宗教组织法》，从法律上取消对宗教的种种限制，使各种宗教活动公开化、合法化。由于这一政策的实施，终于使伊斯兰教可以在中亚合法存在和发展了。戈尔巴乔夫在执政后期放弃社会主义、共产主义信念，放弃苏共执政党的地位，导致包括中亚在内的全苏意识形态的完全失控和混乱，于是伊斯兰教这一传统的意识形态便乘虚而入。在短短的几年时间里伊斯兰教在中亚得到了迅速恢复和发展。

第三节　伊斯兰极端势力在费尔干纳盆地的发展过程

在论述当今中亚国家社会政治形势的出版物里，常常提到所谓的"费尔干纳原教旨主义"。有"金色盆地"之称的费尔干纳盆地被一贯地奉为中亚"伊斯兰原教旨主义"的发源地。许多激进的伊斯兰主义组织很早就认识到费尔干纳盆地的地缘、人文和历史特点，将费尔干纳盆地选为自己进入中亚地区的主要落脚点，积极在此地从事地下活动。可以说，地理位置相对封闭的费尔干纳盆地为伊斯兰教在中亚的传播与发展提供了沃土。

---

① ［法］亚历山大·本尼森："对伊斯兰教的回顾"，《中亚研究》，1990 年第 3 期。

苏联解体后，随着中亚伊斯兰教复兴运动的兴起，费尔干纳盆地又逐渐产生了许多伊斯兰极端主义组织。

应该指出的是，许多学者将“伊斯兰激进组织”和“伊斯兰极端组织”等同起来，混为一谈，认为“伊斯兰激进组织”即是“伊斯兰极端组织”。在世界范围内，在某些国家和地区这两个术语之间可能有某些相同之处，甚至可以等同起来。但就中亚，特别是费尔干纳地区而言，在这两个术语之间画等号的观点是不够准确、存在缺陷的，因为这不能完全反映，甚至混淆了这两个概念之间的本质区别。这两个组织虽在政治斗争的战略层面上存在相似之处，即均坚持伊斯兰教立场，但在战术层面上存在明显区别，即采用完全不同的方法和手段达到自己的目标。

本书所述的费尔干纳盆地伊斯兰激进组织是指苏联解体前后，在其活动中采用相对和平、非暴力以及非法手段进行政治斗争的伊斯兰组织和党派，采用的主要手段有未经政府批准的抗议、游行、传播非法的宣传品等。与伊斯兰激进组织不同，费尔干纳盆地的伊斯兰极端组织是指在活动中采用违法的暴力手段和恐怖破坏活动达到目的的伊斯兰政治组织、党派。这些伊斯兰极端组织虽坚持伊斯兰激进主义立场，但采取的手段却是暴力和恐怖破坏活动，这是二者之间的本质区别。①

中亚地区的伊斯兰激进组织于 1991 年苏联解体前后在各种合法伊斯兰组织的基础上产生，初期并没有同政府发生对抗，主张整顿各个社会生活领域的秩序。随着时间的推移，中亚这些伊斯兰激进组织中的一部分最激进的和不愿妥协的伊斯兰组织，中断了同国家之间的有效对话，将其活动转入地下，最终演变为伊斯兰极端组织。中亚伊斯兰运动极端组织产生于 20 世纪 90 年代中后期。

为了深入系统地描述中亚伊斯兰激进组织和伊斯兰极端组织的来龙去脉，我们试将伊斯兰激进组织和极端组织的发展过程大致分为以下几个阶

① 参见 Исламское возрождение в Центральной Азии в XX-XXI вв. http：//www. coolreferat. com/Исламское возрождение в Центральной Азии в XX-XXI вв. часть=3.

段：早期发展阶段；20世纪80年代至1992年，伴随伊斯兰教复兴，公开发展阶段；1993年至1996年，遭到各国取缔，转入地下活动阶段；1996年至2001年9月，采取暴力手段，对抗世俗制度阶段；2001年10月至2009年，遭受重创，化整为零阶段；2010年至今，秘密恢复，重新整合阶段。

一、早期发展阶段

中亚的许多伊斯兰激进组织很早就在费尔干纳盆地找到良好的生存土壤，以实现建立早先四位贤明哈里发执政时期的那种“哈里发国家”的梦想。早在18世纪中叶，费尔干纳盆地地方政权（包括浩罕汗国）的部分阿訇，甚至一些统治者就曾倡导宗教改革。他们提出回归先知及其四个继承人执政时期“纯洁伊斯兰”的思想。但是，复兴“哈里发国家”每次都只是宣言而已。伊斯兰教的各种本土化形式，包括除沙里亚法①以外的地方习俗和传统，以及其他根深蒂固的表现形式等都成为回归“纯洁伊斯兰”道路上不可逾越的障碍。

19世纪俄国人征服费尔干纳盆地之后，以复古派著称的费尔干纳地方激进穆斯林运动试图复兴先知穆罕默德早期继承人时期的“哈里发国家”。大量的费尔干纳地区穆斯林去麦加朝拜②，积极地引进瓦哈比教派的思想和文献，重新提出了反对祭祀圣徒和朝拜圣墓之类的宗教改革问题。

苏联时期所有宗教活动，不论宗教信仰和宗教派别如何，实际上都受到了限制。在费尔干纳地区，社会政治生活各个方面所实行的强制国有化政策使该地区的宗教生活受到了严重损害。在无神论思想的重压之下，保留下来的只有伊斯兰教的一些本土化形式，它们以宗教仪式和礼仪的形式继续发挥着作用。在多个世纪的发展中，这些本土化的形式已经在大众意

① 沙里亚法——伊斯兰教教法和神学准则的总和。
② 根据当时俄国当局的统计数据，来自费尔干纳地区的朝觐者占整个中亚地区的70%-75%。

识中根深蒂固，成为当地居民价值体系和生活方式的基础。

“民间伊斯兰教”在这个时期重新展现出自己适应新的历史条件的能力。其中一个例子就是20世纪六七十年代，费尔干纳地区恢复了在伊斯兰教传统节日期间朝拜圣墓的礼仪。与此同时，一些“伊斯兰原教旨主义”的地下组织也开始在费尔干纳地区活动，其成员一方面反对中亚穆斯林管理局，另一方面又不满恢复以上提到的“异教”仪式。他们在费尔干纳盆地的纳曼干、马尔吉兰、安集延等地积极活动。

二、20世纪80年代末至1992年伊斯兰激进组织公开发展阶段

20世纪80年代初期，伊斯兰教在乌兹别克斯坦，特别是在费尔干纳盆地重新活跃起来。在当时的政治条件下，复兴伊斯兰教最安全的方法就是恢复其本土化的形式。根据乌共中央1982年的统计数据，费尔干纳地区65%—66%的新婚夫妇在举办世俗婚礼的同时，还按宗教仪式举办婚礼——神圣的尼卡罕①。朝拜圣墓的礼仪又重新盛行起来。这些现象都被政府视为对国家单一意识形态的威胁，地方政权遂采取了相应的反宣传措施，在传统的祭祀地点重新确定朝拜对象，并对这些朝拜对象进行重新人格化塑造。比如在费尔干纳南部的伊斯兰教圣地沙希马尔丹修建了一座纪念1929年被害的第一位乌兹别克苏维埃剧作家哈姆扎·哈吉姆—扎杰·尼亚孜的祭祀性建筑，而其他圣地都被毁掉了。1983—1985年间很多麻扎②都去除了典型物品——圣旗、烛台等。

但类似的反对传统伊斯兰教本土化形式的行动收效甚微，中亚穆斯林宗教事务委员会也无力应对当时费尔干纳盆地出现的伊斯兰教复兴状况。在这种情况下，“伊斯兰原教旨主义”者认为朝觐和朝拜圣墓不合法的观点与当局阻止伊斯兰教地方习俗复兴的愿望相吻合。也就在这个

① 尼卡罕——伊斯兰教婚礼。

② 麻扎——伊斯兰教显贵的陵墓。

时候，当地非官方的极端宗教人士开始活动，他们极力反对朝觐和朝拜圣墓的宗教仪式。费尔干纳地区的“原教旨主义者”成为相关党政机关对祭祀圣徒和朝拜圣墓的礼仪进行反宣传的工具。1983 年 2 月，乌兹别克斯坦共产党中央制定了《关于孤立伊斯兰教活动家措施的决议》。从此任何否定祭祀圣徒和朝拜圣墓或其他宗教仪式的宗教人士都可以在媒体上自由发表和陈述自己的观点。费尔干纳的“原始瓦哈比教徒”很愿意与国家维持一种独特的默契，以便从中获得利益，增加自己的支持者。在某种意义上他们成功地达到了这个目的，虽然克格勃及其他情报部门对他们的非法传教活动了如指掌，但视而不见，任其发展。与此同时，费尔干纳地区正在形成的原教旨主义流派对国外文献也表现出兴趣，他们通过各种途径，获得伊斯兰世界著名的伊斯兰极端主义分子的文献，如“穆斯林兄弟会”的宣传品。

戈尔巴乔夫执政后，特别是 1988—1989 年苏联实行的宗教自由化政策，强化了该地区居民对伊斯兰教的信仰，对地区居民而言，该政策具有某种民族解放的意义。在这种情况下，伊斯兰教具有了相当大的民族性意义，伊斯兰教能够经受住苏维埃化的考验而得已保存下来，正是因为当地人将伊斯兰教与“民族传统”联系起来。

在苏联各加盟共和国独立前后，苏联所有穆斯林地区的当地居民均表现出了对伊斯兰教历史、文化、神学和法学等的强烈渴求和向往。对于所有苏联解体后独立国家而言，“民族复兴”是主权的一个心理支撑点。“民族复兴”的概念出现在非政府组织和非正式的团体的纲领中，被译成十几种语言。在伊斯兰地区，伊斯兰教代表了民族复兴的文化基础。

从 1992 年起，瓦哈比教派即开始在费尔干纳盆地乌兹别克斯坦所属地区传播和发展，并波及吉尔吉斯斯坦的奥什及其他南部城市。瓦哈比分子开始修建清真寺和宗教学校，以使吉尔吉斯人能够更多地了解伊斯兰教，并阻止西方基督教原教旨主义分子在该地区的活动。选择费尔干纳盆地作为瓦哈比运动的中心，首先是因为当地居民的伊斯兰情绪，其次是该地区的地理位置决定，这里可以控制乌兹别克斯坦、塔吉克斯坦和吉尔吉斯斯坦三个国家。1992 年夏，奥什开始用沙特阿拉伯提供的资金修建一座大清真寺和宗教学校。同年年底瓦哈比教派在比什凯克建成了一座新的清真寺。清真寺的伊玛目说，他们必须转向瓦哈比教派，因为政府不投资修建清真寺。这标志着费尔干纳盆地以合法面目出现的伊斯兰激进组织开始浮出水面。

从苏联解体前后起，中亚地区基本上形成了两代相互交织的伊斯兰激进组织。第一代伊斯兰激进组织形成于 20 世纪 80 年代末 90 年代初，是对当时包括费尔干纳盆地在内的中亚地区各种具有伊斯兰教倾向的激进党派和组织的统称。首批出现的主要伊斯兰激进组织有：乌兹别克斯坦的“阿克罗米亚”（创建人为毛拉·阿克罗姆，出生于费尔干纳盆地）“萨卡勒”“正义”“伊斯兰战士”“塔布里赫”“忏悔”“光明”等。首批伊斯兰激进组织主要出现在费尔干纳盆地的纳曼干、安集延和费尔干州，此后又出现在塔什干、吉扎克、苏尔汉河以及中亚其他地区。在 1990—1992 年间，这些组织积极活动，经常组织各种会议、群众集会、游行。这些组织的人数一般不超过几十人，最多的时候也不超过 300—400 人。[①]

1991 年后，在塔吉克斯坦和乌兹别克斯坦境内出现了“伊斯兰复兴党”[②] 的分支机构——“塔吉克斯坦伊斯兰复兴党”和“乌兹别克斯坦伊斯兰复兴党”。此后出现的“人道和博爱”以及“社会公道”“阿开勒苏那特—吾阿勒—加马阿特”“达依瓦—吾勒—依西拉特”和哈萨克斯坦穆斯林激进团体“浩罕的土地”“塔里哈特西拉”等都属于第一批伊斯兰激进组织。[③] 这些组织大都经过中亚各国政府批准，属于反对派组织，并没有同各国政府发生对立，主要通过游行示威、群众集会、出版印刷品等宣

① Зураб Тодуа Радикальный ислам в Узбекистане：Этапы становления и перспективы развития. Центральная Азия и Кавказ，№1（37），2005.

② 伊斯兰复兴党于 20 世纪 70 年代成立于中亚南部。

③ Дмитрий Карманов Радикальные исламские организации Центральной Азии. Центральная Азия и Кавказ，№6（36），2004.

扬其宗旨。许多组织在成立之初并没有政治目标，在一定程度上起着维护社会治安的作用。

从影响传播的范围上讲，中亚伊斯兰运动第一代激进组织属于“传统型”伊斯兰组织，这些组织的积极分子在固定的地域活动，活动范围一般不超出该地区。与在世界各地活动的“非传统型”伊斯兰党派和组织不同，中亚第一代激进组织的纲领宗旨单一，如在中亚建立哈里发国家，推翻现有的统治制度并以伊斯兰政权取而代之。这一时期中亚宗教激进组织的主要特点是非暴力，表现形式为极度的宗教狂热，传播原教旨主义思想，煽动人们反对国家政权。

三、1993—1996 年伊斯兰激进组织转入地下活动，秘密传播激进思想阶段

费尔干纳盆地的部分第一代伊斯兰激进主义组织经历了早期与世俗政府的短暂合作之后，开始将政治需求带入宗教活动之中。1992 年下半年至 1993 年初，最初的合法伊斯兰激进组织，即第一代伊斯兰激进组织在与各国政府之间的对话逐渐变得没有效果后，便拒绝同政府对话，并最终走上了不可调和的意识形态对抗之路。而这些伊斯兰激进组织采取的激烈行动也迫使乌兹别克斯坦、塔吉克斯坦等国政府宣布它们为非法组织。包括“正义党”等许多伊斯兰组织都相继被各国政府取缔。以乌兹别克斯坦总统卡里莫夫为代表的中亚各国领导人下令禁止各伊斯激进兰组织进行活动。1993—1994 年间，第一代激进组织遭到当局取缔后，被迫转入地下，其活动开始转向非法状态，他们靠组织成员的捐款以及境外的亲戚或者伊斯兰组织和基金所提供的资金生存。早期合法的伊斯兰激进组织逐渐演变成了非法的第二代伊斯兰激进组织。

第二代伊斯兰激进组织与第一代伊斯兰激进组织的显著区别是，在同中亚各国政治制度的斗争中，吸取了第一代伊斯兰激进组织的斗争经验，开始使用一些全新的斗争手段和方法，同政府的对抗已经不仅仅停留在游

行、散发传单以及抗议等传统的行动层面上，而是利用信息战的手段进行信息对抗。其重点放在更加主动地对中亚地区居民进行思想意识形态方面的宣传工作上。他们在中亚各地散发各种非法的伊斯兰教书籍，占领虚拟网络空间阵地，进行伊斯兰教宣传。第二代中亚伊斯兰激进组织的另一重要特点是招募该地区各共和国政权机构中的公职人员。第二代中亚伊斯兰教激进组织的一个标志性区别特征是该组织的活动具有跨国性质。与第一代伊斯兰激进组织不同，第二代伊斯兰教激进组织属于“非传统型”宗教组织，其组织结构呈网络化分布，因此，各国执法机构难以对该组织成员的活动进行监控。随着针对该组织镇压措施的不断加剧，第二代伊斯兰激进组织对成员的招募形式体系变得更加严谨，从而加大了逮捕该组织成员和调查其成员活动的难度。为了保证该组织活动的秘密性，第二代伊斯兰激进组织以名为“哈尔卡”[①] 基层支部为单位建立组织机构。每个“哈尔卡”由 5—6 人组成，是最基本的基层组织。

第二代伊斯兰激进组织主要从高等院校的毕业生以及处于边缘状态的年轻人中招收新成员，同时要求每一个新成员在当地建立自己的基层支部。这些组织借助现代通信手段，不仅在中亚建起了完整的组织网络，而且在欧洲和阿拉伯东部地区建立了许多分支机构。他们还借助最新的信息技术，在中亚各国法律管辖区域以外的“第三国”从事活动。中亚地区的伊斯兰解放党（也称伊扎布特）就属于这种组织。应该指出的是，中亚地区的伊斯兰解放党成立伊始并没有同国家发生对抗，而是采用和平手段宣传自己的政治目标。但其不断加强的影响力引起了当局的不满，该党因此变成了非法组织，其党章也因此规定，要严格保守关于该党领导人的秘密。宣传政治主张、散发非法宣传品成了当时伊斯兰解放党的主要工作。苏联解体之后，伊斯兰解放党在中亚地区积极扩张。第一批“哈尔卡”基层支部就出现在费尔干纳、安集延、塔什干州（1992—1994 年），之后扩展到塔吉克斯坦和吉尔吉斯斯坦地区。应该指出，与第一代伊斯兰激进组

① “哈尔卡”（Халька），意为链条。

织的单一目标不同，第二代激进组织往往提出了多个政治目标。如伊斯兰解放党就提出了三级纲领：1. 建立一个伊斯兰政党；2. 将世界伊斯兰运动一体化；3. 建立哈里发国家。随着组织的迅速扩大，“伊斯兰解放党”成功地运用了现代信息技术，在自己的网站上用八种语言发布该党章程、活动目的和任务等信息。

这个阶段是伊斯兰激进组织活动的低潮期。特点是中亚各国政府实施了一系列的打击措施，伊斯兰激进组织被迫从公开活动转入地下活动，并逐渐形成地下秘密网络，传播激进宗教思想，有的甚至开始以武装的形式与政府直接对抗。①

四、1996—2001 年伊斯兰极端势力采取暴力恐怖手段，以武装袭击对抗世俗体制阶段

为了同世俗政权进行对抗，一些伊斯兰组织出现了宗教极端化、暴力恐怖化的发展势头，一些伊斯兰激进组织的性质开始改变，它们逐渐成了中亚反政府伊斯兰运动的极端势力。这些极端组织试图通过宗教名义下的暴力和恐怖活动，达成自己的政治诉求。经过多年的发展，一些最初只在费尔干纳盆地当地活动的极端组织积极向外发展，并一度与阿富汗和南亚地区的国际恐怖主义组织活动相勾结，逐步为外界所熟悉，成为世界公认的恐怖组织，其中最著名的包括乌兹别克斯坦伊斯兰运动、伊扎布特及其分支阿克罗米亚。

从 1996 年开始，费尔干纳盆地出现了以“非传统手段”对抗世俗体制的第一代中亚伊斯兰极端组织。第一代伊斯兰极端组织在中亚的出现，是该地区各种伊斯兰势力对中亚各国当局针对中亚伊斯兰组织采取镇压、取缔政策并奉行亲西方政策的直接反应。第一代极端组织当中乌兹别克斯

---

① 参见王建平、吴云贵、李兴华：《当代中亚伊斯兰教及其与外界的联系》，中国社会科学院世界宗教研究所编印，2000 年，第 113 页。

坦伊斯兰运动（简称“乌伊运”）最具代表性，它成立于1996年，是一个伊斯兰武装运动组织，其中汇集了乌兹别克斯坦、塔吉克斯坦和周边国家的公民。“乌伊运”的大多数成员来自20世纪90年代初成立的各个伊斯兰组织。其成员还包括乌兹别克斯坦总统卡里莫夫在1992—1993年下令禁止活动的许多伊斯兰组织中的积极分子。

中亚地区第一代伊斯兰极端组织的主要特点有：1）按照非网络化原则建立组织机构。所谓网络化原则是指按照“最高领导人—中层领导人—普通成员”的金字塔式所属关系结构建立组织机构，按照这种模式建立的组织能够随机应变，快速适应各种情况变化，在没有统一领导的情况下，难以同这类组织进行斗争。而所谓的非网络化、传统的原则是指按照“最高领导人—普通成员”所属关系模式建立组织机构。第一代中亚伊斯兰极端组织的特点是按照非网络化、传统的原则建立其组织机构。组织结构相当简单，其成员通常在该地区的各国范围内活动，但利用各种跨国伊斯兰组织、基金会和运动组织的资金和物质支持。2）背离了最初的理想，从事带有雇佣性质的犯罪活动。中亚地区这些伊斯兰极端组织具有某种国际化的特点，其部分成员为来自阿富汗、巴基斯坦、印度、孟加拉国的伊斯兰武装分子，逐渐演变成在地区范围内活动的伊斯兰武装组织。第一代伊斯兰极端组织制造了多起轰动事件，其中“乌伊运”在费尔干纳盆地进行了一系列的恐怖暴力活动，给这一地区造成了极大的混乱和动荡。

五、2001年10月至2009年极端势力遭受重创，化整为零阶段

2001年9月11日，“基地”组织策划了震惊世界的“9.11”恐怖袭击事件。为了对这一事件进行报复，2001年10月7日以美国为首的联军发起了针对基地组织和塔利班的阿富汗战争。2001年10月9日，伊斯兰解放党发表声明，支持阿富汗的塔利班政府，认为“在美英领导下的反恐战

争是对穆斯林和伊斯兰教的宣战”[①]。而“乌伊运”在塔希尔·尤尔达舍夫、朱玛·纳曼干尼等人的领导下，也与塔利班一起抗击美国。

在联军的强力打击下，为“基地”组织头目本·拉登提供庇护的塔利班政权在几周内就被推翻了。在这场反恐战争中，“乌伊运”的主力几乎被消灭，该组织的二号人物纳曼干尼被美军击毙，这支中亚最大的伊斯兰极端武装组织丧失了在短时间内进行较大规模恐怖活动的能力。塔利班政权的垮台又使“乌伊运”失去了最重要的外部支持和资金来源，使中亚的各种伊斯兰极端组织失去了靠山。在这次阿富汗战争中，中亚伊斯兰极端组织的参战使西方各国彻底改变了对其所持的态度。2001 年 9 月 20 日，美国宣布“乌伊运”为恐怖主义组织，冻结了它在美国的账户，开始对它的行为和活动进行限制，同时支持中亚国家政府打击国内伊斯兰极端势力的行动。

2002 年以后，中亚国家，尤其是乌兹别克斯坦展开了大规模清查伊斯兰极端分子的活动，有力地打击了残留在中亚各国国内的伊斯兰极端分子，第一代中亚伊斯兰极端组织遭到了毁灭性的打击，被迫化整为零，重组力量，采取全新方式进行政治斗争。在这种情况下，在中亚产生了第二代伊斯兰极端主义组织。

第二代伊斯兰极端势力的主要特点：一是具有非常强的生存能力，这种能力是从第二代激进组织和第一代极端主义组织继承下来的，并对这两个组织的生存经验进行了“融会贯通”；二是继续使用传统方式进行破坏和恐怖活动，但与上一代极端势力相比，行动规模要小得多；三是运用互联网等现代技术手段传播极端思想；四是广泛使用现代信息战、心理战的方法和手段。[②]

从 2002 年开始，“乌伊运”等极端组织进行了分化、重组。新组合的

---

① Рахматилло Зойиров Стратегия поведения по отношению к “Хизб – Ут – Тахрир; О совместимости политического ислама и безопасности в пространстве ОБСЕ. Душанбе, 2003. С. 224.

② 参见 Исламское возрождение в Центральной Азии в XX—XXI вв. http://www. coolreferat. com/Исламское возрождение в Центральной Азии в XX—XXI вв. часть 3.

“乌伊运”分成25—30人一组，吸收了中亚各国、鞑靼斯坦和外高加索国家的伊斯兰极端分子，在巴基斯坦的山区建立了一些训练营，主要在巴基斯坦和阿富汗边境活动。有的“乌伊运”分子藏匿在阿富汗山区，与反美武装一起制造恐怖袭击事件。还有一部分成员潜回到中亚国家加入伊斯兰解放党，并继续在费尔干纳等地从事反政府活动。①

“乌伊运”由于对组织发展战略和目标的分歧，内部产生了分裂，2002年在纳日米京·扎洛洛夫（别名亚赫约或艾赫麦德）领导下建立了“伊斯兰圣战联盟”。该组织主张把“圣战”活动扩散到整个中亚地区，继而是西方国家。2004年该组织在乌境内制造数起恐怖袭击事件，2007年开始与塔利班和基地组织建立密切合作关系。②

中亚地区在阿富汗战后虽然再没有发生大规模的非法武装分子袭扰事件，但小规模的恐怖事件仍时有发生。宗教极端分子不但“化整为零”，他们制造的恐怖事件也有了“化整为零”的特点。如2003年，“乌伊运”成员参与了奥什爆炸案，吉政府还指控“伊解党”应对此次事件负责。2004年，受塔什干等地发生的系列恐怖爆炸事件影响，费尔干纳地区伊斯兰极端势力也开始兴风作浪。2005年3月下旬，一些民族和伊斯兰极端分子在费尔干纳盆地的奥什等地进行打砸抢，制造动乱。12月24日，吉尔吉斯斯坦南部奥什市又发生了州政府礼堂爆炸案。2006年以来，一些极端势力在中亚费尔干纳盆地的活动明显增加。2006年5月，由十几个恐怖分子组成的一个团伙先后杀死塔、吉两国的边防战士和平民，企图穿越边境进入乌兹别克斯坦。还曾发生恐怖分子袭击并枪杀警察等事件。吉内务部称，伊斯兰极端组织“伊扎布特”甚至扬言，要对吉政权发动“圣战”。据吉强力部门透露，有伊斯兰极端分子暗中策划要在吉南部奥什、贾拉拉巴德和巴特肯等地实施恐怖行动。2007年8月，塔吉克斯坦和吉尔吉斯斯

① 参见苏畅：“九一一事件后中亚宗教极端势力的重组”，《俄罗斯中亚东欧研究》，2005年第2期。

② 参见杨倩：“当前中亚地区宗教极端势力活动的主要特点、趋势及影响”，《和平与发展》，2011年第5期。

坦政府声称，乌兹别克斯坦伊斯兰运动已加紧袭击费尔干纳盆地。费尔干纳盆地等地一直处于伊斯兰极端势力的恐怖威胁当中。

六、2010 年至今，伊斯兰极端组织秘密恢复，重新整合阶段

2010 年以来，“乌兹别克斯坦伊斯兰运动”“伊扎布特”等中亚地区宗教极端势力加快从动荡的阿富汗、巴基斯坦向中亚地区的回流，行动趋于活跃。

一是加强网络等新兴媒体宣传力度，蒙蔽、欺骗更多的人。据国外媒体报道，“伊扎布特”及其国际支持者积极采取措施，加强在吉尔吉斯斯坦境内的秘密宣传工作，组建伊斯兰政党，破坏吉尔吉斯共和国的安全稳定。[①] 网络等新兴媒体正在成为宗教极端势力进行极端思想宣传的重要渠道，他们越来越多地将有关军事训练和各类“圣战”的视频放在网上。独联体集体安全条约组织经长期跟踪调查，在互联网上发现了鼓吹民族和宗教仇恨的极端主义和恐怖主义性质的网站 2 000 多个。2011 年 2 月，独联体成员国反恐中心领导人召开会议，各国反恐代表均指出，计算机网络空间已成为宣扬极端主义思想、煽动暴力和招募恐怖分子的主要场所。[②]

二是秘密招募人员，壮大力量。“伊扎布特”等极端组织还加紧训练年轻骨干分子，派遣有天赋的“伊扎布特分子”到伊斯兰国家最著名的神学学校学习，以提高他们的伊斯兰教素养。吉尔吉斯斯坦奥什州逊尼派宗教领袖卡雷科夫哈吉称，“伊扎布特”正在将招募的对象转至信仰传统伊斯兰教派的教徒。目前在吉尔吉斯斯坦加入“伊扎布特”越来越公开化，截至 2010 年 9 月，在吉强力部门登记在案的“伊扎布特”组织成员有 1 700名，而实际人数约有 2 万人，认同其思想和主张的民众则达到了创纪

---

① История межэтнических отношений в Киргизии. http：//ria. ru/spravka/20100611/245118780. html#ixzz2OldTpJjO.

② 参见“独联体开辟‘网络反恐’新战场”，《新华国际》，2011 年 2 月 24 日。

录的 10 万人。①

三是鼓吹进行“圣战”，制造恐怖事件。2010 年以来，中亚地区宗教极端势力在中亚国家制造了数起暴力恐怖事件，造成重大人员伤亡和财产损失。2010 年 9 月 3 日，塔吉克斯坦第二大城市苦盏的一处警务机构遭到恐怖袭击，造成两名警官死亡，25 人受伤。同年 9 月 19 日，塔吉克斯坦军方车队在该国东部地区遭到一伙武装分子的袭击，造成至少 23 人死亡。当地分析人士认为，上述系列事件的背后都有恐怖组织“乌兹别克斯坦伊斯兰运动”的影子。实施袭击的目的是为了破坏塔吉克斯坦的稳定，激化国内矛盾，最终使塔吉克斯坦陷入内战并实现“阿富汗化”，进而切断北约向阿富汗运输物资的北线陆路通道。目前，连接塔吉克斯坦和阿富汗的公路是北约向阿富汗运输物资的主要陆路通道之一。如果塔局势恶化，这条运输通道将无法正常运作，届时阿富汗境内反恐联军的物资供应将受到严重影响。

自 2010 年 4 月以来，“乌伊运”等恐怖组织一直直接或间接地破坏吉尔吉斯斯坦的稳定，并企图借此使整个地区陷入混乱。2010 年 11 月，一批与“乌伊运”有联系的武装团伙在吉南部奥什市与吉特种部队发生了激战。

四是扩大活动范围。近年来，极端组织头目在非传统活动领域的哈萨克斯坦的活动日益活跃，他们在此招募、培训武装分子。极端组织的哈萨克斯坦成员除了参与乌兹别克斯坦境内的恐怖活动之外，还在哈萨克斯坦进行恐怖活动。哈萨克斯坦现在已经被极端组织视为秘密活动的独特大本营，以此为基地筹备对相邻国家的颠覆活动。

伊扎布特在哈萨克斯坦南部地区活动积极，那里大多数居民是世居居民，伊斯兰教信仰程度高。如果说从前伊扎布特主要吸收贫苦阶层的人加入组织，那么近些年伊扎布特组织则试图吸收社会各个领域的人，包括执

① 杨倩：“当前中亚地区宗教极端势力活动的主要特点、趋势及影响”，《和平与发展》，2011 年第 5 期。

政部门的人士加入组织。

第四节 费尔干纳盆地的主要伊斯兰极端主义组织

苏联解体后，伴随着中亚伊斯兰教复兴运动，费尔干纳盆地产生了形形色色的极端主义组织。1992 年遭到中亚各国政府取缔后，伊斯兰极端组织大都变成非法组织，其活动也都处于秘密状态。因此，至今仍无法准确地对所有极端组织进行描述。根据媒体的资料，费尔干纳盆地的伊斯兰极端组织大致可以分为以下两类：第一类为产生于费尔干纳盆地的极端组织，如“乌兹别克伊斯兰运动”（简称乌伊运）“阿克罗米亚”“正义党”“伊斯兰战士”“忏悔”“光明”等；第二类为将费尔干纳盆地作为进入中亚落脚点的国际性极端组织，如“伊扎布特”等。在这两类伊斯兰极端组织中，成员数量最多、影响最大的有三个，即“乌兹别克斯坦伊斯兰运动”“伊扎布特”和“阿克罗米亚”，三者之中成员数量又以“伊扎布特”最多。下面以这三个极端组织为例，介绍费尔干纳盆地伊斯兰极端组织的主要情况。

一、乌兹别克斯坦伊斯兰运动

“乌兹别克斯坦伊斯兰运动”是中亚最具代表性的伊斯兰极端组织，成立于 1996 年，其首要政治目标是推翻乌兹别克斯坦现任政府，公然宣称要把现总统卡里莫夫赶下台，建立统一的以费尔干纳盆地为中心的伊斯兰国家。为此，“乌伊运”先后在乌、塔、吉等国实施了一系列暗杀、绑架、爆炸等恐怖活动，对中亚及周边地区的安全与稳定构成了严重威胁。目前，“乌伊运”已被列入《在上海合作组织成员国境内被禁止活动的恐怖主义、分裂主义和极端主义组织名单》，被美国列为 28 个最危险的国际恐怖组织之一，在俄罗斯政府公布的 17 个恐怖组织名单上“乌伊运”也位列第12位。

（一）早期发展

从20世纪70年代起，推崇哈里发理想的伊斯兰政治运动组织在乌兹别克斯坦开始活跃起来，这些组织的追随者们试图仿照早期的阿拉伯伊斯兰国家模式，在费尔干纳盆地建立一个伊斯兰哈里发国家。随着原苏联政治自由化进程的发展，伊斯兰组织于20世纪80年代末登上了乌兹别克斯坦的政治舞台。起初执政政权并没有把伊斯兰主义者视为威胁，认为在他们活动中体现着民族意识的复兴，但执政当局不久就与反政府的伊斯兰极端主义活动发生了冲突，之后卡里莫夫政权将这些伊斯兰分子列为国内安全威胁。

苏联解体后，伊斯兰传教士积极吸引青年人入教。而参加过“阿富汗战争”的原苏联退伍军人成为不断发展壮大的伊斯兰运动的一支活跃力量，这些退伍军人在阿富汗接触到了激进的伊斯兰思想。1991年，在费尔干纳盆地的纳曼干成立了“阿多拉特”（意为“正义”），由此形成了“乌伊运”的雏形。而该组织的领袖正是后来成为“乌伊运”主要领导人的塔希尔·尤尔达舍夫，他于1967年出生于费尔干纳盆地的纳曼干市。“阿多拉特”最初阶段的活动总体上是与政府合作的。在“正义”组织成立伊始，其成员在街道、市场上巡逻，致力于公正地销售商品，反对投机倒把，从而使纳曼干城的犯罪率降低。此外，“阿多拉特”的积极分子还直接要求那些他们认为违反了“古兰经”的人遵守伊斯兰教传统，拘捕违反伊斯兰秩序的人。在此之后，新成立的宗教政党中的不少成员成为政治反对派，而另外一些打着宗教旗号的政治运动者们开始转而谋求建立自己独立的政治结构体系，并开始在费尔干纳盆地付诸实施。1991年12月，在纳曼干的一次群众集会上，“正义”组织的积极分子呼吁将伊斯兰教宣布为国教。“阿多拉特”在伊斯兰口号下的广泛活动已具有不可控的性质。由于塔希尔·尤尔达舍夫领导的“民间政府”与乌兹别克斯坦政府冲突的加剧，因而遭到政府取缔。1992年3月，乌兹别克斯坦总统卡里莫夫开展了大规模的反伊斯兰极端势力运动，乌国政府宣布取缔“阿多拉特”等伊斯兰组织，大部分的“阿多拉特”积极分子被逮捕，塔希尔·尤尔达舍夫和几个随从逃到塔吉克斯坦。①

这一时期在纳曼干还成立了另一个伊斯兰组织，名为“托夫巴”（意为“忏悔”），主要创建人为朱马·纳曼干尼，他后来也成为“乌伊运”的主要领导人之一。朱玛·纳曼干尼1969年出生于乌兹别克斯坦纳曼干州，毕业于农业职业技术学校，在苏联伞兵部队服过役，作为苏联军队的一员参加过阿富汗战争，具有丰富的作战经验。他曾在著名的伊斯兰正统派代表阿卜杜瓦里-科里的指导下接受宗教教育。1991年起，纳曼干尼开始积极支持瓦哈比主义，与塔希尔·尤尔达舍夫一起在纳曼干创立了伊斯兰组织“忏悔”。该组织的宗旨是在乌兹别克斯坦建立伊斯兰国家。在乌政府强力打击伊斯兰极端组织行动后，纳曼干尼带领30名志同道合者来到塔吉克斯坦的库尔干—秋别州，参加了塔吉克斯坦的国内战争，支持塔吉克斯坦反对派。1992年纳曼干尼到阿富汗接受专门训练，之后成为一支由阿拉伯和阿富汗圣战分子组成的武装组织头目，在塔吉克斯坦负责对年轻人进行恐怖破坏活动的训练，这些年轻人也包括来自乌兹别克斯坦的公民。

（二）基本状况

1995年，以塔希尔·尤尔达舍夫为首流亡到塔吉克斯坦的乌兹别克斯坦宗教极端分子成立了“乌兹别克斯坦伊斯兰复兴运动”。其宗旨是最终在中亚建立政教合一的伊斯兰国家，而首要任务是推翻卡里莫夫政权，在费尔干纳地区建立浩罕国。活动方式是通过暴力恐怖活动动摇中亚国家的统治基础，最终运用武装斗争夺取政权。

1996年在沙特、土耳其及巴基斯坦等国的伊斯兰极端组织及其他势力，特别是塔利班和“基地”组织的帮助及支持下，流亡到塔吉克斯坦的乌兹别克斯坦伊斯兰极端分子成立了“乌兹别克斯坦伊斯兰运动”组织，

① 参见 Жаринов К. В. Факторы распространения исламского экстремизма на территории государств Средней Азии и в Казахстане/Опубликовано в сборнике " Границы безопасности и безопасность границ" . Челябинск. Издательство ЮУРГУ, 2001.

总部设在阿富汗的昆都士。纳曼干尼团伙武装分子为该组织主要成员，这些武装分子非法出境，在阿富汗和巴基斯坦的专门训练营里接受了有关训练，并与“塔吉克斯坦伊斯兰复兴党”合作，武装对抗塔吉克斯坦政府军的过程中积累了一些经验。“乌伊运”组织严密、分工明确，它的政治、军事、新闻中心领导人分别是塔希尔·尤尔达舍夫、朱玛·纳曼干尼和茹巴伊尔·阿不都拉赫曼。财政来源主要靠国际伊斯兰组织的捐赠和其走私毒品的收入。“乌伊运”还得到了“基地”组织等国际极端势力的大力支持，因而资金充裕，其军事装备非常先进。“乌伊运”的武装人员数量在“9·11”事件前达到了顶峰，约 3 500—5 000 人[①]。

“乌伊运”自成立之时起，就开始以费尔干纳盆地为据点，利用各种办法，其中包括物质诱惑，吸引那些因贫穷、失业而对政府不满的人，尤其是年轻人加入组织。比如参加组织的人每人每月可以获得 100—500 美元的工资，而当时该地区人均月平均工资只有 20—30 美元。[②]“乌伊运”最早是在费尔干纳盆地活动，在阿富汗、塔吉克斯坦建有军事培训基地。该组织成员除乌兹别克斯坦本国的伊斯兰极端分子外，还有来自阿富汗、巴基斯坦、中东、克什米尔、高加索（尤其是车臣）、阿拉伯国家和我国新疆等地的极端分子。随着组织的发展，“乌伊运”同一些国际和地区伊斯兰组织，如“基地组织”“塔利班”“东突厥斯坦伊斯兰运动”“穆斯林兄弟会”等进行密切交往并得到这些国际恐怖组织的大力支持。

“乌伊运”自成立后实施了多起恐怖活动，比如 1999 年 2 月 16 日，“乌伊运”分子在塔什干市中心制造汽车爆炸事件；8 月在吉尔吉斯斯坦南部的巴特肯地区劫持人质，制造了震惊中亚各国和全世界的“巴特肯”事件；11 月中旬，在塔什干州扬吉阿巴德区发生了 14 名武装恐怖分子袭击当地居民和警察的事件，造成多人伤亡；2000 年 7 月 7 日，武装伊斯兰极

---

① 陈杰军、徐晓天：“析宗教极端主义及其对国家安全的危害”，《江南社会学院学报》，2006 年第 6 期。

② Зураб Тодуа Радикальный ислам в Узбекистане: Этапы становления и перспективы развития. Центральная Азия и Кавказ. Выпуск № 1（37）/ 2005.

端分子袭击了乌兹别克斯坦边防哨所等。

2000年美国将该组织列入国际恐怖组织名单，并同乌兹别克斯坦政府携手对其进行严厉打击。乌兹别克斯坦伊斯兰运动于2001年6月因被许多国家列入国际恐怖组织名单，而改名为“突厥斯坦伊斯兰党”。“乌伊运”改组后，既可以吸收原“乌伊运”成员，也可招募车臣、塔吉克斯坦、散居在中亚的维吾尔伊斯兰极端分子，从而将活动范围扩大到整个中亚，可以说，“乌伊运”改名为“突厥斯坦伊斯兰党”只是形式上的，其固有的性质并没有发生改变。

在2001年美国反恐战争期间，“乌伊运”在塔希尔·尤尔达舍夫、纳曼干尼等人的领导下，与塔利班一起抗击美国。在这次反恐战争中，“乌伊运”遭到重创。纳曼甘尼于2001年11月在一次反塔利班的战斗中被反恐联军击毙，塔希尔·尤尔达舍夫和其他“乌伊运”成员逃亡到了巴基斯坦—阿富汗边境地区。“乌伊运”主力虽受到了毁灭性打击，但未被彻底瓦解。

从2002年开始，“乌伊运”重新进行组合，吸收中亚各国和其他国家的伊斯兰极端分子加入。“乌伊运”于2002年10月同“东突厥斯坦伊斯兰运动”等伊斯兰极端组织联合组成了“中亚伊斯兰运动”，领导人仍为塔希尔·尤尔达舍夫。2003年初，重组后的“乌伊运”开始恢复并扩展了自身在中亚地区的网络，其目标是在包括中国新疆在内的整个中亚地区实现伊斯兰化，推翻世俗政权，建立“哈里发”国家。①

目前，“乌伊运”在巴基斯坦有几个武装分子训练营。2006年2月14日，“乌伊运”在巴基斯坦北部宣布成立了独立的瓦济里伊斯兰国家，未得到世界任何一个国家的承认，但得到了许多伊斯兰极端组织的支持，其

---

① 参见苏畅：“九一一事件后中亚宗教极端势力的重组”，《俄罗斯中亚东欧研究》，2005年第2期。

中就包括塔利班。[①] 这个未被承认的伊斯兰国第一任首脑是巴基斯坦塔利班拜杜罗赫·麦赫苏德，他是塔希尔·尤达舍夫的密友。瓦济里斯坦的大部分居民都没有受过教育，生活在贫困线以下，主要在巴基斯坦、阿拉伯国家以及其他波斯湾国家的大城市从事体力劳动。塔希尔·尤达舍夫用金钱、武器、弹药或者乌兹别克姑娘笼络了一些当地居民、黑帮头目，让他们重视自己。

2009 年 8 月 27 日，美国侦察到了塔希尔·尤尔达舍夫的常住地，对其进行无人机空中打击，尤尔达舍夫身受重伤，他的许多随从和保镖都被打死。塔希尔在送往俾路支省医院途中死亡。他的遗体被秘密运回瓦济里斯坦，葬于卡尼库拉姆村。一年之后“乌伊运”才正式宣布塔希尔的死亡讯息。

塔希尔·尤尔达舍夫死后，他的女婿乌斯曼·阿迪尔成为“乌伊运”的头目。乌斯曼·阿迪尔出生于乌兹别克斯坦的撒马尔罕州，乌兹别克族，受过高等教育。当时他在“乌伊运”中被视为精神领袖，他教“乌伊运”成员阅读，学习伊斯兰教知识。

乌斯曼·阿迪尔没有塔希尔·尤尔达舍夫的组织才能，但他仍被视为乌伊运的精神领袖。当时的作战指挥是阿巴斯·曼苏尔，来自于吉尔吉斯斯坦，吉尔吉斯族。2011 年 11 月曼苏尔在美国无人机空袭中死亡。这一年“乌伊运”共有 85 人被打死。战场上的人员死亡使从前几千人的“乌伊运”人数在减少。

2012 年 4 月 12 日，在瓦济里斯坦边境地区，乌斯曼·阿迪尔在美国无人机空袭中死亡，他在“乌伊运”头领的位置上只坐了 2 年 8 个月。

在乌斯曼·阿迪尔被炸死 4 个月之后，40 岁的战地指挥乌斯曼·噶吉被选为新首领。乌斯曼·噶吉出生于塔什干，乌兹别克族。在“乌伊

---

① 参见 Саид Амин Деятельность Исламского Движения Узбекистана в Пакистане. http：//www.easttime.ru/analytics/uzbekistan/deyatelnost-islamskogo-dvizheniya-uzbekistana-v-pakistane-chast-pervaya.

运”成员中，乌斯曼·噶吉被认为是对自己对属下要求严格的人，具有丰富的经验，很高的组织才能。在塔希尔·尤尔达舍夫时期，乌斯曼·噶吉就是乌伊运的新闻秘书，当时的名字叫阿卜杜拉·法塔赫，他负责发布“乌伊运”圣战战绩，并传播“乌伊运”的思想。乌斯曼·噶吉通晓几门语言：阿拉伯语、塔吉克语、俄语、英语，还可以用波斯语交流。他能说一口纯正的俄语，接受采访时用俄语比用乌兹别克语多。他还精通计算机技术。

可以说，目前“乌伊运”已完成领导层更迭，仍主要在巴阿边境、巴基斯坦瓦济里斯坦以及阿富汗北部活动，并加强了与基地组织及塔利班的协作。2010 年 9 月 3 日发生在塔吉克斯坦苦盏市的汽车炸弹袭击事件被认为是阿迪尔上任后的首次恐怖袭击，意在宣示“乌伊运”的存在和塔政府在打击恐怖主义方面的无能。为进一步获取塔利班和“基地”组织支持，从 2010 年下半年开始，“乌伊运”明显加大针对驻阿联军的袭击力度。

通过来自于网络以及专家的信息，可以认为，近年来，尽管“乌伊运”分子在乌兹别克斯坦、俄罗斯、乌克兰、哈萨克斯坦、吉尔吉斯斯坦、塔吉克斯坦、土库曼斯坦以及许多欧洲国家屡遭逮捕，但其人数并未减少。他们加大招募人员力度，甚至将招募对象转移到高校大学生，招募一些年轻的专家补充自己的队伍。他们还在上述国家的外来务工者中通过欺骗、恐吓和威胁等手段招募人员。他们广泛使用网络资源，拍摄视频，动画片，并在网络，甚至在瓦济里斯坦的电视节目中播放。“乌伊运”成员在许多国家建立自己的基层组织。许多被招募来的圣战者在“乌伊运”训练营进行专门的军事训练，之后将被派往各自所在的基层组织，并留在那里执行特别任务。有些基层组织自己选好领导人之后，不用“乌伊运”总部指挥，独立地进行各种恐怖活动。据巴基斯坦世界问题研究所伊斯兰堡分析中心主任穆罕默德·阿米尔·拉纳的信息，目前在瓦济里斯坦“乌伊运”职业圣战者的人数超过 2 000 人。①

二、“伊扎布特”（又称“伊斯兰解放党”）

“伊扎布特”系阿拉伯语音译，意为“伊斯兰解放党”。“伊扎布特”不是一般的宗教组织，而是一个国际性的伊斯兰极端主义组织。自 20 世纪 50 年代成立以来，最初活跃于阿拉伯世界，首先在中东地区包括约旦、沙特阿拉伯、以色列、伊拉克、伊朗、叙利亚、黎巴嫩、埃及和利比亚、土耳其等国渗透。20 世纪 70 年代开始向西欧延伸，并逐渐向北美发展。20 世纪 90 年代初，苏联解体后，它进入中亚地区，以费尔干纳盆地为活动中心，迅速向周边地区扩展。它宣扬极端宗教思想，不断制造各种暴力恐怖活动，目前被世界各国普遍禁止，并受到严厉打击。

（一）“伊扎布特”简况

“伊扎布特”于 20 世纪 50 年代初创立于约旦占领的东耶路撒冷，创始人是谢赫·塔基也丁·纳布哈尼。“伊扎布特”前身为“穆斯林兄弟会”巴勒斯坦分支机构。众所周知，穆斯林兄弟会于 1928 年在埃及成立，总部位于埃及，在世界许多国家建有分支机构，巴勒斯坦分支机构即是其中的一个。穆兄会内部在宗教和政治主张上并不相同，有温和派和圣战派之分，而圣战派又分为思想型和暴力型，暴力型派别被世界许多国家禁止或取缔。“伊扎布特”即属于暴力型伊斯兰极端组织。②

伊扎布特的创始人纳布哈尼是穆斯林兄弟会的早期精神领袖之一，但他改变并发展了穆兄会“在埃及建立一个哈里发政体的伊斯兰国家”的思想，提出要联合一切伊斯兰国家建立一个统一的哈里发国家。目前“伊扎布特”在全球 40 多个国家活动，有两个总部，一个在英国伦敦，另一个

---

① Саид Амин Живучесть исламского движения Узбекистана. http：//www. easttime. ru/analytics/uzbekistan/zhivuchest-islamskogo-dvizheniya-uzbekistana/4460.

② 参见 Алишер Мурадов，Дмитрий Орлов，Хизб ут-Тахрир ал-Исламий：Как возникла《пятая колонна》. Трибуна，17 февраля 2005.

在巴勒斯坦，而且在一些国家有分支机构，[①] 在英格兰北部建立了自己的官方网站，还出版自己的刊物《哈里发》，用英语、阿拉伯语、俄语、德语、乌尔都语等十几种语言向外界发布信息，还在英国、巴基斯坦、苏丹等国设立了公开的新闻发言人。[②]

1. 政治目标。“伊扎布特”的政治目标有三个：第一，向伊斯兰社会回归，向全球传播伊斯兰信仰；第二，作为一个政党，通过思想启蒙恢复伊斯兰教统治，重建伊斯兰国家；第三，领导乌玛与异教徒战斗，在全球建立伊斯兰教法的统治。

2. 行动纲领。为了实现其目标，“伊扎布特”制定了“三步走”行动纲领：第一阶段：建党。通过网罗认同自己思想和行动的个人建立组织。第二阶段：伊斯兰化。通过宣教使整个乌玛认同自己的思想观点，并在行动上共同努力，实现社会的伊斯兰化。这里又分为五个步骤：第一，是巩固组织、扩大成员，动员成员进行意识形态上的斗争和现实的政治斗争；第二，通过组织讲座、授课、在清真寺等公共场所的讨论、出版宣传读物、散发传单等方式进行宣教，在乌玛内统一思想；第三，通过揭露异教徒在思想意识上的错误同异教徒进行意识形态上的斗争，以纯洁乌玛的伊斯兰信仰；第四，领导穆斯林进行政治斗争。既反抗异教徒的政治统治和思想控制，又通过揭露、评议甚至武装斗争等方式同伊斯兰国家的那些损害乌玛权利、不尽职尽责和触犯伊斯兰教法的统治者进行斗争；第五，在乌玛内实现伊斯兰教法统治。目前“伊扎布特”仍在进行第二阶段的活动。第三阶段：建立国家。通过“革命”和“圣战”实现全球伊斯兰化。[③]

3. 组织结构。由于从成立之初就遭到镇压，“伊扎布特”在长期的地下活动中形成了极其严密的组织发展方式，实行多层领导、单线联系，下

---

① 参见杨恕、林永锋：“中亚伊斯兰极端主义”，《俄罗斯中亚东欧研究》，2008 年第 5 期。

② 参见臧建国、王新建：“当前‘伊扎布特’组织在中亚发展态势研究”，《新疆社会科学》，2007 年第 3 期。

③ 参见 Исламское возрождение в Центральной Азии в XX – XXI вв. http://www.coolreferat.com/Исламское возрождение в Центральной Азии в XX-XXI вв. часть=3.

级对上级只知职务，不知姓名。其组织形式呈金字塔结构。该组织的中央机构是“伊扎布特委员会”，其下层组织逐级为“伊扎布特”君主、“伊扎布特”君主部、玛扎里木宫廷、木依塔买德、乃克甫、加哈孜等。基层一般分为若干小组，每个小组由五至七人组成，并有一个小组长。①

4. 成员的招募。“伊扎布特”主要采取说教的方式发展成员。每一个“伊扎布特”成员都有义务发展“下线”，其方式主要是个人间的接触和劝说活动，穆斯林在成为“伊扎布特”正式成员前，还要在其开办的经文学校经过2年的学习，只有当他们赞同“伊扎布特”的思想主张和行为、“融入该党”时才能成为正式成员。为保证思想和行动的统一，下级必须绝对无条件地服从上级，并且相互间不透露在组织中的地位、作用。在联系方式上多采取单线联系，上级熟知下级的情况，而下级不知上一级的情况。同时，“伊扎布特”组织的犯罪行动十分诡秘，其成员往往改名换姓、隐瞒真实身份。其成员还禁止使用现代通信工具，并且多以偏远地区或地点为活动据点。

为了实现其目的，“伊斯兰解放党”主要采用暗杀、爆炸等一系列恐怖手段。由于“伊扎布特”推翻现政府的政治主张和经常使用暗杀等恐怖手段的极端性，它在中东一产生即遭到各国政府的严厉打压。目前，世界各国都普遍将“伊扎布特”列为非法的极端宗教组织或恐怖组织予以取缔和严厉打击。乌兹别克斯坦最早宣布“伊斯兰解放党”为恐怖组织。2003年，俄罗斯宣布该组织为恐怖组织，并禁止其一切活动。2005年7月，伦敦地铁发生爆炸恐怖袭击事件后，英国政府采取限制该组织活动的措施，关闭了该组织在英国开设的互联网站。

（二）以费尔干纳盆地为中心，向中亚各地蔓延、发展

“伊扎布特”早在20世纪70年代就开始秘密向中亚渗透，苏联解体后其活动才逐渐公开。20世纪90年代后，“伊扎布特”的传教活动在吉尔吉斯斯坦的贾拉勒阿巴德州、奥什州等地和乌兹别克斯坦的费尔干纳地区

① 王春燕：“‘伊扎布特’在新疆的危害及对策”，《喀什师范学院学报》，2005年第4期。

活跃起来，出现了大量该组织的传教团体和宗教建筑。伊扎布特散发印制宣传品、图册、书籍，宣扬其伊斯兰极端主义主张。投资修建清真寺，开办经文学校，仅在吉尔吉斯斯坦奥什州就有“伊扎布特”的清真寺 677 座、经文学校 4 座。[①]“伊扎布特”还积极向中亚扩张，秘密发展成员，已成为中亚最大的伊斯兰极端组织。由于组织的秘密性，伊扎布特在中亚的人数尚无确切的资料。2002 年，据乌兹别克斯坦内务部提供的信息，在乌关押的伊扎布特成员就有 4 200 人。在吉尔吉斯斯坦，仅贾拉拉巴德州就超过 15 000 人（2006 年）。中亚伊扎布特的骨干分子主要是费尔干纳盆地的乌兹别克人，较为集中的城市是奥什、卡拉苏、贾拉拉巴德、费尔干纳、安集延、纳曼干、苦盏、伊斯法拉、阿拉万、巴特肯、伊斯法纳等。[②]

“伊扎布特”在中亚地区的目标是：建立一个以费尔干纳地区为中心，包括乌兹别克斯坦、吉尔吉斯斯坦、塔吉克斯坦、俄罗斯车臣地区和部分哈萨克斯坦、中国的新疆等广大地域的大哈里发国家，然后再将世界其他伊斯兰国家和地区统一到这个哈里发国家里。其在中亚地区的活动中心是费尔干纳盆地，与“乌伊运”、“基地”等恐怖主义组织有一定联系，有的“伊扎布特”成员甚至寄居在一些极端组织当中。

伊扎布特在中亚地区的发展可以分为四个阶段：苏联解体之前为秘密渗透阶段；中亚国家独立后到 1996 年为非暴力阶段。第一阶段和第二阶段主张通过非暴力的方式达到目标。其活动方式主要是散发反政府传单，宣传极端主义思想，建立分支机构，在青年人、知识阶层和贫困阶层当中发展成员，特别是向国家部门渗透，争取精英人物的支持和同情。1995 年，约旦人萨拉胡丁在乌兹别克斯坦首都塔什干成立“伊扎布特”第一个中亚分支机构。[③] 1996—2001 年，非暴力与暴力并存阶段。由于乌政府对“伊

① 许涛：“吉尔吉斯斯坦民族宗教概况”，《国际资料信息》，2002 年第 8 期。

② 杨恕、林永峰：“中亚伊斯兰极端主义”，《俄罗斯中亚东欧研究》，2008 年第 5 期。

③ 参见臧建国、王新建：“当前‘伊扎布特’组织在中亚发展态势研究”，《新疆社会科学》，2007 年第 3 期。

扎布特”进行严厉打击，其在乌兹别克斯坦的生存条件变得复杂了，因此导致“伊扎布特”的思想逐渐倾向暴力，许多成员主张采取“圣战”等暴力方式推翻中亚国家的政权。开始招募雇佣兵，准备大量的武器，为的是“要在中亚地区进行‘人民武装起义’”。2001 年至今，该党逐渐向恐怖主义发展。阿富汗战争爆发后，“伊扎布特”号召中亚穆斯林与西方国家进行战争。2001 年 10 月 9 日，在美国打击塔利班期间，“伊扎布特”公开声称支持塔利班抵抗美国，认为“在美英领导下的反恐战争是对穆斯林和伊斯兰的宣战”，实施了一系列的暴力恐怖活动。在乌兹别克斯坦，它制造了安集延骚乱事件及各种暴力恐怖活动，造成了大量平民伤亡。

如果说 1995 年以前，“伊扎布特”还是一个以乌兹别克斯坦为基地的地方性组织，主要在乌兹别克斯坦及吉尔吉斯斯坦南部的乌兹别克人中间活动，但是随着乌政府对“伊扎布特”的镇压，其成员大批逃到邻国，其活动也向中亚其他国家蔓延，吉尔吉斯斯坦和塔吉克斯坦也发现了“伊扎布特”的活动。而从 1999 年以来，“伊扎布特”已发展成为分支网络众多的跨国组织，并从中亚地区延伸到了俄罗斯，在中亚地区的影响进一步扩大。

三、“阿克拉米亚党”

“阿克拉米亚党”于 1997 年由阿克拉姆·尤尔达舍夫在乌兹别克斯坦的安集延建立，以尤尔达舍夫的名字命名，当时阿克拉姆·尤尔达舍夫还是“伊扎布特”的成员，因此，“阿克拉米亚党”也被称为“伊扎布特”的分支组织。

阿克拉姆·尤尔达舍夫还是“伊斯兰解放党”的成员时就曾指出，“伊扎布特”组织在阿拉伯国家探索出来的工作方法不适合费尔干纳地区。他在自己撰写的《通向虔诚信仰之路》一书中谈到这一点，该书阐述了这条“道路”的 12 个教训。和“伊斯兰解放党”成员一样，他认为，要想达到虔诚的信仰和恢复哈里发国家，就必须让这些思想深入到每一个自称穆斯林的人的意识中去。既然这种“觉醒”不可能一下子在全国范围内实现，那么最好的出路就是逐渐在一个宗教组织教团、一个村庄、一个城市范围内实现这个目标。

阿克拉姆·尤尔达舍夫认为，自从四大虔诚哈里发中最后一位——阿里·伊本·阿比·塔利卜去世以后，由于种种原因穆斯林始终处在无知状态。他觉得无知时期仍在继续，穆斯林将会继续相互征伐，划分为各种教派和组织宗派，他们当中不可能确定享受到四位贤明哈里发执政时期的那种公正的管理和社会产品分配方式。阿克拉姆·尤尔达舍夫还认为，在宗教仪式和礼节中还应遵守先知时期就有的规则，拒绝各种教派制定的规则和逊奈①礼节。阿克拉姆·尤尔达舍夫的组织按照下列步骤开展活动：

第一阶段：隐蔽，地下阶段——挑选，并在特别的小组里培训未来的组织成员，他们将在那里学习上面提到的“伊斯兰教最原始的礼节”，“伊斯兰原教旨主义”。成功完成此步骤的新教徒要经过一个独特的神秘宗教仪式，向古兰经宣誓忠诚于其他兄弟等。

第二阶段：物质阶段——组织的所有成员要努力为其组织建立物质基础。努力为教团所有成员建立物质基础。新加入组织的成员被安置到有自己兄弟在那工作的其他“兄弟”的社会生产部门，或者由本组织成员创办的小型工业或农企工作。每一名组织成员要将 1/5 的收入交给组织，收归公有。

第三阶段：精神阶段。在为了保密而严格限定的兄弟圈中进行经常的“精神交流”，由地区宗教组织机构的副首领引导进行谈话和集体礼拜。

第四阶段：有机渗透和联合。通过“精神收买”政府官员或安插组织成员到国家机构中工作，以达到使政府承认宗教组织真正合法性的目的。该步骤被认为是组织扩大和地位合法化扩张势力和保障合法地位过程中极其重要的一步。

---

① 逊奈即“圣训”，指穆罕默德的言行。

第五阶段：完成阶段。阿克拉米亚党人认为，在此阶段要对社会进行“真正伊斯兰化”，使权力“自然过渡”到该党领导人手中。①

以上列举的章程受到了“伊斯兰解放党”相关制度的很大影响。但是所制定的这些规则证明，乌兹别克斯坦“伊斯兰原教旨主义”者的一些领袖们已经尝试开始自己的理论探索。

“阿克拉米亚党”与“伊斯兰解放党”的不同之处在其组织结构上，它是以特殊的生产分配协会为基础的。这种协会管理着农场、资本和仓库。所有这些财产和社会财富都以帮助“兄弟会”多子女成员的形式分配给该组织的老成员和新加入的成员，有时也发给“同情者”。为了给本党成员提供工作岗位，该党成员们努力经营自己的企业、作坊、食堂和商店等。传统的集体解决经济困难的原则备受瞩目。在费尔干纳地区低收入和高失业率的条件下，类似的措施成为十分有效的传教方式。

宗教组织协会内部的基层组织小组哈尔卡是根据职业类型形成的组织，像裁缝组织，鞋匠组织等。每一个“阿克拉米亚党”成员都要引荐自己家里的成年人加入组织。妇女被单独培训。组织里确定了内部婚姻的规章。“阿克拉米亚党”在安集延、纳曼干、浩罕和乌兹别克斯坦其他州，以及吉尔吉斯斯坦的奥什州都有活动。目前该组织在乌兹别克斯坦已经被禁止活动，其领导人阿克拉姆·尤尔达舍夫已被控“私藏武器、弹药和爆炸物品”（乌兹别克斯坦刑法第 248 条规定）而遭到逮捕。

“阿克拉米亚党”策划了 2005 年 5 月上旬的安集延骚乱事件。乌东部城市安集延市 2005 年 5 月 12 日发生大规模的暴力骚乱，非法武装分子占领了当地的监狱，并释放了 2 000 多名囚犯。随后，非法武装分子们又占领该市市政府大楼和国家安全局大楼，并在政府大楼内建立起了总部，10 名警察被挟持。乌强力部门在总统卡里莫夫的指挥下平息了这场骚乱。

---

① 参见 Бахтияр Бабаджанов Ферганская долина：источник или жертва исламского фундаментализма？ http：//www. ca-c. org/journal/cac-05-1999/st_ 21_ babajanov. shtml.

第五节 费尔干纳盆地伊斯兰极端主义产生的原因

费尔干纳盆地伊斯兰极端主义产生的内因主要是：独特的历史文化背景为伊斯兰极端主义的产生奠定了社会心理基础；封闭的地理位置和复杂的行政区划提供了适宜的发展空间；在宗教政策问题上的偏差和失误成为伊斯兰极端主义产生的温床；社会经济问题突出成为伊斯兰极端主义滋生的土壤。伊斯兰极端主义产生的外部因素：伊斯兰原旨主义的渗透，阿富汗战争的影响，塔利班和基地组织等国际恐怖势力的支持，以美国为首的西方国家推行的双重标准，也为中亚伊斯兰极端势力发展起到了纵容作用。

一、内部原因

（一）独特的历史文化背景为伊斯兰极端主义的滋生奠定了社会心理基础

伊斯兰教传入费尔干纳地区已有 1 000 多年的历史。虽然这里是个多宗教地区，但伊斯兰教是盆地最主要的宗教，伊斯兰传统文化是这里的主体文化。虽然经过了苏联 70 多年的无神论教育和宗教高压，但伊斯兰教仍对广大穆斯林有着极大的影响。可以说伊斯兰教已经成为一种生活方式，蕴含着巨大的社会潜能。

费尔干纳盆地曾经是浩罕汗国的腹地。浩罕汗国建于 18 世纪（从布哈拉汗国分出），是 19 世纪中叶中亚人口最多的国家。沙皇俄国就是从征服这个汗国开始（1864 年）征服整个中亚的。费尔干纳盆地从被征服伊始就是中亚抵抗俄国殖民主义统治的主要中心之一。1875 年这里就爆发了大规模的反对沙皇当局的起义。俄国军队镇压了起义并残酷地捣毁了费尔干纳盆地，浩罕汗国也被推翻。1885 年费尔干纳盆地托钵僧汉图里的起义，1891 年纳曼干地区的起义，都表现出了反对“异教”的“圣战”特点。

该地区对苏维埃政府也表现出很高的抵抗能力。1917 年末在浩罕组建了第一批抵抗队伍，到 1919 年末费尔干纳地区活动着 40 多支大的武装势力。敌对双方都表现得极其残忍，导致仅仅在费尔干纳州，1919 年人口与 1915 年相比就减少了 25 万。①

1917 年在费尔干纳盆地出现的“巴斯马奇运动”是这个时期最著名的反抗苏维埃政府的组织。十月革命后，费尔干纳的封建贵族以及一些宗教团体和上层人士为了反抗布尔什维克，组织起一支半职业的武装进行“圣战”，目的是使突厥斯坦脱离苏维埃政权，恢复伊斯兰统治。巴斯马奇人数最多时达数万人，苏联政府花了 20 多年时间才将其剿灭。② 尽管缺少直接的证据说明历史上的巴斯马奇与现在中亚伊斯兰极端主义组织及成员有联系，但其影响无疑是存在的。虽然这些史实与后来的伊斯兰极端主义的出现没有直接的联系，但历史上这些反抗斗争形式无疑给极端主义者利用宗教反对世俗政权，提供了充分的历史经验。

（二）封闭的地理位置和复杂的行政区划为伊斯兰极端主义提供了适宜的发展空间

位于中亚东南部的费尔干纳盆地是世界上最古老的历史文化区域之一，地理特征为典型的山区凹地。北部围绕着恰特卡尔和库拉马山脉，东部和南部分别被费尔干纳山和属于天山及帕米尔-阿赖山系的阿赖山和突厥斯坦山脉怀抱。费尔干纳盆地东部海拔 1 000 米，西部海拔 330 米，在盆地西面仅有一个名为“苦盏门”的狭长出口。从远古时期起，起始于中国古代国都长安的丝绸之路就经过费尔干纳盆地，但随着海上国际交通的发展及丝绸之路交通地位的日趋衰落，费尔干纳盆地作为东西方交通枢纽的作用已经减弱了。从 1850 年至 1991 年，费尔干纳盆地逐渐沦为了国际

① 参见 Сергей Лурев Ферганская долина как одна из моделей регионального развития. http：//www. ca-c. org/journal/09-1997/st_ 04_ lunev. shtml.

② 参见 Сергей Лурев Ферганская долина как одна из моделей регионального развития. http：//www. ca-c. org/journal/09-1997/st_ 04_ lunev. shtml.

贸易的边缘地区，并成为仅与俄罗斯各地有交通往来的“飞地”。[①] 相对封闭、孤立的地理位置使生活在那里的人们很容易对伊斯兰教的信仰出现偏执和政治化倾向，从而为伊斯兰极端主义在这一地区的生存与发展提供了沃土。早在原苏联统治末期，大多数激进的伊斯兰主义者就开始认识到费尔干纳盆地的地缘、人文和历史特点，将那里选为进入中亚地区的主要落脚点，盆地成为中亚伊斯兰极端主义的发源地。

近代以来，在中亚地区不存在社会普遍认可的单民族国家。费尔干纳地区生活着几十个民族，但直到俄国“十月革命”，这些民族的界限还不十分清晰。苏联时期根据列宁对该地区民族问题的理解，在相当随意的基础上进行了民族国家划界。民族分布的自然界线被行政界线破坏，而这些行政界线在苏联解体后又成为独立的乌兹别克斯坦、吉尔吉斯斯坦和塔吉克斯坦之间的国界线。随意的划分使三国的边界犬牙交错，事实上处于无界状态，很难有效防范。而众多飞地的存在又带来难以进行统一有效行政管理等方面的诸多问题。“乌伊运”等极端组织在该地区几次大的活动即暴露出三国在边界防守方面的薄弱，以及缺乏打击恐怖主义势力的必要能力和手段。

极端主义分子依托费尔干纳盆地复杂的地理、社会条件，游刃有余地穿行于飞地之间，活跃在疏于防卫的山谷地区，不断地在塔吉克斯坦、吉尔吉斯斯坦和乌兹别克斯坦三国之间制造动荡与不安。加之盆地周边山高沟深，洞穴林立，为小股武装匪徒提供了大量的藏匿之地和逃遁的途径，进剿十分困难。费尔干纳盆地成为极端势力得天独厚的庇护所、根据地。“乌伊运”和“伊扎布特”等宗教极端组织在盆地大量招募、发展组织成员，从事恐怖主义活动。

---

① Сергей Лурев Ферганская долина как одна из моделей регионального развития. http：//www. ca-c. org/journal/09-1997/st_ 04_ lunev. shtml.

（三）宗教政策的偏差和失误是伊斯兰教复兴和伊斯兰极端主义蔓延的政治根源

如前所述，尽管苏联时期政府对宗教、特别是对伊斯兰教采取了严格管理和限制政策，对各种宗教组织及所从事的宗教活动进行严格控制，关闭了大量寺院，破坏了许多宗教设施，但是民间伊斯兰教活动并没有停止，这为日后的伊斯兰复兴提供了基础。1990 年戈尔巴乔夫执政时期又颁布了"关于信仰自由和宗教组织法"，为中亚地区的伊斯兰教复兴打开了大门。

随着苏联的解体，中亚出现了五个独立的国家，但这些国家发展方向各不相同。如果说在俄罗斯各种非共产主义（或反共）力量的联盟掌握了政权，那么在中亚各国的政权中（吉尔吉斯斯坦有些例外）则保留了传统的共产主义精英分子。持反共立场的反对派非常弱小，而且还分成了民主派和伊斯兰派（集中在塔吉克斯坦）。为了确保自己地位的合法性和得到下层人民的支持，各国执政者不得不采用伊斯兰和民族主义的思想和原则。[①] 中亚国家独立之初都把弘扬民族文化传统、推动信仰自由作为巩固新建政权、保证顺利过渡的基本措施。当地政府对统一民族意识的探寻使伊斯兰教的作用得以扩大。塔吉克斯坦的清真寺数量从 17 座猛增到 2 000 座。乌兹别克斯坦每个村子和每个城市小区都建有清真寺。[②] 各国领导人纷纷发表赞美伊斯兰教的讲话，甚至不少国家主要领导人亲自赴麦加朝觐，例如，1992 年 4 月乌兹别克斯坦总统卡里莫夫前往沙特阿拉伯朝拜（其他中亚领导人也纷纷模仿）。这对中亚伊斯兰教的复兴无疑起到了推波助澜的作用。

起源于费尔干纳盆地的"伊斯兰原教旨主义"运动在伊斯兰教复兴中趁势而起，并逐渐发展成中亚政治生活中一支颇有影响的政治势力，其实

---

① 参见 Сергей Лурев Ферганская долина как одна из моделей регионального развития. http：//www. ca-c. org/journal/09-1997/st_ 04_ lunev. shtml.

② 参见 Сергей Лурев Ферганская долина как одна из моделей регионального развития. http：//www. ca-c. org/journal/09-1997/st_ 04_ lunev. shtml.

质是一场以宗教运动的形式出现的政治运动，目的是要建立伊斯兰国家。“伊斯兰原教旨主义”的极端化导致了极端主义及极端主义势力的产生。为了达到自己的政治目的，伊斯兰极端主义者往往采取恐怖主义方式，从而又助长了恐怖主义势力的滋生和蔓延。当中亚国家，首先是乌兹别克斯坦意识到极端的“伊斯兰原教旨主义”的威胁后，立即采取措施进行打压。但已经形成规模的极端组织是很难铲除的，即使逃亡国外，仍继续追求其政治目标，并为此继续进行推翻现政权的恐怖袭击活动。因此，费尔干纳盆地的伊斯兰教极端势力带有明显的极端主义和恐怖主义双重性质。

(四) 社会经济问题突出是伊斯兰极端主义滋生的土壤

经济严重衰退。在苏联解体前，中亚国家经济结构比较单一、畸形，经济基础也比较薄弱，苏联解体后，它们与苏联加盟共和国的经济联系几乎中断，也失去了联盟中央的巨额财政补贴，经济普遍陷入困境之中。目前，费尔干纳地区经济形势的鲜明特点是：资源（土地资源和水资源）短缺，经济改革效果不明显，中小企业发展缓慢，投资环境不佳，错综复杂的边界使市场经济无法正常运行。这些因素导致费尔干纳盆地的各地区生产总值占各国国内生产总值的比重呈下降的趋势。例如，1991 年粟特州占塔吉克斯坦生产的工业产品比重为 20.8%，而 2000 年该比重下降为 15.1%。这种趋势在费尔干纳盆地的乌兹别克斯坦各州也很明显。①

居民贫困状况加剧。费尔干纳盆地吉尔吉斯斯坦和乌兹别克斯坦所属的几个州是所在国最贫穷的地区。粟特州在苏联时期曾是塔吉克斯坦最富有的地区，但是近年来这一地区生活水平下降的速度甚至超过了全国的平均速度。根据 2003 年世界银行和塔吉克斯坦共和国国家统计委员会的调查，该地区 64%的人口生活在贫困线以下（这些人占塔吉克斯坦共和国最贫穷人口的 32%），在 2001 年，5 岁以下长期处于饥饿状态的儿童曾达到

① Данков Артем Проблемы обеспечения экономической стабильности в регионе ферганской долины. http：//www. pandia. ru/text/77/294/82021. php.

最高比例，超过 33%。[①]

2004 年，在费尔干纳盆地隶属于吉尔吉斯斯坦的几个州，月均工资为 15 美元，隶属于乌兹别克斯坦的几个州为 11—12 美元，在塔吉克斯坦的粟特州为 20 美元（是该国工资最低的地区之一，只有哈特隆州比这低，为 19 美元）。[②]

有数据表明，尽管当地政府和国际社会进行了各种努力，费尔干纳盆地农业区的贫困不但没有减少，反而达到了灾难性的水平，二分之一的居民是穷人。贫困破坏了社会稳定，引发暴力冲突，造成社会关系及民族关系恶化。

失业人口迅速增加。失业是费尔干纳盆地三国面临的最严重问题之一，由于国家机关各部门就业岗位急速减少，私有企业发展缓慢，部分中小企业破产导致劳动力数量增长与需求之间的矛盾非常突出。在盆地的塔吉克斯坦所属部分，27%的 18 岁以上的居民失业。在吉尔吉斯斯坦和乌兹别克斯坦所属各州失业率也居高不下。妇女和年轻人的失业问题尤为突出。例如，根据官方数据，截至 2006 年 3 月 1 日，在粟特州的所有失业人口中，妇女占 60. 0%，而年龄在 15—29 岁之间的年轻人则占了 57. 9%。[③]

社会腐败问题严重。宗教极端主义往往与社会问题紧密地联系在一起。中亚国家普遍存在的腐败问题已经引起社会的强烈不满，伊斯兰极端分子以反腐败为幌子所进行的活动，甚至是暴力恐怖活动也很容易引起民众的共鸣，博得人们的宽容与同情。

---

① Данков Артем Проблемы обеспечения экономической стабильности в регионе ферганской долины. http：//www. pandia. ru/text/77/294/82021. php.

② Данков Артем Проблемы обеспечения экономической стабильности в регионе ферганской долины. http：//www. pandia. ru/text/77/294/82021. php.

③ Данков Артем Проблемы обеспечения экономической стабильности в регионе ферганской долины. http：//www. pandia. ru/text/77/294/82021. php.

二、外部因素

（一）瓦哈比教派和极端的“伊斯兰原教旨主义”的渗透

沙特阿拉伯在苏联解体前后便积极援助中亚的伊斯兰教复兴活动。它注重以研究伊斯兰教的形式审慎地向中亚渗透，于 1989 年一次性向中亚赠送 100 万册《古兰经》，对来自中亚的朝觐者全部免费提供食宿。沙特还免费接受中亚的大批留学生，并在中亚各国建立“伊斯兰中心”的分支机构。从 1991 年 8 月开始，沙特拨款 45.7 万美元在吉尔吉斯斯坦援建清真寺和经学院。① 起源于沙特阿拉伯的瓦哈比主义，尽管在其本国激进的色彩已大大淡化了，但在费尔干纳盆地的影响却非常大，对伊斯兰极端主义在盆地滋生与发展起了推动作用。

根据吉尔吉斯斯坦国家安全部的资料，1997 年在吉尔吉斯斯坦有 39 个来自于巴基斯坦、沙特阿拉伯、伊朗、阿富汗的传教士。在贾拉拉巴德收缴了 400 多本含有瓦哈比教派内容的书籍。资料显示，1998 年，瓦哈比教派并不满足于宣传活动，虽然这些活动已经成为社会的主要威胁，但它仍在积极准备实施恐怖行动。同年春天，吉尔吉斯斯坦国家安全部确定了本国的几个年轻人在境外接受恐怖训练的事实。在吉尔吉斯斯坦有一个“为自由的‘东突厥斯坦’而战”的非法宗教恐怖组织在活动，其成员有 200 多人。在搜查巴克洛夫克村时，发现了瓦哈比教派讲道稿的录像带和录音带。吉国家安全部还获得了有关其购置枪支的信息，发现了财务文件，内含在不同时期送到巴基斯坦培训的 29 人的生活费。1998 年在奥什发生了一起恐怖袭击事件，2 人遇难。作案手法很清楚，是瓦哈比分子所为。②

此外，伊朗与中亚毗邻，戈尔巴乔夫对伊斯兰教的开禁使伊朗燃起了

---

① 参见马勇、王建平：“中亚的恐怖主义探源”，《世界经济与政治》，2003 年第 2 期。

② Нурлан Наматов Религиозный экстремизм в Центральной Азии. http://www.ca-c.org/datarus/namatov.shtml.

在中亚复活“伊斯兰原教旨主义”并建立政教合一政权的希望。自 1991 年底开始，伊朗为塔吉克 370 名学生学习伊斯兰教提供经费。截至 1992 年，在短短几年内，伊朗已向中亚诸国提供了 5 亿美元的援助，以支持该地区发展伊斯兰教。伊朗还积极支持中亚伊斯兰复兴党的活动，力图在中亚推行其“伊斯兰原教旨主义”。[①]

（二）苏联发动的阿富汗战争和塔利班的影响

1979 年 12 月苏军入侵阿富汗。这场战争使中亚穆斯林有机会重新认识外部伊斯兰世界，引发了中亚穆斯林对阿富汗圣战者的同情，导致伊斯兰圣战思想在中亚穆斯林地区广泛传播。这些经历过阿富汗战争的苏军“老战士”回到中亚给中亚带来了伊斯兰激进思想，成为该地区宗教极端势力发展的思想基础。阿富汗战争还为中亚伊斯兰极端主义组织“培养”了一批军事人才，“乌伊运”的领导人纳曼干尼及一些极端组织的骨干分子均参加过阿富汗战争。可以说，这场阿富汗战争对中亚地区宗教极端势力的发展产生了重要影响。阿富汗塔利班掌握政权后，为中亚地区极端宗教势力培训人员提供了大量资金支持，中亚地区很多恐怖分子或极端主义分子均出自塔利班的训练营地。在中亚国家不断加大打击力度期间，“乌伊运”“东伊运”等均在阿富汗找到了容身之所。阿富汗塔利班组织的支持成为中亚地区宗教极端势力发展壮大的外部条件。

（三）基地组织等国际恐怖组织的支持

中亚费尔干纳伊斯兰极端主义势力的日益猖獗与国际恐怖主义组织的支持是密不可分的。乌伊运等中亚伊斯兰极端组织人员、资金等方面都与基地组织、车臣非法武装联系紧密，已成为国际恐怖主义势力的一部分。有关资料表明，本·拉登曾经非常关注中亚伊斯兰的发展状况，并对中亚伊斯兰激进组织提供了大力的支持和援助。1999 年，本·拉登在坎大哈接见了乌伊运的代表，向“乌伊运”提供了 200 万美元的活动经费。2000 年 6 月，乌伊运的新闻发言人宣称，本· 拉登已向他们提供了几十万美元用

① 参见马勇、王建平：“中亚的恐怖主义探源”，《世界经济与政治》，2003 年第 2 期。

以破坏乌兹别克斯坦的稳定。① 2001年美对阿富汗塔利班政权采取军事行动后，“乌伊运”“东伊运”等中亚伊斯兰宗教势力与塔利班和“基地”组织的密切合作，共同反抗美国及北约的军事打击，成为战场上的难兄难弟。

中亚极端主义组织还与车臣恐怖主义分子有着非常密切的关系。1999年底，在车臣战地指挥官哈塔卜的帮助下，乌伊运在车臣建立了名为“乌兹别克阵线”的训练营。车臣匪帮与中亚极端主义组织相互勾结、相互支持，使得中亚极端组织的破坏性大大增强。

（四）以美国为首的西方国家推行的双重标准，纵容了中亚伊斯兰极端势力发展

冷战结束后，以美国为首的西方国家并没有放弃冷战思维。在对待恐怖主义、宗教极端主义等问题不能坚持一个标准，而是奉行“顺我者存，逆我者诛”的政策，使一些恐怖活动不仅难以得到遏制，相反，受到纵容和支持。“9·11”发生后，美国发动反恐战争，先打阿富汗，再打伊拉克，并且以反恐画线，非友即敌。但当别国发生恐怖袭击时，美国却没有一视同仁，而是采取双重标准。

最明显的例子莫过于美国对待乌兹别克斯坦安集延事件的态度。安集延事件发生后，乌兹别克斯坦政府声明：2005年5月13日深夜，安集延市发生了叛乱分子武装攻占监狱和政府大楼的事件，战斗持续了数小时。叛乱分子显然受过良好的训练，具有丰富的作战经验，交火中有12名政府机关工作人员和警卫人员被打死，有334件武器被抢走。叛乱分子还抓获了70名人质，其中15名被打死。随后，政府军进行了围剿行动，共有187人在行动中丧生。②

美国和西方一些国家的说法是：“安集延事件”发生后，乌兹别克斯

---

① 参见何希泉、苏畅、孙壮志：“极端势力：想在中亚造‘乐园’”，《世界知识》，2001年第22期。

② 参见孙太辉：“中亚：武装暴乱还远吗？”，《中国民族报》，2009年7月9日。

坦政府军出动了数千人，行动中至少打死了700人，其中多数是当地居民，他们是因为参加了叛乱分子在政府大楼前集会而被打死的。政府军在镇压武装叛乱分子过程中有滥杀无辜的行为，严重侵犯了人权。实际上，“安集延事件”是由宗教极端组织“阿克拉米亚党”及境外武装集团策划并组织实施的。[①]

以美国为首的西方国家对中亚极端势力的同情与支持以及对中亚国家打击宗教极端主义活动的干预是中亚宗教极端主义得以泛滥的重要原因之一。

① 参见孙太辉：“中亚：武装暴乱还远吗?”，《中国民族报》，2009年7月9日。

总结与思考

现今的费尔干纳盆地生活着100多个民族。在许多世纪的发展过程中，费尔干纳盆地成为不同民族群体聚合、同化和一体化的场所。在长期的自然和“人工”的民族过程中，该地区形成了如今世居的乌兹别克族、塔吉克族、吉尔吉斯族等主体民族与外来的俄罗斯族、乌克兰族、日耳曼族、鞑靼族等相互交融，互为共生的民族图景。

费尔干纳盆地的民族都经历过独特的民族过程，几乎所有的民族都由人量不同的民族成分构成，这与定居的农耕民族与游牧和半游牧的畜牧民族之间自古以来就存在着交往关系，同时相互征伐和迁移有着必然联系。每个民族都起源于多民族的环境，散居于其中，并与新迁入的民族成分不断融合、发展。

在费尔干纳盆地的民族过程中，政治因素起着重要的作用，它加速了该地区的民族过程。如果我们注意一下费尔干纳封建社会晚期的历史，就会发现，18世纪初浩罕汗国作为一个独立的国家从布哈拉埃米尔国分离出来。浩罕汗国早期的领土只限于费尔干纳盆地的平原部分，但到了18世纪中期浩罕汗国成为一个强国，其领土包括了一些环绕费尔干纳盆地的山前地带和山区、阿赖山以及伊塞克湖流域，直到中国的喀什噶尔。浩罕汗国占据了几乎所有的锡尔河中下游流域，包括塔什干和齐姆肯特绿洲、从咸海到伊犁河之间的广阔草原。浩罕汗国的扩张政策以及强大中央集权国家建立所带来的经济发展为各族群迁入盆地创造了良好条件。来自布哈拉、乌拉秋别、吉扎克的塔吉克人和乌兹别克人，来自喀什噶尔、叶尔羌、哈密的东干人和维吾尔人，来自帕米尔—阿赖地区的塔吉克和吉尔吉斯山民等都迁居至此，使该地区的人口数量不断增加。

沙皇俄国占领浩罕汗国之后，一些新的族群——俄罗斯族、乌克兰族、亚美尼亚族、阿塞拜疆族、鞑靼族、巴什基尔族、波兰族、犹太族等也随之进入了费尔干纳盆地。多样化、多语言人们的涌入客观上对该地区各民族的聚合、同化和一体化过程产生了很大的影响，为族际交流，以及人们之间强烈的文化甚至是体质的混合创造了有利条件。更为重要的是，俄国政府按照文化—语言，即民族特征来确定当地居民的民族属性这一举措改变了该地区之前居民之间主要根据所处的阶层、宗教信仰、生活方式、居住区域、血缘关系、氏族—部落等建立的族群认同，使该地区之前模糊的民族界限逐渐清晰，淡薄的民族意识不断加强。

而 20 世纪 20—30 年代苏维埃政权在包括费尔干纳盆地在内的中亚地区进行的民族划界并成立民族国家这一创举成为中亚民族过程中具有里程碑意义的重大事件，对中亚民族过程产生了重大的影响。这种影响既有积极的，也有消极的。对整个中亚地区而言，尽管有来自不同立场、不同角度、不同身份的不同观点，有时甚至是截然相反的观点，但总体来讲，积极影响是主要的。但就费尔干纳盆地这一单独地区而言，这次史无前例的创举对该地区的影响总体上应该说是消极的。可以说，20 世纪 20—30 年代的中亚民族划界及成立民族国家的消极影响在费尔干纳盆地得到了集中体现，并相应地引发一系列影响该地区安全与稳定的问题。

首先，此次民族划界及民族国家的建立，强化了主体民族的地位，尤其是在苏联解体之后。这就引发了主体民族与非主体民族之间的矛盾及冲突。比如在民族划界时，有大量的乌兹别克人被划到吉尔吉斯斯坦，主要居住在吉尔吉斯斯坦南部的奥什州、贾拉拉巴德州和巴特肯州。吉尔吉斯斯坦的乌兹别克族一直致力于民族自治、提高在国家权力部门的地位和赋予乌兹别克语官方语言地位，但不论是在苏联，还是在独立后的吉尔吉斯斯坦一直没有成功，乌兹别克语的地位不升反而下降。这引起乌兹别克族人的强烈不满，促使 1990 年和 2010 年发生了两次大规模的乌兹别克族人和吉尔吉斯族人的暴力冲突。

其次，此次划界将费尔干纳盆地划分给乌兹别克斯坦、吉尔吉斯斯坦和塔吉克斯坦三个国家，使这个原本在政治版图上独立的经济和文化整体彻底消失了，继而变成了三个苏联加盟共和国的边缘地带。如果说苏联时期三国之间的边界形同虚设的话，那么随着苏联的解体，乌、吉、塔三个加盟共和国成为独立的主权国家，三国之间的行政区域界限变成了实实在在的国界，成为独立国家的标志。随意划分而形成的复杂边界线，使该地区成为三个国家的国界线未能最终勘定的主要地区。尤其是众多飞地的存在使三国难以对边境地区进行有效的管理，使该地区犹如“无界”之地。对飞地主权及资源的争夺严重损害了盆地三国之间的关系，使三国难以在该地区进行有效的合作。飞地也成为当地居民关系紧张的根源，边境冲突不断发生。所有这些都为该地区以伊斯兰极端主义为理念的恐怖主义组织“乌伊运”和“伊扎布特”从事跨境恐怖活动提供了有利条件，使该地区成为这些恐怖组织产生和发展的最佳场所。当然，费尔干纳盆地的民族冲突以及伊斯兰宗教极端主义等问题的产生是由地缘政治、社会、经济等一系列历史和现实原因造成的，但该地区民族过程中发生的将一个完整的经济文化体一分为三的事件应该是该地区现存问题的主要诱因之一。

费尔干纳地区存在的问题表面上看是孤立存在的，但实际上问题之间存在着紧密的联系。因此，对于费尔干纳地区现存的问题，必须从整体的高度，制订系统的措施加以解决。目前最现实可行的措施应是盆地三国之间真诚、紧密、有效的合作，当然包括政治、经济、军事等诸多方面的合作。

通过对中亚费尔干纳盆地民族过程及该地区宗教极端主义产生过程和根源的研究，反思中国新疆等地发生的暴力恐怖活动，我们可以得出以下启示：

第一，中亚和中国新疆地区的极端暴力恐怖活动的思想基础都是起源于19世纪的泛突厥主义和泛伊斯兰主义。20世纪初泛突厥主义在中亚地区盛行，一些精英积极实施包括突厥斯坦边区、草原边区、布哈拉和希瓦在内的“大突厥斯坦”方案。仅在1917年就召开了4次全突厥斯坦穆斯林代表大会，而在费尔干纳盆地浩罕市召开的最后一次穆斯林特别代表大会则成立了突厥斯坦临时自治政府。当然，突厥斯坦自治政府并没有存在多久。此后，又有一些泛突厥主义分子提出了建立“突厥苏维埃共和国”或者“突厥民族共和国”以及“图兰国家”等“大突厥斯坦”方案。20世纪20—30年代苏联在中亚进行民族国家划界并成立了五个民族国家，极大地遏制了中亚盛行的泛突厥主义思潮，而苏联时期实行的宗教政策又大大地限制了泛伊斯兰主义的蔓延。苏联解体后，随着伊斯兰教在中亚地区的复兴，伊斯兰宗教极端势力又在中亚地区活跃起来，试图建立以费尔干纳盆地为中心的伊斯兰国家。

泛突厥主义和泛伊斯兰主义渗透到我国新疆后，其汇合点就是把新疆从中国分裂出去，建立“东突厥斯坦国家”。在外国势力支持下，新疆分裂势力曾于1933年和1944年两次打出过“东突厥斯坦伊斯兰共和国”和“东突厥斯坦人民共和国”旗号，这段历史给新疆分裂主义势力留下了想象空间。苏联解体后，中亚地区五个独立国家的出现使新疆分裂主义势力受到鼓舞，东突分子也企图在新疆建立一个独立的东突厥斯坦伊斯兰国家。

第二，新疆暴力恐怖组织与中亚宗教极端主义势力有着千丝万缕的直接联系。活跃于费尔干纳盆地的“伊扎布特”、“乌伊运”等宗教极端组织与“东突”等分裂势力，相互勾结，狼狈为奸，直接或间接地造成了新疆暴恐事件的产生和蔓延。

第三，美国等西方国家对各种宗教极端势力采取“双重标准”，也助长了新疆暴恐势力的发展。美国不但在中亚对极端主义势力采取双重标准，对中国暴恐分子也包庇、纵容。这在某种程度上为中亚宗教极端组织及新疆恐怖分裂势力的发展提供了外部条件。

由此可以看出，我国发生的暴恐事件并不是孤立的，而是与中亚乃至世界宗教极端主义势力有着密切联系。因此，要铲除恐怖主义的威胁，必须采取内外兼治的综合措施：

一、要加强宣传教育，揭露宗教极端组织及新疆分裂势力的反动本质。新疆暴恐势力打着宗教旗号，欺骗性特别强。许多暴恐分子受教育程度低，未必懂得什么是泛突厥主义、泛伊斯兰主义，也未必知道什么是“伊扎布特”、“乌伊运”组织，但宗教极端势力通过网络或音像制品等宣传蛊惑手段进行极端思想灌输，就可以将一个普通人变成暴恐分子。所以，要特别加强反宗教极端主义教育，向群众讲清楚什么是正常的宗教生活，什么是宗教极端主义。

二、要加强与世界各国，特别是中亚五国的反恐合作，切断暴恐组织与外部恐怖势力联系。以恐怖主义为主要手段的宗教极端主义目前已经成为一种国际现象，具有跨地域、跨国界的特点，成为人类共同的敌人，任何一个国家都无法单靠自己的力量真正铲除宗教极端主义的威胁，只有加强国际合作，建立有效的区域反恐合作机制，才能最大限度地打击我国新疆等地的暴恐活动。

三、要加快新疆地区的经济发展，不断改善人民生活条件。经济落后、居民贫困、失业率高等是费尔干纳地区宗教极端主义蔓延的重要条件。这也是恐怖分裂组织得以在新疆地区产生和发展的一个原因。新疆特别是南疆，由于自然和历史的原因，长期以来经济发展比较缓慢，群众生活水平较低。分裂主义势力、极端宗教思想就比较容易在这一地区找到市场。因此，要大力发展新疆地区经济，不断提高当地居民的生活水平和就业率，消除暴力恐怖势力的滋生土壤。

参 考 文 献

中文论著

1. （俄）Ю. В. 勃罗姆列伊著，李振锡、刘宇端译：《民族与民族学》，内蒙古人民出版社，呼和浩特，1985 年。

2. В. И. 布什科夫著，高永久、徐亚清、惠大华译：《中亚塔吉克斯坦的北方居民》，兰州大学出版社，兰州，2003 年。

3. 蔡佳禾：《当代伊斯兰原教旨主义运动》，宁夏人民出版社，银川，2003。

4. 陈联璧、刘庚岑、吴宏伟著：《中亚民族与宗教问题》，中央民族大学出版社，北京，2002 年。

5. 丁笃本著：《中亚通史·现代卷》，新疆人民出版社，乌鲁木齐，2004 年。

6. 丁宏著：《中亚五国民族文化综论》，民族出版社，北京，2003 年。

7. ［美］卡尔·多伊奇著，周启朋等译：《国际关系分析》，世界知识出版社，北京，1992 年。

8. 加文·汉布里主编，吴玉贵译：《中亚史纲要》，商务印书馆，北京，1994 年。

9. 胡联合：《当代世界恐怖主义与对策》，东方出版社，北京，2001 年。

10. 郝文明主编：《中国周边国家民族状况与政策》，民族出版社，北京，2000 年。

11. （美）麦克尔·刘金著，陈尧光译：《俄国在中亚》，商务印书馆，北京，1965 年。

12. 雷琳、陈彤主编：《国际视野下的中亚研究》，企业管理出版社，北京，2012 年。

13. 李进峰、吴宏伟、李伟主编：《上海合作组织发展报告（2013）》，社会科学文献出版社，北京，2013 年。

14. 刘庚岑、许小云编著：《吉尔吉斯斯坦》，社会科学文献出版社，北京，2005 年。

15. 刘靖华、东方晓：《现代政治与伊斯兰教》，北京，社会科学文献出版社，2000 年。

16. 刘启芸编著：《塔吉克斯坦》，社会科学文献出版社，北京，2006 年。

17. 马曼丽主编：《中亚研究——中亚与中国同源跨国民族卷》，民族出版社，北京，1995 年。

18. 马大正、冯锡时主编：《中亚五国史纲》，新疆人民出版社，乌鲁木齐，2000 年。

19. 满达人著：《中亚史地文献综述》，兰州大学出版社，兰州，1995 年。

20. （美）麦高文著，章巽译：《中亚古国史》，中华书局，北京，2004 年。

21. 孟楠著：《俄国统治中亚政策研究》，新疆大学出版社，乌鲁木齐，2000 年。

22. （哈）努·纳扎尔巴耶夫著：《前进中的哈萨克斯坦》，民族出版社，北京，2000 年。

23. 潘志平主编：《中南亚的民族宗教冲突》，新疆人民出版社，乌鲁木齐，2003 年版。

24. 潘志平主编：《中亚的民族关系 历史现状与前景》，新疆人民出版社，乌鲁木齐，2003 年。

25. 潘志平主编：《中亚的地缘政治文化》，新疆人民出版社，乌鲁木齐，2003 年。

26.（美）胡曼·佩马尼著，王振西主译：《虎势中亚》，新华出版社，北京，2002 年。

27. 孙壮志著：《中亚新格局与地区安全》，中国社会科学出版社，北京，2001 年。

28. 孙力、吴宏伟主编：《中亚国家发展报告（2013）》，社会科学文献出版社，北京，2013 年。

29. 石岚著：《中亚费尔干纳：伊斯兰与现代民族国家》，民族出版社，北京，2008 年。

30. 汪金国著：《多种文化力量作用下的现代中亚社会》，武汉大学出版社，武汉，2006 年。

31. 王希恩著：《民族过程与国家》，甘肃人民出版社，兰州，1998 年。

32. 王沛主编：《中亚五国概况》，新疆人民出版社，乌鲁木齐，1997 年。

33. 王治来著：《中亚史纲》，湖南教育出版社，长沙，1986 年。

34. 王治来著：《中亚近代史》，兰州大学出版社，兰州，1989 年。

35. 吴云贵著：《当代伊斯兰教法》，中国社会科学出版社，北京，2003 年。

36. 薛君度、邢广程主编：《中国与中亚》，社会科学文献出版社，北京，1998 年。

37. 杨恕译：《中亚和南亚的恐怖主义和宗教极端主义》，兰州大学出版社，兰州，2003 年。

38. 杨恕著：《世界分裂主义论》，时事出版社，北京，2008 年。

39. 杨希钺等编著：《民族矛盾与苏联解体》，上海外语教育出版社，上海，1997 年。

40. И. 札巴罗夫，Г. 德列斯维扬斯卡娅著，高永久、张宏莉译：《中亚宗教概述》，兰州大学出版社，兰州，2002 年。

41. 张贵洪主编：《国际关系研究导论》，浙江大学出版社，杭州，2005年。

42. 张新平著：《地缘政治视野下的中亚，民族关系》，民族出版社，2006年。

43. 张娜：《中亚现代民族过程研究》，中央民族大学出版社，2008年。

44. 赵常庆主编：《中亚五国概论》，经济日报出版社，北京，1999年。

45. 赵常庆主编：《“颜色革命”在中亚 兼论与执政能力的关系》，社会科学文献出版社，北京，2011年。

46. 《中亚文明史》第一、二卷，中国对外翻译出版公司，2002年。

俄文著作

1. Абашин С. Н. Империя и местное самоуправление：идеология реформ в русском Туркестане в к. XIX – нач. XX вв. // Пространство власти：исторический опыт России и вызовы современности. М.，2001.

2. Абашин С. Н. Национализмы в Средней Азии. В поисках идентичности. СПб.：Алетейя，2007.

3. Абашин С. Н.，В. И. Бушков Ферганская долина：этничность，этнические процессы，этнические конфликты. М.，2004.

4. Абдуллаев Р. М. Туркестан в начале XX века：к истории истоков национальной независимости. Ташкент，2000.

5. Абдулатипов Рамазан Национальный вопрос и государственное устройство. Москва，2000.

6. Абсаттаров Р. Б. Национальные процессы：особенности и проблемы. Алматы，1995.

7. Абусеитова М. Х.，Абылхожин Ж. Б.，Кляшторный С. Г.，Масанов Э.，Султанов Т. И.，Хазанов А. М. История Средней Азии и

Казахстана. Алматы, 2001.

8. Аймермахера К., Бордюгова Г. Национальные истории в советском и постсоветских государствах. Москва, 1999.

9. Академия Наук СССР Институт этнографии им. И. И. Миклухо－маклая Этнические процессы у национальных групп Средней Азии и Казахстана. Москва, 1980.

10. Аминов А. М. Экономическое развитие Средней Азии. Ташкент, 1959.

11. Бабаков В. Г., Семенов. В. М. Национальное сознание и национальная культура. Москва, 1996.

12. Бартольд В. В. Сочинения. Т. 5. Работы по истории и филологии тюрских и монгольских народов. М., 1968.

13. Бартольд В. В. Еше о слове《сарт》// В. В. Бартольд. Сочинения. Т. 2. Ч. 2. М., 1964.

14. Бромлей Ю. В. Этносоциальные процессы: теория, история, современность. Москва, 1987.

15. Бромлей Ю. В.. （ответсвенный редактор） Современные этнические процессы в СССР. Москва, 1977.

16. Брусина О. И. Славяне в Средней Азии. Москва, 2001.

17. Буряков Ю. Ф. Батырев Б. Х. Этнические процессы в Среней Азии в эпоху средневековья: Антропологические исследования. Ташкент, 1987.

18. Бушков В. И. Население Северного Таджикистана: формирование и расселение. М. 1995.

19. Вахабов М. Г. Формирование Узбекской социалистической нации. Ташкент, 1961.

20. Галузо П. Г. Туркестан－колония. （Очерк истории Туркестана от завоевания русскими до революции 1917 года）. Москва, 1929.

21. Гейер И. И. Путеводитель по Туркестану. Ташкент, 1901.

22. Гордиенко А. А. Создание советской национальной государственности в Средней Азии. Москва, 1959.

23. Евгений Михайлович Верещагии Психологическая и методическая характеристика двуязычия. Москва, 1969.

24. Иноятов Х. Ш. Победа Советской власти в Туркестане. Москва, 1978.

25. Институт Российской истории РАН, Национальные окраины российской империи. Москва, 1997.

26. Институт истории СССР Национальные отношения и национальные процессы в СССР: вопросы истории. Москва, 1990.

27. Институт истории АН Республики Узбекистан, науч. ред.: Раджапова Р. Я. Туркестан в начале XX века: к истории истоков национальной независимости. Ташкент, 2000.

28. Карабаева Э., Подкуйко Ю. Центральная Азия: история региона. Бишкек, 2004.

29. Каримов И. А. Узбекистан на пороге XXI века: угрозы безопасности, условия стабильности и гарантии прогресса. Ташкент, 1997.

30. Кляшторный С. Г. История Центральной Азии и памятники рунического письма. Санкт-Петербург, 2003.

31. Козлов В. И. Этническая экология: теория и практика. Москва, 1991.

32. Козлов В. И. Этническая демография. Москва, 1977.

33. Козлов В. И. Этнос. Нация. Национализм. Москва, 1999.

34. Койчиев А. Национально - территориальное размежевание в Ферганской долине (1924-1927 гг.). Бишкек, 2001.

35. Куделя-Одабашьян М. Л. Туркестан в составе советской России: проболемы социально - экономического и политического развития

(октябрь 1917 г. – октябрь 1924г.) . Москва, 2003.

36. Кузьмин В. Н. , Галуша Н. А. Центральная Азия: Структура, история, перспективы. Москва, 2001.

37. Кушнер П. И. Этнические территории и этнические границы. Москва, 1951.

38. Лебедева М. М. Политическое урегулирование конфликтов. Москва, 1999.

39. Леонид Левидин Узбекистан на историческом повороте. Москва, 2002.

40. Лидия Александровна Перепелицына Роль русской культуры в развитии культур народов Средней Азии. Ташкент, 1960.

41. Лурье С. В. Историческая этнология. Москва, 1998.

42. Масов Р. История топорного разделения. Душанбе, 1991.

43. Магидович И. П. Население // Материалы по районированию Средней Азии. Ташкент, 1926.

44. Масальский В. И. Туркестанский край. СПб. , 1913.

45. Наливкин В. П. Туземцы раньше и теперь. Ташкент, 1913.

46. Пляков С. П. Историческая этнография Средней Азии и Казахстана. Москва, 1980.

47. Под редакцией Толстова С. П. , Жданко Т. А. , Абрамзона С. М. , Кислякова Н. А. Народы Средней Азии и Казахстана. Т. 1. Москва, 1962.

48. Под редакцией Толстова С. П. , Жданко Т. А. , Абрамзона С. М. , Кислякова Н. А. Народы Средней Азии и Казахстана. Т. 2. Москва, 1963.

49. Под. ред. Чертовой Население Средней Азии. Москва, 1985.

50. Попов В. А. Этносы и этнические процессы. Мoквa, 1993.

51. Российская Академия Наук Институт этнологии и антропологии

имени Н. Н. Миклуха－Маклая Среднеазиатский этнографический сборник, выпуск Ⅳ, Москва, 2001.

52. Российская Академия Наук Центр цивилизационных и региональных исследований Мусульманская Средняя Азия: Традиционализм и 20 век. Москва, 2004.

53. Российская Академия Наук Институт этнологии и антропологии имени Н. Н. Миклуха－Маклая Серия: Этническая антропология Средней Азии, Антропология населения юго－востока Средней Азии. Москва, 2000.

54. Российская Академия Наук Институт этнологии и антропологии имени Н. Н. Миклуха－Маклая Серия: Этническая антропология Средней Азии, Антропологические и этнографические сведения о населении Средней Азии. Москва, 2000.

55. Российская Академия Наук Институт этнологии и антропологии имени Н. Н. Миклуха－Маклая Полевые исследования Института этнологии и антропологии РАН. Москва, 2001.

56. Российская Академия Наук Институт востоковедения Этнический национализм и государственное строительство. Москва, 2001.

57. Российская Академия Наук Институт этнологии и антропологии имени Н. Н. Миклуха－Маклая Расы и народы. Москва, 2001.

58. Российская Академия Наук Санкт－Петербургский филиал Института востоковедения Тюркологический сборник, 2002. Москва, 2002.

59. Российская Академия Наук Санкт－Петербургский филиал Института востоковедения Тюркологический сборник, 2005. Москва, 2005.

60. Российская Академия Наук Центр цивилизационных и региональных исследований Постсоветская Центральная Азия Потери и

обретения. Москва, 1998.

61. Рыспаев К. История Республики Казахстан. Алматы, 2002.

62. Самойлович А. Н. К вопросу о сартах // Живая старина. Вып. 3. СПб., 1910.

63. Соколов Ю. А. Ташкент, ташкентцы и Россия. Ташкент, 1955.

64. Турсунов Х. Национальная политика коммунистической партии в Туркестане (1917—1924гг.). Ташкент, 1971.

65. Уразаев Ш. З. Туркестанская АССР – первое социалистическое государство в Средней Азии. Москва, 1961.

66. Уразаев Ш. З. Туркестанская АССР и ее государственные правовые особенности. Ташкент, 1958.

67. Усенбаев К. Присоединение Южной Киргизии к России. Фрунзе, 1960.

68. Халфинт Н. А. Присоединение Средней Азии к России. Москва, 1965.

69. Шипов А. Таджики. Этнографическое и антропологическое исследование. Ч. 1. Этнография. Ташкент, 1910.

主要参考网站

1. http://www.fergananews.com/

2. http://www.analitika.org/

3. http://www.centrasia.ru/

4. http://www.stat.kg/

5. http://www.stat.tj/

6. http://stat.uz/

7. http://www.easttime.ru/

8. http://www.saratov.iriss.ru/

9. http：//www. iamik. ru/

10. http：//www. eawarn. ru/

11. http：//ru. wikipedia. org/

12. http：//www. unwomen-eeca. org/

13. http：//ricolor. org/

14. http：//www. ca-c. org/

15. http：//www. eurasia. org. ru/

16. http：//www. iea. ras. ru/

17. http：//www. analitika. org/

18. http：//www. nationalism. ru/

19. http：//www. iea. ras. ru/

20. http：//uz-left. narod. ru/

21. http：//forum. fcrghana. ru/

22. http：//islam-ca. com/

23. http：//mirror24. 24. kg/

24. http：//www. newsru. com/

25. http：//www. gorizont. uz/

26. http：//lenta. ru/